文学的故事

（美）吉尔·摩西／著
石　井／译

The story of the literature

東方出版社

U0864793

责任编辑:陈寒节
责任校对:湖 催

图书在版编目(CIP)数据

文学的故事/吉尔·摩西著,石井 译;
-北京:东方出版社,2004年9月
ISBN 7-5060-2024-6

Ⅰ.文…
Ⅱ.①摩…②石…
Ⅲ.文学史-世界-通俗读物
Ⅳ.F713.3

中国版本图书馆CIP数据核字(2004)第091420号

文学的故事

WENXUE DE GUSHI

[美]吉尔·摩西著

石井 译

東方出版社 出版发行

(100706 北京朝阳门内大街166号)

北京世图印刷厂印刷 新华书店经销

邮购地址:100706 北京朝阳门内大街166号人民东方图书销售中心

电话:(010)65250042 65289539

2004年12月第1版 2004年12月北京第1次印刷

开本:990毫米×730毫米 1/16 印张:19

字数:300千字 印数:1—10000册

ISBN 7-5060-2024-6 定价:35.00元

目 录

The story of the literature

目 录

The story of the literature

THE STORY OF THE LITERATURE

序

把全世界至今为止依然具有重要价值的文学书籍介绍给读者,是本书的目的。重要价值的含义是什么呢?这是一个应当让每个人自己回答的问题;但是另一方面,这个问题的答案还应该取决于一致的公论。然而,"公论"也并不那么肯定。在许多读者看来,有价值的作者和书籍难以胜数,因此我们承认许多有价值的作品未曾出现在本书之中,或者只是草草带过。读者们常常会看到,一本自己认为很一般的作品取代了心爱的某部作品的重要地位。这是难以避免的,这倒是很可能引发关于文学和其他艺术的讨论,并使参与者兴致勃发。

本书在选取评介的著作、作品所占的比例以及对作品所做的评判等方面,都是作者的个人见解。由于个人爱好和鉴赏力的差异,这些观点难免失之偏颇。本书的许多观点的确是出于本人的一孔之见,慧眼如炬的读者自会公正地指出:与其称这部书为《文学的故事》,不如说是"评论偶尔读到的作家的作品"。的确如此,其他书籍、著名的批评家和历史学家们使我获益匪浅,博览群书的朋友们对我也大有教益。我在这里要向下列各位致以诚挚的谢意:路德维格·卢因森博士、安东尼奥·卡利特里博士、A. H. 赖斯教授、欧内斯特·博伊德、A. T. 巴尔诺博士、亨德里克·房龙博士、比特·桑伯恩、霍华德·欧文·杨、托马斯·R·史密斯、科姆罗夫、雨果·克努森等。书稿中的许多错误之处有赖于他们的指正才得以改正,本书的主要问题是文学史究竟应当包含什么这个问题,而这些问题也是因为他们才得以澄清。比如，正是因为卢因森博士努力，本书关于德意志文学的部分才得以完成。

由于这部书是写给英语读者的，所以英美文学占了大量的篇幅，这使得其他国家和民族中许多丰富的文学受到了忽略。罗马尼亚人、波兰人、匈牙利人或芬兰人可能要质问："你在世界文学故事的大旗下，居然只字不提我们国家那些了不起的文学天才！"说完将这本书扔在一边。

我对此的回答是：一个一般意义上的整体欧洲文学并不一定包含某些民族的文学，它们传播的范围仅仅局限于本民族语言的范围之内。这种封闭状态埋没了许多本该名扬天下的文学天才，这种损失是全人类的。我在和波兰人的交往中，注意到他们对本民族过去和现在的文学作品怀着虔诚和热忱，让人深信这些作品是伟大的，但是当这些作品被翻译成其他语言之后，世人只能管窥而无法得观全貌。在我的阅读范围里，我所了解的在欧洲享有广泛声誉的波兰小说家只有亨瑞·显克微支。有位匈牙利裔美国学者曾经告诉我，在美国人看来，那些世界级的作家中只有夏卡伊(Jokai)这么一个匈牙利人。《匈牙利文学史》是里德尔撰写的一部关于匈牙利思想文化的规模宏大的著作，对我们这些英美读者来说，我们对其中论述的那些重要作者的了解百不及一。

我举的这些事例，丝毫不想贬低波兰或匈牙利文学——那必定是荒唐的，我的目的只是意在说明这样有趣的事实：在欧洲纷繁的民族中，由于数个世纪以来的争斗，致使人们在思维方面如此陌生；换一种说法，人们之间的了解也仅仅是肤浅的。一个具备良好教育背景的匈牙利人当然了解法国文学；但是受过良好教育的法国人对匈牙利文学却很可能一无所知。阿尔格·勃兰兑斯这位丹麦批评家及其信徒们是否精通丹麦语无关紧要，不过他们必须谙熟英、法、德和意大利各国的语言。在世界上流传甚广的那些语种的文学作品凭借的是语言上的优势，而且很可能因为这些依靠语言优势的文学的兴盛，才湮没了其他语种的最有价值的作品。但是，无论历经多少年，那些最有价值的作品终将跨越地域和语言的限制的藩篱而成为全人类的共同财富。当然我们不得不正视这样的现实：无论是在国内还是国外，许多出色作品都应该获得更大的声誉和影响。

由于本书并没有包罗万象的打算，必然要忽略许多民族、时代和众多的重要作家。这样做的目的是因为这么一个明确的动机——使本书具备完整、均衡的组织性。从我个人的眼光看，本书有幸达到了这个目的。这部书仿佛一幅整体性的素描，并未对内容作精工细描，而是合理地把风景的整体轮廓勾划出来。这就像从山河上方飞过的一架飞机上鸟瞰而得到的整体印象，进入我们眼帘的显著特征是高耸的山脉和广袤的草原。至于山峰的高度，我们无法停下来一一做精确的测量，也没法仔细地眺望宽广的草原。我们在莎士比亚那里只逗留了十五分钟——虽然真正去理解他可能要耗费十五年甚至五十年的光景。

假设莎士比亚并未把十五年或五十年中所有睡觉之外的时间都耗费在他自己及别人认为有趣的作品上，那么，普通读者还要阅读其他的著作，要做其他的事。那些埋首于汗牛充栋的书籍中的读者，最多也只是熟悉几千本书，并从中汲取一些皮毛的知识。而大英博物院图书馆以及纽约公共图书馆这样的藏书机构里拥有数百万册的库藏。

这些图书馆的藏书目录很容易找到。但是，我们内心的平静切切不可被这些浩如烟海的印刷品搅乱。绝大部分的书籍是重复、互相抄袭的，剽窃和抄袭现象——无论合法或非法的，简直俯拾皆是。因此，人类文明中最本质、核心的智慧也许就包涵在几千本书籍中。

如此看来，那些神乎其神的“博览群书”的神奇人物绝不是什么超人。因为孜孜不倦地披阅全部公认的典籍并非就是“博览群书”；往往只要研读其中的部分篇什就足够了。我结识的一位对文学非常精通的人，他从来不曾读过但丁，而且直到现在也没有阅读的计划。假如他没有阅读的欲望，或者在他阅读的经历中，没有接触但丁的缘分，他有什么必要非得去读但丁呢？他了解其他的大诗人就足矣。马修·阿诺德、叔本华还有其他一些高士采用这样一种严肃的态度：他们把所有白昼和黑夜的时间都用来阅读纯粹伟大的经典作品，并将其视之一种道德义务。依我看，这不仅不合理，而且是在践踏文学审美给人们带来的快乐。无论是博览群书，还是视野浅陋，让各自的兴趣、爱好和需要引导我们阅读吧。不妨让那些文学大师和权威专家们流连在图书馆里的廊柱之间。这看起来未免有点偏激，但这确确实实是我的一个由来已久的信念。这个想法既来自我在为本书所作的长达几个月的准备之中，更来自这之前多年的阅读经历。每日沉浸在书海中并不是什么明智的举动。亚历山大·波普曾用辛辣的笔调讽刺过这样的人：“书呆子，孜孜不倦地装满一脑子糊涂而无用的知识。”我们最好不要成为他这样的书呆子。

我们还应该看到另外一点：假如把所有的时间都耗费在这些伟大的典籍上，那么，我们该怎么看待这些经典之外那些让人非常亲切的书籍呢？我们衣兜里所装的，准备随时翻阅的，往往并不是一些伟大的诗篇，而是籍籍无名的诗人的小书。既然是这样，究竟什么样的诗人才能算是大诗人，又有哪些诗人是小诗人呢？对于这个问题，我至今都难以回答。此外，我们又该怎么看待那些深爱的、难以割舍的"零星书籍"呢？为了想在本书之中介绍《艾丽丝漫游仙境》和《摇篮曲》，我很多次想舍弃一些举足轻重的经典作品。伟大作品之中，有时缺乏优秀的小品中的精致之美。

如果你乘着一叶小舟出海、就要对能将你淹没的巨浪时时留神；如果你信马由缰，只是想在文学的海洋里稍作涉猎，那么，信手翻阅一些大大小小的书籍就可以了。不要将文学放在至高无上的圣坛上，但是也不要过于浮光掠影。文学用来讲述人类生活的故事可以是童话《鹅妈妈》，也可以是诗剧《哈姆雷特》，也许这些作品像是痴人说梦一样毫无实际意义，但是这些故事却是人类惟一能理解惟一感兴趣的。也许有一些最机智有趣的细节蕴含其中，因此能成为人们最伟大的亲切的精神伴侣；而束之高阁的则可能是一些博大精深的鸿篇巨制。我必须使我绘制的景象更加贴近现实，因此我才能达到在浩渺的文学之海中指明一条稍微合理的航线的目的，这样才能避免成为被人们视为有悖常理的异端邪说。但是，我依然有几点关于文学的思考并非只是个人的困惑，我忍不住想告诉大家：一、在偏僻的角落里可能有真正的宝藏，而并不一定在显眼之处；二、假如某一位名垂青史的大作家实在引不起您的兴趣，那么就绕开他吧，不要让他折磨您；三、有太多的书需要阅读——无论对哪个头脑健全的人来说，这都是件头疼的事。所以我们的阅读应当是愉悦的，或者为了满足某方面的好奇，这就足够了。

读书是一种艺术，一种优雅的艺术，这种艺术并没有其他艺术形式那么伟大、那么富有创造性，仅仅去阅读要比书写出一段优美的文字要简单得多。虽然如此，"在接受中创造"还是很有道理的。所有的艺术都存在这个环节之中——赏画者、聆听音乐者、阅读者就是创造者。本书是为这些阅读者而作。

吉尔·摩西

1924 年圣诞于赫逊河畔哈斯丁斯

THE STORY OF THE LITERATURE

第1章

人类童年的呀呀之语——文学的起源

太初有道。(圣约翰)

当我们开始呀呀学语时,母亲总会吟唱一些歌谣,讲述一些神话故事给我们听,并用口述的方式教给我们良好的行为规范。在没有发明文字的时代,我们的祖先也是以心想口述的表达方式来从事文学活动。

如果我们将人类进化过程中的无数个世纪比作一座书塔,那么它无疑是高耸入云的,足以和当今世界上最高的建筑物媲美。当人类进化成会说话、具有独立思想的动物以来,书塔最上面那本只有一两寸厚的书,代表了人类发明印刷机以后了解的所有印制书;下面的三四本书代表了那些用手书写的书,它们是羊皮和鞣皮质地的;往下的书刻在石头、木头和砖头上,大约有五六本;再往下的书则更古老朴拙,大约有三五寸厚,这些书都是一些符号、标记和图画,今天的人类依然无法破译它们。除了这些书以外,书塔剩下的部分则都是空白,原因是那些"书籍"消失的时间已经太久太久,或者根本就不以文字的形式存在。

由此可以推断,在我们想像的这座书塔之中,绝大部分不是由书籍构成的。即便那里曾经出现过一些形式的文学,我们也无法知道,仅仅只能作出"或许有"的推测。在这个漫长的"空白时期",人们交流思想的方式是用口语。语言出现在书写之前,这个逻辑是合理的,因此,我们不妨在这儿提出一个似乎矛盾的设想:文学出现在文学之前。

思想是构成文学的素材之一,在书写产生之前,思想就已经产生和存在了，我们能够想像——如果缺少想像，我们也无法看到这么多值得阅读的文字了——我们那些远古时期的祖先居住在洞穴里，他们围着火堆讲述关于大自然的神话、狩猎时遇到的野兽以及部落之间的战争故事……他们在讲述中将所有的知识、智慧教给自己的孩子，从而建立起了部落的风俗传统、宗教和法律。

这个结论是依靠一些证据推断出来的，这些证据虽然并不确定，但我们没有理由不相信它，因为它们和我们的信仰一样不容置疑。首先，我们知道的那些早期神话和传说，听起来并非那么幼稚和天真，反而显得非常成熟，其中蕴含了很多智慧，他们的出现，是历经几代人的积累和加工才能完成的，短时间内几乎无法完成。此外，至今还有一些类似于我们远祖的原始部落人，生活在世界的一些偏远地方，我们把他们叫做“野蛮人”，也就是说，他们是居住在森林中的人。由于我们要比他们文明进步，所以总是认为自己更为优越，但实际上，一些非常渊博的学者深入了解这些野蛮人之后，很快就发现了一些故事和习俗，这些东西经过了几万年的时间才得以流传下来。虽然这些野蛮人能写的文字十分简单幼稚，但他们在言谈之中流露出的智慧显然比写出来的要丰富得多，我们可以想像，祖先也和他们一样曾经是野蛮人，所以，当文字还没出现时，他们只能心想口述地表达文学的基本内容。

尽管我们的祖先和现今的原始部落人所流传的神话很“成人化”、很复杂，并不显得幼稚，但这些未开化的民族有些地方和文明人相似，有些像他们养育的孩子。我们都是成长于口头文学的环境中，我们呀呀学语之时并不能懂得书本上的意思，因此，母亲总是给我们哼唱一些歌谣、摇篮曲，并讲述一些神话故事和良好的行为规范。现在，有不少人掌握的音乐知识很有限，就和年少时的我了解的语言技能差不多，我们能跟着交响乐

妈妈教我们唱歌

或歌剧哼唱几句，但不能像音乐家一样熟知复杂的乐谱。

书面语言的基础就是口语，人类和其他动物之间的区别就在于有语言。当人类还没有学会将记号刻在树上和洞穴的石壁上时，他们已经具有了用语言表达思想的技能，并一代代地传授下来。文字出现之前，积累知识的过程极度缓慢，人们的学习和实践一般需要不断地重复。我们只要想像一下，当自己学会了读书和写字，思维和语言能力发生了多么大的变化，就能够意识到这个问题。如果我们缺少学习和研究，就读不懂12世纪的英文，哪怕那个时代有一个人复活，他的血管里流着和我们一样的血液，我们也无法知道他说的是什么，因为他看上去就是个来自遥远地区的异乡人。

但是，不管人们的口头语言怎样发生变化，甚至最后消亡，我们基本的生活准则依然通过父子、母婴的形式代代延续。人们也会特意保留一些美好的东西，比如坎都基和丹尼斯保存的一些长诗就是由山民们口授传下来的，依据推测，这些诗歌来源于他们的祖先从英格兰带回的古老歌谣。近代的研究者曾经记录了长诗的片断，然后将它们和古代歌谣的手抄本相对照，结果发现，虽然有很多诗句已经完全变了样，但毕竟没有消失在漫长的岁月中。现在的研究能够将过去发生的事情向我们展示出来，因此也可以证明，在远古时期的人们当中，和文学相似的某种东西极有可能发展得很兴旺。

在我们眼里，不会读书和写字似乎是种非常可怕的缺陷，但几个世纪之前的欧洲正处于黑暗的时代，很少有人接受过教育。那些活跃于政治、军事和商业领域的人们都有知识，但他们写不出自己的名字，完全是通过听、说的方式和人接触，并影响着和自己同时代人的心灵。

其实，我们没有必要过度看重读写的能力，在这里可以举个例子来说明语言的重要性，就拿那些失去听力的儿童来说吧，不管他们是先天耳聋的，还是幼时失聪的，他们从小就不能听见人们的语言，长大后的知识能力和没有受过教育的正常人相比，也有很大差距，聋哑儿童所欠缺的正是无意识的启蒙教育，而这些，大多数人在接受正规的学校教育之前就已学会了。当然，近代教育专门设立了聋哑学校，这项崇高的事业也是教育中最美好的业绩之一，学校不仅教这些有缺陷的孩子学会读写，甚至还让他们学习讲话。本书讲述的并非是教育学，这个例子仅仅是为了说明语言的重要性。

即使人已经学会了写字，仍然需要不断地说话，书面上的思想和口头表达的思想相互影响，任何一个受过教育的人都无法判断哪一种表达方式更重要。一个人的思想如何能够进入到另一个人的头脑之中？这个问题是永恒的。

如果从广义的“文学”来看，即便是那些从来没受过专业训练的人，也是每天和文学形影不离，法国作家莫里哀已经在自己的喜剧作品《中产阶级的绅士》说明了这个观点，并对它进行了有趣的嘲讽。嘉旦先生是个中产阶级的绅士，同时也是个正派善良的市民，他希望自己和家人变成有教养的人，于是请来了一位老师。当老师给嘉旦先生描述散文和诗的区别时，他突然得出一个结论，就是自己以前说的话都是散文，于是他欣喜若狂。

如果我们突然知道自己这辈子所说的话都是散文或诗歌，肯定也会觉得惊奇不已，不过，如果我们将“我们”看成整个人类，而不是一个具体的人，那么这个说法无疑是对的。人类创作散文之前，应该需要创作、朗诵，并依靠记忆创作出诗歌，因为诗属于感性语言，散文属于理性语言，人们进行理性的思考之前，必须对某一事物有着强烈的感受。那些关于战争、英雄和宗教的故事，最初都是由作者以某种形式创作出来的，或者由祭司记录下来，目的就是为了方便人们记忆。诗比散文更有韵律，它能在人的脑子里形成一种印象，散文则像耳旁风一样，听完就忘了，所以我们在一般情况下会觉得诗更容易记忆。我们由此也可以看出，人类的幼年时期和文学的幼年时期有着某种联系：大多数孩子在组词造句、感受韵律方面和诗的距离更为接近。

因此，我们能够得出一个结论：在人类的历史当中，在我们心中，文学最初是从诗开始起步的。那些有灵气的诗人总是怀有一颗赤子之心，这颗心保留了一种类似于梦幻的童贞，也最接近生命的本意，哪怕他心中思考着无数的问题，而这些问题是孩子们远远所不能理解的。这个原因也可以解释，为什么几百年前的伟大诗篇和现代一些诗人的作品所具备的魅力不相上下。从前的诗人会大声吟诵自己的作品，目的就是让人仔细聆听，并非仅仅是让人用眼睛观看，如果想充分欣赏近代的诗，也只能通过聆听的方式。莎士比亚所创作的戏剧是为了让人们在剧场里演出的，它绝不是供人们在书本里研究之用的。由演说和朗诵而发展出了文学的散文，听先于读，说先于写，写出来的语言也不过是说的延伸。《约翰福音》开篇的话就是“太初有道”，它可以适用于所有创造，因此，我们也可以用这句话来形容人类，因为人类既是思想者、说话者，同时也是写作者。

THE STORY OF THE LITERATURE

第2章

东方，博大而神奇的文化

愿“东方”和“西方”天衣无缝地融合其朦胧的光，就像生死之境一般，并扩展成无涯的书吧。（丁尼生）

世人所公认的文化发源地是东半球，这里产生的文学和西方相比，更能得到尊崇。我们应该知道，亚洲居住的人口占据了全世界的五分之三，甚至三分之二，亚洲和欧洲的人口比例在早些时候相差更大。一些已经消逝的记载表明，最古老的文明是在五大洲之首的亚洲，包括生命力已经延续至今的最古老的文明也出现在那里。如果将亚洲所有的思想汇集起来，我们会发现它非常复杂而令人尊崇，如果一个西方人想研究东方文学，就算他用尽毕生精力也只能了解一个支派的皮毛，即使只研究其中几个著名作家的作品也需要花费很长的时间，否则其得到的东西不过是梗概而已。杜威先生——美国的哲学家——就曾经风趣地说：当中国人开始阅读自己祖先知识的时候，我们的祖先还处于用石器互相砍砸的时期。

毫无疑问，这些令人敬佩的民族曾经给我们传授了很多知识和智慧，古时的西方文化受到东方文学的影响非常深刻，就和如今的西方科学深刻影响了东方一样。不过，古亚洲的各民族中只有大洲西部的人们极大地影响了我们的思想和文化，在我们眼里，东亚和南亚的民族直到近代仍被欧洲人当成居住在其他星球上的人，旅行者和商人在18世纪以前就将契丹、中国和印度的传奇故事带入了欧洲，但欧洲人对文学的兴趣显然没有对丝绸和香料的兴趣那么大。19 世纪中叶的西方人依然认为日本是一本没有翻开的神秘书。

西方人一直没有翻开远东古书的原因其实很简单,就是我们根本看不懂,直到近代才刚刚开始翻译工作,和一些为了交流文化思想而派遣学者的国家相比,我们的兴趣更多地投注到派遣军队去夺取都市。不过,我们也没有自我苛求的必要,因为那些承担了“白种人职责”——统治异教徒——的人们总是随身携带笔记本和辞典,另外,亚洲人也派遣了一些使者到西方,这些人不仅在政治、宗教和文学方面有着很高的造诣,而且精通我们国家的语言,在他们的帮助下,我们能够了解东方的国家和人民。现在,欧洲和美国的大学差不多都有东方语言的教授,为了丰富西方文学,一些诗人和作家相继到亚洲寻求灵感,或者翻译那里的作品,有时甚至是抄袭,这种做法已经蔚然成风。

我们在本书中不可避免地要犯下一个荒谬的错误,也就是无法采用公正均衡的原则来描述那些更古老、更发达的民族文学,有时可能同时描述四五个民族。这种不公平的现象表明了我们非常的无知,另一方面,正好说明了文学世界是非常广博的。另外,由于西方文化和思想的发展状况十分迅速,以至我们无法更多地顾及东方的悠久历史,只能怀着好奇心用短短的一章和虚心、坦诚的态度简单讲述一下中亚、南亚和东亚的情况,这样才没有违背中国古代的一句名言:“知之为知之,不知为不知,是知也。”

一、中国

中国的诗人将自己的艺术想像力发挥到了极致，他们创作的优美诗歌能带给人们对美的愉悦感受，就和中国的象牙雕刻、绣花绸缎和瓷器一样。中国人表达自身幻想的一种手段就是文学。

中国是亚洲历史最悠久的国家，同时她的疆域也是最辽阔的，一些中国人和热爱中国的外国人觉得，现代社会的所有发明早就在中国出现了，虽然这是一个事实，但由于没有充分利用那些发明创造，因此人们的生活并没有得到明显的改善。不过，中国人在公元前700年已经发展了一种传统文化，孔子是一名站在平民立场上说话的导师，他在这些方面和基督有些类似，宣扬的道德守则属于内敛式的，宣扬人应该抑制自己的欲望，并努力保持善良，促进世界的和平，比如"己所不欲，勿施于人"之类。他致力于社会改造，目的是让政府能够逐渐得到完善，个人获得正义感，但他没有将自然作为思想基础。他说：如果良心能够支配个人行为，那么魔鬼就无法存在了。孔子崇尚中庸，善于自省，他的这两点和苏格拉底等古希腊哲学家有些相似。他不仅提倡谦虚和重义轻利等行为准则，并身体力行，他的学生和追随者将他奉为圣人，极力地推崇和颂扬，很多和孔子有关的书籍都是他们记载和创作

孔子

的，书中丰富的智慧都以孔子的思想作为基础。

孔子不仅用自己柔顺豁达的人格来教导世人，而且对编纂、保存中国古代文学做出了极大的贡献，其中包括道德训诫、历史传说和诗歌。

孔子倡导道德伦理方面采取了很实际的做法，补充了老子在常识方面的知识——这个神秘的人物对于宣扬无穷无尽的自然之“道”以及和谐非常热衷，老子这个名字的意思是“老少年、老孩子”的意思，不过后者欠缺尊崇。传说他出生时就有胡须，但这仅仅是一种杜撰，或者用来解释他的称呼，说明他虽然是个少年，但事实上具有老年人的智慧，他的品性是混合了中老年的经验，他的说教满足了老少双方的需要，他发现了自己，同时又失去了自己，或者存在于其他相反的情况当中。

这位深不可测的圣人和孔子一样，也创立了自己的门派，并使它成为中国的三大宗教之一。这两个圣人的思想和行为有很多重要的相同点，不过差异也更显著，老子更深沉一些，表面上看起来也更容忍。他提倡的所谓“道教”就是生活的规则，类似于希腊关于命运的观念，以及支配人神的必然力，不过它包含了一些东西的意义，比如义务性、可能性以及可行性，他的继承者认为这是生活的基本方法。人类的历史和宇宙组织表明，它是一种具有统治能力的智慧，但老子不相信现世的神，他规劝人们远离神明，也许他的意思是消除偶像崇拜，将神力人性化。他的“道”隐藏在万物之下，山岳或者地球出现之前就已经存在了，属于没有人格的力，但是，他缺少人类的特质，也缺少一种让希伯莱神具有人格的固定性。他的“道”更接近于圣约翰福音的“字”，犹太人的耶和华，还有希腊人的天父——他和基督教的不同。老子对待“道”的态度和一些近代科学家对于自己倡导的自然法的态度很相似，不过他的自我观念让人产生了误会，似乎对于最下等的原子更合适。在今天看来，老子的宗教是一种没有彻底清除的迷信，不过他成为了世界上伟大的思想家。

孔子和他的信徒孟子，老子和他的信徒庄子共同支配了中国两千多年的文化，而且在亿万中国人的思想中占据了重要的地位。

在博大精深的中国文学中，孔子的只言片语属于翻译成西方语言的少部分之一。不过近年来，人们对中国抒情诗人的热情与日

老子，劳托洛作

李白像

俱增,其中最伟大的诗人就是李白。他出现于公元8世纪,如果用西方的语言来描述他,应该是一个集中了弗朗希斯·威隆、奥玛尔·卡亚姆和海涅特征的、快乐的、放浪形骸的异教徒。下面的一段诗是小畈重义翻译的:

怨情

美人卷珠帘,深坐颦娥眉。
但见泪痕湿,不知心恨谁。

我们通过这首诗略微探查到一点李白的慈爱之风。如果读者有兴趣,可以阅读一下小畈重义的译文,或者是装帧精美的名为《诗》的译文集,里面有阿瑟·法雷的注释。只要去过博物馆的人以及逛过那些买卖东方艺术品的店铺的人多少会了解一些中国的绘画和雕刻,不过,在西方人的眼里,观赏美丽的中国花瓶时也许会出现隔膜,但造成这种隔膜的原因并不是语言。

专家说,中国的诗人充分发挥了自己的艺术想像力,优美的诗歌所带来的美的享受就和他们的象牙雕刻、刺绣绸缎和瓷器一样,人们用来表达自身幻想的媒介就是文学。

二、日本

近代欧洲汲取了希腊和罗马的思想的养料，日本人也用同样的方法从中国获得了古典文学的源泉，传入欧美的有不可思议的版画、陶器和屏风，他们的诗则源远流长。

如果我们对日本的了解是从和文学不同的美术里开始的，其实它更接近于西方世界，传入欧洲和美洲的几乎全是版画、陶器和屏风，日本艺术家似乎抗拒不了商业的诱惑。不过，日本的诗并没有堕落，它没有占据西方的市场，恰恰相反，它沉湎于悠远的过去，虽然日本人从中国获得了古典文学的养料，但它的抒情诗是独创的。8 世纪是日本诗的黄金时代，主要的诗人有两个——磨和赤。日本抒情诗令人着迷之处在于其简短，且意味深长，但不如人意的翻译留下了很多遗憾。这种情况不仅影响了诗，还影响了东、西洋之间的文学交流。小泉八云——用英文将日本的生活介绍给西方的人说：“日本的诗就像是一幅日本彩色画，只不过是用字写成的，它用美丽的版画和简短的小诗把我们存在的情感重现在心灵和记忆之中。海涅、莎士比亚和菲兹的伟大作品，即使用另外一种语言翻译出来依然是伟大的，因为它是以人类共通的情感和梦想作为基础的。那些很难翻译的诗无法在世界文学中占据地

日本屏风上的仕女图

《源氏物语》插图

位，甚至不能称作真正的诗。”

《源氏物语》是11世纪初，也就是日本平安时代的著名女作家紫式部的巅峰之作，同时它也是世界上最早的一部长篇小说，这一点已经被公认了。它不仅成为日本古典文学的代表作品，而且在整个人类文学史上，也树立了一座不朽的丰碑。

在日本的平安时代，妇女的社会地位低下，多数没有自己的名字。“紫式部”也不过是个代称，她原本姓藤原，父兄的官职是式部，后来因为她在《源氏物语》当中塑造的女主角紫姬的形象深入人心，所以人们称呼她为“紫式部”。紫式部从小聪明伶俐，汉学又得到了家庭的熏陶，造诣极深，是个远近闻名的才女，她在22岁时嫁给了一个老贵族，但丈夫马上又逝世了，年轻的她从此开始了凄惨悲凉的寡妇生活。1006年，她进宫做了皇后的侍从女官，亲眼目睹了贵族们隐藏在穷奢极欲生活背后的错综复杂的斗争，也看到了曾经大红大紫的人物怎样走向衰败，还看到了在一夫多妻制的社会中，等级森严的贵族制度牢牢捆住了贵族妇女，她们无法追求自由和爱情，最后只能得到悲惨的下场，所有这些都在她的心里留下了不可磨灭的印象。

紫式部在宫里如获至宝地读完了中国和日本的各种古典名著。白居易是她最钟爱的中国诗人，当她反复吟诵着《长恨歌》中的名句时，不禁为身边人一次次的悲欢离合感慨万千。紫式部笃信佛教，这一点和当时的人们一样，她认为所有的一切都是前世的罪孽，是一场无法逃脱的宿命。她怀着这样一种对生活的深刻领悟，以及非凡的热情创作出了《源氏物语》，在文中塑造的人物光源氏也成了一个流传千古的形象。一个个既美丽又柔弱的女子围绕着光源氏，她们因为爱上了光源氏而一一陷入了烦恼和不幸之中。紫式部用了大量笔墨来描写她们面对春花、秋月时的悲伤、叹息以及眼泪，同时也描写了光源氏一生为情所困，却始终无法解脱的巨大痛苦，最终只能遁入空门。紫式部认为，所有的荣华富贵都会转瞬即逝，所有的男欢女爱不过是过眼云烟，人生只是一出大悲剧而已，在不可预测的天意面前，人只能接受它的摆布，谁也无法逃脱衰老、死亡的结果。

《源氏物语》的篇幅非常浩大，全文共有 54 卷。它的背景是平安时代中期的藤原氏“摄夫政治”——外戚专权的一种政治现象——由盛而衰的历史转折期，故事讲述了 4 代人，共有 70 余年，人物有 400 人之多。源氏的一生主要集中在前 44 卷。源氏是某朝天皇桐壶帝和一个贱妾生的孩子，他从小就色艺双全、光彩照人，而且放荡不羁、无比好色，不仅和多名贵族妇女偷情，比如夕颜、末摘花、空蝉等，还和继母乱伦生下了后来的冷泉帝。桐壶帝去世后，源氏遭人暗算，最后被流放到荒芜的须磨。不过，他很快就奉召回京，从此青云直上，达到了权势的顶峰。不过好景不长，源氏宠爱的女人和他人有私情，多年的爱妻紫姬也因病逝世，于是源氏开始反省自己的一生，他不禁产生了悲凉和后悔的感觉，并认为人世原本就是一种虚幻，于是选择了出家，但很快就死了。后 10 卷又叫做“宇治 10 卷”，主要故事是讲述了源氏的后代熏君追逐贵族少女浮舟，并摧残她的故事。

整部作品采用了现实主义的手法，不仅描述了一个缠绵悱恻的爱情故事，同时也揭露上流社会尔虞我诈、你死我活的斗争，将那些不劳而获的贵族们荒淫无耻的生活本质彻底地暴露出来，并暗示他们的衰亡是顺理成章的。

另外，才华出众的作者在小说中大量描写了花草树木和四季风景，在行云流水的文章中加入了“汉诗”与“和歌“，整个风格显得非常清秀典雅，因此，历代的文学家都认为这部作品是日本文学的典范。作者在作品的结构上也显现出惊人的成熟，从桐壶更衣含怨而亡的悲惨到浮舟走投无路时的凄凉，首尾呼应，衔接得无比完美，的确令人佩服。

三、印度

加利利的岸边还没有响起柔和的声音，印度教师就已经开始讲述神的父性和人类的手足情谊了。

近代的日本已经变成了一个严重西化的国家，而离我们更远的印度虽然已经在欧洲的大炮和机械下屈服，但她始终顽强抵抗着欧洲思想。其实，印度人是欧洲人的一个大分支，和我们可以说是最初的兄弟，他们还有雅利安人和印度欧罗巴人的称呼。3000 年前或者更早，他们的文明就已经达到了一定的高度，宗教和哲学比希腊更古老，希腊人的思辩哲学从那里得到了很多启发。加利利的岸边还没有响起柔和的声音，印度教师就已经开始讲述神的父性和人类的手足情谊了。

印度人丝毫没有体会到西方同胞的可爱之处，而且他们是用世袭阶级或种姓制度这种不民主的方法来划分阶级，实在是对历史极大的讽刺。印度人的失败在于普遍地推行种姓制度，或者将那些圣人们的最高理想在现实生活中施行，这种失败和如今基督教的失败一模一样。不过，这些思想和观念即使没有实行，也依然顽强地存在着，文学忠实地记录着思想，毫不在意人生的轻视和拒绝。很早的时候，印度人就很善于表达自己的思想，他们始终精心保存着自己的文学，和其他种族的文学相比起来，变化和损失较小。我们通过两个途径了解印度人的思想，一个是古代的，一个是近代的。古代的影响通过希腊人间接地进入了我们的思想体系。希腊早期的哲学家毕达哥拉斯从印度哲学家那里学到了精神的静观，还有隐藏在物质背后的本质就是观念等大智慧，这些东西成为了柏拉图哲学的基础，而所有的西方现代哲学都建立在柏拉图哲学的基础上，这些学说渗进了我们的灵魂，印度有一句谚语是这样说的："精神存在于所有的人们当中，但并不是每个人都明白这一点。"

印度思想进入西方文学还有一条途径，就是近代文化的发展。当欧洲军队征服印度之后，爱好文学的人和研究者们对印度文学进行了翻译，接着印度学者又在他们的工作基础之上进行了补充，这么一来，印度在西方人眼里几乎是一本翻开的书了，但是，这本书是一本经过了几千年制作的宏伟巨著，在我们之中并没有几个能够真正读懂看透它的人。布赖恩·布拉文编纂了一本小册子，为我们提供了一个生动的概观。书中收录了从《里克吠陀》（诗的智慧）中精选出的格言和赞歌，它是印度宗教思想中最古老的财富，数以万计的印度人正是用它指导着自己的生活。即使是一个没有相同信仰的西方人来看，它也充满了真善美。

更有意思的是《马哈巴拉泰》和《罗摩衍那》这两大印度的叙事诗，诗中充满韵律的句子洋溢着浪漫和勇敢的冒险。《罗摩衍那》讲述了拉马的英雄事业，一个锡兰魔鬼将他的妻子西尔达劫持到某个小岛上，最后他从魔鬼手中夺回了自己的妻子；《马哈巴拉泰》则讲述了另一个因为女人而引起的战争，这个女人名叫德丽尔芭特。巴斯的妻子和萨马利亚妇人都有不下5个丈夫，不过只有这位印度海伦可以在一个时间占有这些丈夫。这部叙事诗非常通俗，一些牧师已经用现在的形式将它们做了改写，为了满足教会的需要和偏见，对作品进行了种种曲解。这些作品表现的是印度的种族、宗教和阶级之间的冲突，就像民主运动一样，那些没落的民族和宗教在运动中反抗他们的征服者，但最后的结果是他们的英雄和胜利

《罗摩衍那》中的哈努曼拜见罗摩

被那些征服者所支配了。伽利达撒是印度的主要诗人,他的著名作品《沙恭达罗》的译文被列入了"人口丛书",这说明一般英国人对梵语文学的喜爱在逐渐增加。我们读到亚达尔·赖德尔富有诗意的雅典式翻译,将会更加明白歌德为什么会欣赏这出诗剧了。

印度的戏剧文学也很多,但古典派戏剧表现生活的方式并不率直,反而有些做作,有时能明显地看出是知识阶级写的。印度有两位著名的古典派戏剧家——布华皮赫地和伽利陀娑,前者出生在公元前700年,后者则出生得更早一些。印度的古典派戏剧用印度古雅利安语来创作剧本,这种方法类似于我们用拉丁或希腊语言来写作,一些学者认为,这种没有生气的方言淹没了他们伟大的剧本,词句的美丽与音韵全都消失了,因此我们多半不能见到或领会这些优点,就像无法领略伽利陀娑的美妙一样。尽管这些剧本很深奥,但毫无疑问,它具备很多的妙处。

印度最初的古雅利安诗歌包含了歌颂诸神的圣诗,里面具有的风格是东方常见的晦暗和神秘,但和后世相比较,它们坚强有力,在这经验的范围内,同时缺乏坦率简单的性质和一种明确的精神。古代有诗歌说,一个胜利的民族侵略了印度,他们认为是靠着诸神才取得了成功,而诸神的首领就是代表火的阿耆尼,他同时也代表了勇敢和武力,以及其他与火类似、具有强大破坏力的东西。火之所以被看得神圣,也许证明了雅利安人近来才发现它的用途。波斯人开始崇拜火神时,自己的文化已经达到了很高的程度;罗马则在纪元之后才开始供奉。

印度的雅利安人除了阿耆尼,还有很多代表其他的神,比如黎明、天空、雨露、太阳、雷电、地球等等,他们甚至还有掌管创造、繁殖、礼仪、忿怒和财富的神。不过,自然物和自然力依旧主宰着一切,因为吠陀圣的作者主要关注的是老子所提出的第二种物,并不是非物质的终点。后来,由于社会发展了,经验也渐渐累积起来,旧时的神变得不那么重要,其性格也日渐宽泛,于是淹没了一些情感欲望以及其他心理上的力。这种现象就和贸易影响了生活、政治和社会的原理一样,还和很多在发达社会中的种种道德和知识的特色一样。仔细考虑一下,我们就会发现,种族间的接触、冲突和地方、阶级间的争斗已逐渐被看成是高尚的,比如婆罗门人、祭司阶级间的斗争就是如此。古代印度的抒情诗是一种历史,它产生的原因是由于受到了强烈的情感刺激,但是,由于时间的流逝,它的情感日渐消失,在性质上更富有思想,最后冥想取代了它。一种无性物质接替了这种多神的状况,这种物质和老子的"道"不太一样,它并不具有那种动的性质,不过,它和几何学中的平面一样稳定,而且要动人一些,因为抽象的神学很难变得非常狂热。

在印度所有的思想家中最具号召力的就是释迦牟尼,他是佛教的创始人,存在于基督之前的500年左右,信奉他的人数远远超过了信奉其他宗教先知的人,这些崇拜者最初出现在印度,后来蔓延到了东部和亚洲中部。他是一个说教者,并非一个文人,我们之所以在这里说到他,是因为亚细亚的思想受到了他的影响,和他有关的思想为文学提供了灿烂的主题。英语读者能够从艾迪翁·亚诺尔特的诗中——《亚细亚之光》是十分流行的——了解释迦牟尼的生平和信仰的魔力,还能从小泉八云的《释迦田野中的落穗》感受到佛教精神的美。

吠陀赞美诗的宗教和佛教之间的关系就像基督教和犹太教之间的关

释迦牟尼说法

系一样。“佛”是一名改革家，在东方人的信仰中，他会经常出现并让宗教恢复清洁；那些接受了神灵感应的哲人认为，这种宗教已经渐渐堕落了。不过，人们总是将这个名词用在所有佛中最伟大的那一个身上，他就是公元前6世纪中叶在印度出生的乔达摩。当时，这个国家的信仰和思想已经非常接近了，因此一般人并没有感受到多少安慰。乔达摩的主要教义就是，这个物质世界是个陷阱和骗局，灵魂会在物质的享受中堕落。另外，他还有一个教义就是“来生主义”：人们是不断地轮回和重生的，罪恶之人为了赎罪，来生就会变成卑下的阶级；圣洁的人死后则能得到良好的状况。不过，人类由于具有肉体上的弱点，所以都逃脱不了罪责，因此要受到不断轮回的苦难和折磨。如果想减轻罪恶，得到精神上的解脱，只有一种办法一苦修，通过克制所有肉体上的欲念和喜好，达到一世胜于一世的目的。但它也无法解脱人类面临死亡的痛苦，“超度”就是让人们脱离一切形色。

“佛”的意思也就是说，解脱苦难的方法就是去除灵魂，他说，灵魂并不存在，人死后能剩下的东西就是因果，它能够用道德的标准来算清我们的是非对错。如果一个人的因果都是好的，那他就可以和“广大无边”合而为一，最后得到永生，这种说法表明了“佛”是抽象的、神秘的。不过，我们应该记住，他的这些做法完全考虑了当时的民族特性，佛在传说中原本是一个真正的人，而且是一个非常复杂、非常坚强的人。他不仅具有寓言中所描绘的渊博知识，还掌握了人和神的语言，西半球就有好些关于他的寓言在流传。其中最著名的一个是：六个盲人一起去看一头大象。一个摸到了大象的尾巴，于是他说这个畜牲像一根绳子；一个摸到象鼻的人说它像一条蛇；一个摸到耳朵的人说它像把蒲扇，其他的人也摸到了大象的一部分，于是他们都形成了自己的看法，最后争执起来。和以前相比，他们得到了一种不全面的认识，于是更糊涂了。这个寓言很简单，但它说明了一个很深奥的道理，而且这种理论适用于各种时代，尤其在当今这种专门化的时代更具有警示和启发的作用。现在的佛教已经远离了创立者的理想，但是他的影响依然存在，基督教也从佛教中得到了不少益处，佛教所宣传的教义，以及和它有关的事物都已经渗透到基督教里了。

在《东方诸圣典》的英文集中能够看到佛教文学的翻译，以前，西方人对佛教的兴趣仅限于叔本华等哲学家或一些学者，一般人并没有深刻的印象，因为基督教已经在西方占据了统治地位，另外，我们理解佛教的方式太东洋化了。佛教的教义是：所有痛苦的根源就是欲望，因此，为了避免痛苦，只有舍弃一切欲望，生命完结时是涅磐或忘却。这种观念和欧洲积

极向上的理性相矛盾，它的本质是一种生命的退却。除非我们的文明真正在悲惨的失败中退却了，否则，我们难以接受这种退却的思想。不过，佛教也并非只是懦弱者的哲学，对于那些勇敢的人们，它同样适用，厌世主义者叔本华和乐观主义者爱默生都从佛教理念中获得了文学上的领悟。尽管如此，佛教宗旨还是无法深刻地进入欧洲的思想。

四、波斯

波斯诗歌的旋律非常优美，因此得到了阿拉伯人和土耳其人的青睐，欧洲的艺术家和学者将它们翻译过来之后，英文读者也能领略到其中的美妙了。

波斯也是一个受了雅利安人影响的国家。古代的波斯是个泱泱大国，圣经和古代历史中都提到了这一点：为文学留下了重要成绩的查拉斯特拉宗教的发源地就是波斯，这个宗教的主要特征就是对火顶礼膜拜，它认为光明代表了良善，黑暗则代表着邪恶，基督教中的撒旦就是由此而来的。据说有几部叫"Zend-Avesta"的著作的年代和查拉斯特拉一样久远，不过，它们的实际时间应该推迟好些时候，另外，查拉斯特拉的生活年代和是否存在这么一个人至今仍是争论的焦点。

"Zend-Avesta"是一本和查拉斯特拉宗教的礼拜仪式有关的书，在远古时期，对一种强盛的宗教来说，它无疑是一本蔚为大观、永垂不朽的书。18世纪，有一个叫杜培隆的法国人发现了它，东方学者将它看作是现代狂人的愚蠢，现在，法国学者瑞纳克在自己的《阿波罗》一书中也谈到了这部书，他说，这部书毫无价值，因为它认为世界上之所以产生罪恶是因为忘了焚烧指甲、头发以及其他各种不洁之物。现代崇拜火神的人是巴西斯人，他们认为，这部书包含了所有的知识和智慧，它表达意思的方式是象征，并不是直截了当的，那些寓言的优点在于，非物质主义的西方人也能明白它的意思，不过，作为一种宗教遗迹来说，它的确对人类的理智产生了相当的影响，虽然其中的大部分给我们留下了并不伟大，甚至光怪陆离的印象，但依然具有某些崇高的价值。

虽然"Zend-Avesta"的宗教观念并不完善，但包含的教义范围很广，既有一种反对仁慈的邪恶教义，又相信死者能够复活，同时具备基督教和伊

穆罕默德

斯兰教的色彩。穆罕默德死后不久，伊斯兰教就征服了波斯，而查拉斯特拉的崇拜者又从《古兰经》中发现了很多和自己一样的信仰，于是他们摇身变成了伊斯兰教的主要神学家，因此，波斯为穆罕默德所建立的崇拜安拉的宗教做出了很大的贡献。公元 980 年至 1037 年的波斯人阿维森纳的思想对希腊哲学产生了影响，并极大地影响了中世纪信奉基督教的欧洲。

波斯有很多劝诫诗人和抒情诗人，难以说出哪一个更值得纪念，不过，有三个人引起了英语国家的兴趣，其中两个是由于非常卓越出色，另一个则以数量庞大的译著闻名。仅仅提及这三个人就已足够，因为波斯的剧本对外界的影响并不大，它的出现比文学发源和流行还要迟。

第一个出色卓越的诗人是萨提，据说他总共活了 108 岁，也就是从 1184 年至 1292 年。在穆罕默德教化的范围之内，他的《古莱斯特》一书的读者仅次于《古兰经》，另外，很多人认为他是东方人中最能引起西方读者注意的，并能让人理解。他平生经历了各种冒险，他说自己曾经被基督教十字军俘虏过，还在印度居住过，并信仰那里的宗教，如果这些不是编造出来的，至少也是言过其实的。我们暂且不追查他的游历是否真实，是否如他所说的那么广泛，从他的知识面来看，的确是很渊博的，他的诗包含了很多行为的规律和箴言，几乎能等同于法律。在波斯只有《古兰经》和它的传说，以及沙尔的思想，此外就一无所有了。

豪菲兹是一个在波斯境外比萨提更出名的人，他是一名魔术师，主要著作是一部名为《迪翁》的丛书。他的书在波斯是人们随时会看的，并经常引用诗句中的诫言，就像今天的我们引用《圣经》一样。歌德对豪菲兹也开始感兴趣，许多西方人和大部分德国人也是如此，其实他和普通人相比，不过稍为精明一些罢了，诗人和魔术家都十分佩服他。

给西方人留下了深刻印象的东方诗歌就是波斯的诗。波斯诗歌的旋律非常优美，因此得到了阿拉伯人和土耳其人的青睐，欧洲的艺术家和学者将它们翻译过来之后，英文读者也能领略到其中的美妙了。厄默 · 卡耶默的《鲁拜集》是波斯最有名的诗，除了他之外，波斯著名的抒情诗人还有萨迪和豪菲兹。萨迪著作以《果园》和《玫瑰园》最为出名，虽然有些深奥但并不沉闷，还时时冒出哲学的犀利灵光；豪菲兹是萨迪的女婿，酗酒且沉迷于女色，他爱好诗歌和大自然，他不仅承继了厄默的精神，还超越了他的成就。厄默的人生观带有忧郁、悲观的情绪，豪菲兹则更多地感受着生命的愉悦。波斯的大叙事诗人首推10世纪的弗尔杜萨，他创作了《诸王之书》，这是一部辉煌的巨著，描述了很早时期的波斯历史，其中有不少对话和片段十分优美，这个特征似乎是世界英雄史诗所共有的。叙事诗的价值就是它表现了种族或国民的传统，当然，这并非表示它具有狭隘的国民性，而是说它应该成为国内伟大的，超越时空的，流传后世的作品。

五、阿拉伯

阿拉伯和波斯留给我们的印象是：层层包裹、可望不可及的蒙面女；沙漠诗人的浪漫乡愁；面对黄昏、帐篷歌唱的情郎。这些印象的来源有一部分是对他们信仰的宗教的敬畏，更多的则是出自《天方夜谭》。

大部分的东方文学充满了宗教意味，但是，有一部在欧洲国家耳熟能详的作品，它是纯粹消遣的。这本书就是《天方夜谭》，这些世人皆知的故事已经流传了200年。18世纪初，整个欧洲就传遍了这些故事的法文译本。这部故事书的背景非常生动浪漫，故事也包含了各种深奥的理想。话说有一个君主十分专横，他每天都要娶一个妻子，但第二天早上就要杀死她，后来，有一个妻子为了延续自己的生命，于是采取讲故事的办法引起君主的兴趣，直到她活到讲完故事的日子为止。最后她终于成功了，因为她的故事有魔术、机械的奇迹；有令人惊讶、恐慌的冒险经历；有幽默风趣的事情；还有关于人类本性的描写。我们知道，这些故事经过了长久的编排，收集了东方的最好的故事，最终汇集成这部杰作。其中的材料有古代的，也有近代的，但它们的创造能力都表现得非常高明和巧妙，比如，辛巴达水手的故事和《奥德赛》是同一个来源，但它们的表现方式不一样，它的方式是类似孩子的惊喜态度，并没有荷马的严肃态度。很明显，《天方夜谭》的动人故事和快乐的表现方式反应了我们的梦想，并不需要它是真实的，由此可以证明东方人既能够表达出快乐动人的幻想，也可以表现精微的神学和深奥的信仰。欧洲的孩子们都非常熟悉“阿拉丁神灯”、“水手辛巴达”、“阿里巴巴和四十大盗”的故事，就像熟悉安徒生童话一样。不管善良的科立甫在历史上处于怎样的地位，总之他在故事中是伟大的帝王之一，多嘴多舌的剃头匠皮埃尔·萨美泰成为了一个有特点的喜剧人物，另外，还有很多有趣的故事同时满足了神话和魔术的需求。这些阿拉伯故事

《一千零一夜》中有关阿里巴巴与四十大盗的插图

的来源各不相同，因为这些故事是从四面八方收集到的，但它们讲述的范围都在阿拉伯大预言家的宗教管辖之内，所以它们应该是属于阿拉伯的。

在这一章即将结束之时，我想重申一下，只有三分钟来描述至少有3000年悠久历史的中国文学，确实很荒谬，同时也违背了时代精神。赫博特·齐尔兹教授的著作《中国文学史》让我的论述回到了孔子时代以及更悠久的时代，也就是基督前550年，不管这些古人的书籍如何清新优美，却一直没有在欧洲的思想里留下痕迹，欧洲人始终不知道这些作品，直到近代有学者开始研究和翻译。中国人应该有很多和我们共通的想法，但我们一直没有想明白，只能说是犯了一个大错误，也许北京的人面对我们的无知时，仅仅会宽容地一笑了之，或者再说一遍齐尔兹用过的谚语："没有谬误就没有真理。"

THE STORY OF THE LITERATURE

第3章

犹太人的圣经

把圣书的语文看成是流体的，运动的，文学的，不是固体的，静止的，科学的，这是通向正确理解的第一步。（马修·阿诺德）

一开始，《圣经》的文学价值远远比不上宗教价值。但随着时间的流逝，《圣经》中的成语已经成为我们日常生活中的一部分，世界也慢慢理解了它的一些主要故事、比喻和寓言，它的宗教意义在很大程度上被淡化了。

我们可以将《圣经》当作文学，欣赏书中的诗、有趣的故事和美等等，就像阅读其他书一样，从广义上来说，这些都可以称为文学。而且，这种做法可以让我们不必在意《圣经》是否神的言辞，书中的文字是否具有圣灵的感应，我们的义务并不是将它作为完全的真理，这些问题是各种犹大教会的人和神学家们应该考虑解决的。我们的兴趣并非宗教，而是文学。

不过，这里有一个事实任何人都不能否认——《圣经》是一部宗教经典。几个世纪以来，成千上万人始终阅读着、倾听着《圣经》，它所具有的宗教价值远远高于其他价值。教徒们真心实意地热爱《圣经》，牧师们虔诚地研究《圣经》，与其说他们的动机是对文学感兴趣，倒不如说是热爱宗教。我们的很多先人并不具备什么文学观念，如果没有虔诚的热情，那么《圣经》必定只有少数学者知道，就和印度圣典一样，它的成语之所以能够进入我们的日常生活，里面的一些故事、比喻和寓言能被全世界所理解，根本原因就在于它在很大程度上淡化了宗教意义。一些人并没有宗教信仰，但他们在日常谈话中也会引用“箴言”，尽管他们丝毫不知道这些语句出自何处。

《圣经》时常贯穿着人们的思想和语言，这是宗教的原因，而不是文学的原因。尽管现在诵读《圣经》的人们的虔诚心不如以往，但人们依然爱好它，美国的调查显示，美洲每年都会新印几十万部《圣经》。我们不用仔细观察也会发现，几乎每个家庭甚至每家旅馆都拥有一部《圣经》。

不必否认，《圣经》的动力来源于宗教。如果缺少了这些动力，《圣经》的大部分根本就不会出现，我们也无法知道《圣经》这部书了。不过，如果我们忽略所有和神学相关的争辩，仅仅将《圣经》看作人们古老的智慧也是很美妙的，就像波普描述的妇女胸前挂着的十字架一样，“犹太人可以亲吻它，异教徒羡慕它。”

尽管我们无法像祖先一样每天诵读一篇《圣经》，并将它们牢记在心，但文学爱好者和学者都理所当然地认为，读《圣经》是一个受过教育的人的必要修养，研究《圣经》中的历史就和研究希罗多德、吉本一样，欣赏《圣经》中的诗篇就和欣赏莎士比亚、歌德的作品一样。这种态度对于文学和历史都非常有益，也没有损害到其他广泛意义上的宗教，如果仅仅因为宗派之争，就禁止公立学校使用《圣经》，或者将它送上加利福尼亚州的法庭，这种做法就是践踏了人类的高尚趣味。那些不太了解《圣经》的人无法领会演讲或文学中遇到的简单的《圣经》典故，他们很少知道自己民族的精神生活，同时也很难真正欣赏自己国家的文学。

一、宗教的《圣经》

《圣经》是一部包罗万象的著作，它由《旧约》和《新约》组成。我们现在看到的《旧约》是守旧、盲从的教士阶级和改造家费了很多时间才形成的，它的重要教条就是：不仅要用形式上的虔诚来对待上帝，还应该有一颗纯洁的心和没有瑕疵的行为。

西方文化曾经受到了中国、印度、波斯和阿拉伯的文学的影响，但他们的影响无法和希伯莱人相提并论。基督教曾经收录了这些卓越民族的部分宗教作品，他们认为《圣经》是上帝的训诫，直到现在，人们才能将《圣经》当作一种文学来讨论，否则，免不了要背上亵渎罪的罪名，并遭受刑罚。另外，现在也很少有人能理智的、不带丝毫偏见地看待经文，有的人认为《圣经》无可挑剔，有的人则猛烈地攻击它。

《圣经》包括《旧约》和《新约》，前者是希伯莱文，后者是希腊文。《旧约》从创世纪开始讲述人类的历史，接着讲述犹太人的经历，直到出现基督教。它包罗万象，不仅有劝世文、预言，还有教条和法律。一些乡村牧师和教区的居民都认为前 5 章的作者是摩西，箴言的作者是所罗门，诗篇的作者是大卫，以赛亚书的作者是以赛亚，其他章节也是用作者之名来命名的，不过学者们对《旧约》的看法和前代正统派有些不同。他们认为，该书是由几个世纪以来的作品、传说组合而成的，有些内容比较和谐，有些则繁杂不堪。《旧约》的体裁很不一致。除了崇拜耶和华，似乎还有多神教的痕迹，另外，犹太人信奉的一神教好像也不是由他们所创，而是从另一个民族——也许是埃及借用的。《旧约》相信，应该尊崇上帝，只要服从他就能得到富贵荣华，如果不尊敬他，则会得到灾祸。其他部分表明了美德就是遵从礼仪和法律条文，并认为，即使上帝不残忍，他也是允许残忍存在的。我们现在看到的《旧约》是守旧、盲从的教士阶级和改造家费了很多时间才形成的，它的重要教条就是：不仅要用形式上的虔诚来对待上帝，还应该有一颗纯洁的心和没有瑕疵的行为。实际上,《旧约》有不少自相矛盾的地方。

《旧约》的缺点在于它是早期的、未开化社会的产物,但它所具有的优点使它成为人类思想中的一个杰出创造物。它有着高尚的宗旨,在人类对于创造者这一点上,用弥尔顿的话来说就是——"它上升到论据的至高点,并用上帝的方式来判定人类"。也许,犹太人不是它说的这种人,他们那些和创世纪、水淹巴比伦有关的故事,还有对邻人的看法,无论在种族上,还是在智力上都非常细小琐碎,但不可否认的是,它具有力,力在文学中的作用和体育上同样重要。《旧约》中的力表现在深刻的思想和强烈的情感之中,将犹太人的神称呼为部落的神,这很平常,至少可以说是普通的。或许它的看法来源于《旧约》,或者符合《旧约》,但只看见一个部落的神的人实在太粗心了。摩西在燃烧的柴里看见了上帝;伊利迦看见的上帝"不在风中、不在地震中、不在火中、在幽静的声音中"。另外,部落里的神都不具备慈爱的本性,他们仅仅是让人"公平、慈爱、对待神要谦恭"。

东方民族有很多概念非常模糊,尽管希伯莱也属于东方民族,但他对于上帝的概念毫不模糊。上帝暗示人心的作用和自然的伟大相比要更强大,如果上帝拥有人的形态,那么他的特性就和一些神化的人类相同了。虽然《旧约》的思想是以德报德、以怨报怨,仇视其敌人和非信徒,但它相信人具有神性,以及造物主的奇迹和宇宙一样伟大,必定具有无穷的优点和能力。由于这一点,因此基督教的前辈——《旧约》里的上帝具有更崇高的地位,他不是印度人的无性物,不是老子的"道",不是波斯人的光,他比上述任何一位神明更令人信服。人心最容易了解熟悉的、明了的普遍或基本情况,哪怕科学观点已经证明它非常幼稚,或者仅仅是上帝的话,它也代表了庄严,是不可逾越的。

学者们对于《旧约》中的传说都有着不同的见解,尽管信仰四福音的人认为它很久远,但实际上,现在根本无人承认,他们甚至不认为新约各章是那些名义上的作者所作。人们都认为现存的四福音是希腊的,是古人依据基督所说的方言写出来的;他们还认为第四福音是基督教和希腊哲学混合而成的,此种希腊哲学看上去也不像是从圣约翰和希伯莱人中划分出来的。和新约有关的历史问题实在数不胜数,对于这些问题,学者们有着不同的推断、看法以及武断的分歧,和神学家们常做的事情一样。圣保罗似乎是个确实存在的历史人物,他发誓要编出几部属于自己的使徒书,其中的几部完成于耶稣受难后的25年之内。但是,我们对于《新约》其他部分的作者仅知道姓名,有的甚至连名字也不知道,因此,我们更无法确定它的真正来源，如果在这种情况下展开讨论，无非是暴露出自己的无知和偏见。

《新约》中包含着四福音，就是马太、马可、路加和约翰，还包括使徒行传、圣保罗和其他的使徒书、启示录或者启示书。相传马太福音的作者是基督的门徒该隐；圣马可是圣彼得的门徒；圣路加是一名希腊医生，他和圣保罗一起完成了“行为集和他的福音”；启示录和约翰福音的作者是圣约翰——他是耶稣最喜欢的门徒。一般人认为，使徒行传的作者是圣保罗，剩下的则是圣彼得和基督的其他信徒所作。

从人类史来看，《新约》也许是一部影响最大的书，我们可以用推理来判断它产生影响的原因，看起来，多半是因为人格的感召力，而这种人格就是它的结论和感染力。小部分的人会用历史根据全盘否定基督，其他人则不相信《新约》中所讲述的上帝的一生，以及他死时的情形，他们认为上帝就事实和目的来说，即使并非虚构，也是属于传说中的人物。哪怕最相信《新约》中的四福音及其他叙述的读者，也一定会承认这个叙述不符合普通经验，但非常明显的是，每部福音的作者对于自己讲述的事情绝对信仰。因此，我们如果想让关于神迹、魔鬼的学说和今天的知识、约》眼光产生矛盾，除非采取儿戏的态度，我们应该注意到，《新中的基督是出于某种创造，他的人格因为其情绪、具有好奇心的信徒而变得尊荣。情绪是事实的败类，但并非是它的敌人，如果我们假设后者代表了环境，而且比其实质更重要，或者认为四福音中的基督暗示上帝的精神比一个真正的人更优秀。不管怎样，所有故事的力量和感动力无与伦比，就连埃斯库罗斯和莎士比亚的悲剧也不能和它相比，没有哪首诗和它一样如此深刻感人，得到了全世界人的同情。不管我们对人们的看法有何感想，上帝的本性和他的纯洁符合道德标准，这一点没有人不承认。拜伦说：“假如曾经出

《新约》的第三卷和《使徒行传》的作者圣路加。

现过人是神的情况，或者神是人的情况，那么，基督就是那个人。”《新约》的特点就是：人性会因为其纯洁高尚而变得神圣，并以此造出一幅图画，也可以说这是它的普遍表示，就和《旧约》中以人看待上帝相同，《新约》中则将人神化，虽然这种将人神化的过程完全是在毫无知觉、稀里糊涂中完成的，它也当之无愧地成为了文学上的伟大作品，它使用的是另外一种判决事情的标准，并非笔记本上的一种系统。

二、基督教文学

在耶稣被钉上十字架之后很多年，基督教文学像灿烂的星光一样出现了。和《圣经》相关的近代文学浩瀚无边，我们仅仅希望能看到一眼而已。只有那些有着渊博的学识和耐心的人们才能从这类文学中汲取更多的知识。

在耶稣被钉上十字架之后很多年，基督教文学像灿烂的星光一样出现了。这些文学都处于《圣经》的范围之外，很多后来的作者用《圣经》以外的资料补充了耶稣的生平和社会背景，并对几种福音书之间的不同之处进行了调整或说明，试图写出一部完整的基督传。《耶稣的生涯》就是这种尝试之一，它是法兰西哲学家艾尔纳斯特·瑞侬的作品，已经被看成了文学上的杰作。我举这个例子并不是要肯定他的历史价值，也不希望众多虔诚的基督教徒被他的怀疑态度所激怒，只不过让他从纯文学领域进入这个狂热的争辩当中，我对此既缺乏智慧，也缺乏追随的意志力。

上帝造光

和《圣经》相关的近代文学浩瀚无边，我们仅仅希望能看到一眼而已。只有那些有着渊博的学识和耐心的人们才能从这类文学中汲取更多的知识。我不禁想起古代那些苦心经营注解书的说教者的话:“这本书很浩大,《圣经》把光投在上面。”如果《圣经》的记录不完整,那它正好给读者提供了发挥想像和猜测的空间,因此,《新约》中简单的故事正是因为这种缺陷而显得非常丰富和清晰。而且,这些故事的确是我们必须知道的所有事情的基础,其他的则由“约翰福音”的结束语说明了:“如果将耶稣所做的许多事一一写出来,那么我想,世界也无法容下所写的书。”至于那些事情究竟是什么,永远不会有人告诉我们,但是,这些写出来的东西已经完全足够了,不是吗?

我们能够从《新约》中看出,延续耶稣生命的人是保罗,他的重要性仅比耶稣低一点。如果耶稣缺少了他的文才,或许无法征服整个西方世界。保罗在“四福音书”和“启示录”中都是重要人物,同时也是个中心思想家。我们读了他的书信之后,不仅能够了解他的神学,了解他对耶稣使命的解释,还知道了他的性格,这种性格极具挑战性和诱惑力。即使你对他的宗教、哲学观点并不信服,但无法不钦佩他的勇气和精力,还有表现自己的高明技巧。他除了自己的内心信仰之外,几乎没有提出什么要求。他的平生在简单的人间阶段是高贵和真实的,他的机敏和勇敢在和亚基伯的辩论中完全体现出来了,就和书信中描写的一样,另外,他在优美的“腓利门书”中的言辞极具诱惑力,还有些诙谐,体现了他处于困境时的机智。我比较同意亚基伯的话:“你几乎要说服我了。”的确如此,保罗“几乎说服了”那些追随者和倾听他的声音的人。这一点在历史上毫无异议。

《新约》的结尾是圣约翰的“启示录”。这首诗充满了寓言、幻想和神秘色彩,有无数人对这篇奇妙的章节进行了说明,但除了说明者本人之外,没有人觉得十分满意。最有意思的说明之一是18世纪的艾曼纽爱尔·司惠登波尔说的——他是瑞典的哲学家和神学家。他认为,新耶路撒冷的幻想主要以“启示录”为基础,但“启示录”注定永远模糊不清,因此,这座城就像《圣经》中描绘的所有美好事物,是为信奉预备的,地狱则是为了容纳无信仰者的。

THE STORY OF THE LITERATURE

第4章

古希腊文学

当一颗新的行星滑入眼界，我觉得自己宛如天空的守护神。（济慈）

现在，让我们用希腊历史作为起点，开始讲述希腊文学吧。我们都明白，文学早期的形式并不是历史，而是当人们用诗歌、戏剧或其他艺术形式表现之后，它才开始了缓慢的发展。就拿我们看到的《圣经》中的犹太文学来说，其中的历史成分已经融合在宗教和伦理的成分之中了，就算运用最尖端的现代知识，也很难分离出纯粹的历史文书。

我们几乎可以准确推断希腊文学中的历史是从何时开始记录的，并能够划分史实和传说的界线，因为希腊人和犹太人比起来，他们以更准确、更文学化、也更具有批判的理性讲述了自己的故事。希腊人从希罗多德开始记述事件，也就是我们今天称作历史的事情，当然，生活和文学发展的过程是非常漫长的，在这个过程中，任何一种形式和方法都不是由某个人突然发明的。关于人类历史的首要训诫是，每个人的心里都存有想像这种东西。

帕拉斯·雅典娜女神英姿勃勃地从宙斯的额角中跳了出来，但这种事起源于诗中的女神，并非出自人类的想像，对于这一点，没有人比希罗多德更清楚，因为他不仅是一个批判家和研究家，还是一个怀疑者。他始终被称为“历史学之父”，就连今天科学时代的历史学家们依然将这个称号授予了他，这就足以证明，在他生活的那个时代具有非常多的神秘文明的信息。

雅典娜神庙

这种文明是怎样的啊！基督诞生前的5个世纪之中，雅典这座小城市居住着一群天才人物，这些人在其他任何地方都不可能存在。直到公元20世纪，依然没有哪个城市能够媲美雅典的文明，究竟是什么原因使如此多的天才人物聚集在那个特殊的时代和地方呢？当时的历史学家没有出来说明，希罗多德的弟子也没有出来解释，我们仅仅知道当时的事实。当时的希腊抵挡住了波斯的侵略，国内的列强则不断发起战乱，用文化形成学的角度观察，这种文明极有可能是一种融合文明，因为“雅典”一词的意思就是“希腊之光的中心”。

一、希腊的历史和历史学家

在希腊的带领下，武力几乎席卷了整个欧洲，同时，它也汲取了接触到的各种思想、文化的精髓，让希腊精神迅速代谢，并得到滋润。希腊的历史学家正是有了这种精神，所以具有深遂的眼光和宽广的胸怀。

很多优秀的土著人原本居住在这个城市，他们对于那些从希腊其他地方移居过来的优秀人物也表现出极度热情的态度。希罗多德因此也迁居过来，成为一个雅典人，他生活的时间大概是公元前480年至公元前420年。希罗多德出生于小亚细亚，一生中只度过了几年的优裕生活，最后在意大利的希腊殖民地安度余生。他认为，只有经过多年的旅行才能全面体会到这个世界的文明，于是他去感受了首都和各种希腊之外的文化，可以说是当时的大旅行家或"世界公民"。其实，所谓的"希腊之外的文化"并非是说他脱离了希腊文化，因为我们应该知道：在希罗多德前后的几个世纪中，甚至到了亚历山大征服世界之后，希腊文化作为一种文明几乎覆盖了地中海所有地方的生活，它具有特殊的意义。在希腊的带领下，武力几乎席卷了整个欧洲，同时，它也汲取了接触到的各种思想、文化的精髓，让希腊精神迅速代谢，并得到滋润。这种力量多么让人吃惊！

希罗多德

希罗多德以歌颂希腊人打败波斯人的功绩作为历史的主题。虽然他用散文的形式写作历史，但并不缺乏开阔的视野和叙事诗的热情，并充分表现了戏剧的魅力。由于他曾游历过世界各地，想像力也非常丰富，因此他的描述是真实的。他不仅歌颂本国人的赫赫战功，也会对他们进行冷静地批判。他很尊重希腊的敌人，因此用大量文字描述了波斯帝国以及其他国家的事情，尽管他这么做的动机是为了用敌人的强大来衬托自己的国家，不过胜利仅仅是个高潮点。希罗多德从战争和生活的关系中发现了商业、风俗以及和平的交流等等，所以他不愧是国民和人类的研究者。假如近代有历史学家知道的东西超过了他，那么他们之所以能了解这么多应该主要归功于他。希罗多德是一个站在高处整理史料、描写历史的艺术家，虽然人们一直争论他记述的事情究竟精确到何种程度，但我们无法忽略他。我听一些阅读希腊文的人说，英译本甚至没有希罗多德的文体优美，如果真是这样，那么我们应该承认，希罗多德不仅是"历史学之父"，还应该是"散文和故事之父"。

修昔底德是希腊的另一位伟大历史学家，他和希罗多德处于同一时代，但他们之间有很大的差异。他类似于近代科学化的历史学家，不相信世上存在超凡或灵异的事情；同时类似于现代的历史学家，尽力避免出现不公平，他的工作是说明事件的起因和动机。他主要描述的是雅典和斯巴达之争，也就是波罗奔尼撒战争。他亲身体验了这场战争的来龙去脉，知道所有的知识，在我们看来，他不仅是战争中的通讯员，还是个战地记者，只是他无法用我们熟知的言辞写出报道，因为那时并没有出现"雅典日报"之类的东西，这些东西总是在市民开始早餐之前送过来。他随时记下战争中的情形，战后才利用空余时间整理这些记录，里面还有他当时接触头面人物得来的"内幕"故事，修昔底德不同于现在那些准备写世界大战书籍的人，他完全具有艺术家的天赋，为了让故事更准确、更生动，他给历史人物设计了台词，就像一个剧作家，他的作品充满智慧，而且生动有趣，这一点也表明了希腊当时的文化得到了飞速的进步。修昔底德出生时，世界几乎全部相信神和征兆，但他是个唯理主义者，就和休谟、吉本一样，他所描述的事情都是真实的、合乎逻辑的，他最大的错误在于，始终认为人类曾发生过

修昔底德像

的重大事情就是希腊各国的战争，不管是当时，还是现在，这一点都是错误的。我们认为，希腊最值得骄傲的历史故事应该是和平和交流，但修昔底德很少提到它。现今和未来的历史学家应该从他偏颇的记录和错误中记取一个教训，就是人类故事并非都是杀戮的历史，这个世界还没有完全摆脱恐怖的战争悲剧。在一些编年史学家看来，也许战争仅仅是人类生活中的一个重要插曲。

继修昔底德之后，公元前430——前350年的活动家、著述家色诺芬开始了自己的历史写作生涯。他是一名指挥一万希腊部队的将军，他将部队撤退的事情写成了《进军》的故事。他作为故事中的主角，和尤利斯·凯撒——罗马的司令官兼历史家——有些相似。另外还有一个有趣的巧合是：近代儿童的拉丁文课本收录了凯撒描写高卢战争的《高卢战记》，希腊文最早的儿童课本也收录过色诺芬的《进军》。这两部作品被不约而同地收录教材，都是出于同样的理由：凯撒和色诺芬都采用单纯、纪实的方式描述了动人的故事。那些复杂的语言让哲学家和诗作家们揣摩不透，或许让学生甚至老师也感到困惑。色诺芬的某些描述希腊的文字显得过于幼稚，我们不是不知道这一点，但他讲述的故事十分优秀，所谓的文学无非就是用文字记录生活，特别之处只在于思想的含量、文字的文化含量以及记录的事件本身。当然，我们无法精确测量这些东西。这个问题最简单的答案就是：色诺芬知道怎样将故事写得有趣，他把哲学家和历史学家连接起来了。苏格拉底是他的老师，于是色诺芬留下了和老师有关的4部著作，他在《回忆录》中提到了苏格拉底，把这位圣哲最生活化的一面为我们描绘出来，仅仅因为这个原因，我们也应该对他心怀感激。色诺芬并非一位深刻的思想家，和柏拉图相比，他对苏格拉底的记述自然显得浅薄。柏拉图笔下的苏格拉底是一个为柏拉图派哲学传送智慧的人，色诺芬则将这个雅典的贤人当成了生活中的人，并如实描写了他的现实生活，从而给我们留下了一个栩栩如生的、真实的苏格拉底。

色诺芬和伯利比亚之间可能跨越了两个世纪。当希腊被罗马人统治以后，希腊学者摇身变成了罗马的政治家，最早的就是公元前210年至前128年的伯利比亚。继希腊前两位历史学家之后，伯利比亚成为最重要的历史学家。他记述的故事是公元前2世纪罗马帝国的兴起，其中六分之一保留了那段辉煌的历史。他注重史实，写作手法很朴素，而且能公平地观察和评论历史事件，这一点对历史学家来说是难能可贵的。当时，世界的主人几乎就是罗马，尽管伯利比亚是希腊人，但他赞颂罗马的武力和已经得到胜利的政策，不过，与其说他的目的是为了赞美，倒不如说是提醒自己的国家注意，因此他只能深深隐藏自己的感情。

伯利比亚之后的历史学家的重要性并不大，原因在于，我们至今都不知道他们写的是什么，尽管学者们珍藏了一些遗留的片断，但在普通读者眼里，它不具备价值。

直到公元1世纪，我们才看见两位作家，就是布鲁塔和吕西安，他们在历史和文学中都占据了重要的地位。我们将他们并列一处的原因是他们在一些地方存在共同点。

我们从布鲁塔的《传记》看到了值得欧洲各国读者珍藏的宝贵之作，并再次读到了天才的记述。布鲁塔是希腊人，他在自己的著作中使用了希腊语，但他几乎用了一半文字来讲述罗马人，他的写作方式是，将希腊和罗马的英雄相并列，或者相比较。他不崇拜英雄，也不是一个心胸狭窄的爱国主义者，他的作品中丝毫没有流露出这两种想法，他能够透彻地理解人性，并具有健全的道德观以及随和的伦理标准。另外，他具备了扎实的知识，并对自己描写的人物及背景，还有外界事实有着深刻的了解，尽管近代研究者修正了他描述的一些史实，但这并没有影响他的声望，而且书中的人物正像他描写的那样存在于近代的生活中。古时的一些善人和伟人至今依然像他创造的那样广为流传。他描述的一些肖像已经成了莎士比亚戏剧中人物的基础，比如凯撒、克利奥雷娜、安东尼以及克里奥佩特拉，这些艺术形象经过戏剧的加工和传播，最后深深进入了世人心中。

二、希腊的叙事诗

欧洲文学的发源地是古希腊时代，而荷马史诗就是这个取之不尽、用之不竭的源头，它启迪了后世的诗人，使他们产生了丰富的灵感，从而创作出无数伟大的作品。

大约在公元前 9 世纪至前 8 世纪，或许有一个游吟诗人出现在希腊和小亚细亚的每个城市，他总是吟唱着歌谣，或者将传奇故事改编成诗，这个人就是荷马。他创作了荷马史诗，不过，荷马到底是一个人的名字，是一群人的名称，还是一个诗派，这个问题至今仍然悬而未决。现在有很多城市纷纷努力地证明传说中的伟大诗人荷马就是诞生于此，希望能够争得此殊荣。

现在，我们已无从知晓荷马作为个人的情况。公元前 5 世纪至前 4 世纪左右，希腊的历史学家、批评家才开始搜集、调查、研究和荷马相关的资料，但在当时的希腊人眼里，荷马就像近代人眼中的史前神话。柏拉图、亚里士多德知道的荷马诗文还比不上现代读者了解的莎士比亚作品。产生这种情况的原因是：在莎士比亚生活的时代，印刷术已经很发达了，我们今天能看到的流行的版本，莎士比亚当时也能亲眼目睹；但在伯利克里时代，就算那些受过教育的希腊人也不能见到荷马的手稿，只能以某种记忆形式回忆出荷马的诗，至于具体的方法，我们也无从了解。另一种可能性是，公元前 6 世纪的文学家、政治家底斯特

荷 马

被众人围绕着的荷马

纳图搜集并整理了荷马的作品，用某种形式写下来，然后，亚历山大城的学者们于公元前3世纪至前2世纪进行了编订，最后成为类似今天的作品，近代学者就是根据原本来编纂荷马史诗的。德国学者历德列科·沃尔夫在18世纪末期率先提出一个问题，即荷马史诗究竟是谁创作的，至今依然众说纷纭。

虽然这些问题是属于专家研究的，但我们仍然能从两三个方面得到启发。本来，不管是在原始的，未开化的时代，还是在近代非常发达的文明社会，诗的存在形式都是口头吟诵，这种说法的理由是：荷马的诗作，包括里面的神话都抛弃了幼稚的痕迹，诗歌的成熟程度和但丁、弥尔顿、丁尼生的不相上下，《伊利亚特》、《奥德赛》的结构严谨、技巧圆熟，后世的诗人和它相比简直是望尘莫及。在近代的希腊人眼里，荷马笔下的诸神已经成为过去，历史的尘埃也遮盖了诗人生活在古代社会的真实面目。但是，我们不要认为只有近代几个世纪的文化才宏伟，荷马并非陈旧的古董，他给人们带来了较高的审美意识，今天的人们依然能够接受他的思想，并成为宝贵的精神财富。荷马以非凡的艺术造诣在世人心中赢得了不朽的地位。

荷马史诗始终占据着西方古典文学中的最高地位，它包含了极其丰富的内容，广泛表现出古希腊时期的政治、军事、经济、文化各方面的情况，还有当时人们的生活、斗争、思想和情感，完全可以称为人类社会童年的“百科全书”。从公元前8世纪至今，大家一直公认它是文学作品的楷模；西方人在2000多年的时间里一直将它看作古代最伟大的史诗；马克思也给予它非常高的评价，说它具有一种“永恒的魅力”，是“规矩、高不可攀的示范”。

荷马史诗结构精美，设计巧妙，布局完整，取得了无比巨大的成就。当我们掩卷之后，眼前就会浮现出那些极具个性、栩栩如生的人物形象：阿伽门农专横无理、帕利斯轻薄无能、海伦水性杨花、卡吕普索专一痴情。让读者最难忘的无疑还是三个英雄：血气方刚、单纯执著的阿喀琉斯是力量的象征；为了保卫家园而战死沙场的赫克托耳是一个悲剧英雄；大智大勇的俄底修斯则是个不屈不挠的英雄。作者刻画人物时运用了丰富的艺术表现手法，比如，装扮成乞丐的俄底修斯回家时，没有人认出他，只有一条老狗摇着尾巴表示欢迎，作者将这种侧面烘托的手法运用得令人拍案叫绝。两部史诗描述的事情发生的时间都有10年之久，但作者只截取了几十天时间，然后重点刻画了某几天，同样的中心、同样的情节和主要人物，这种以点带面的结构使整部作品繁而不乱。另外，跌荡起伏、充满浓厚浪漫主义色彩的故事情节引人入胜，让我们重新体验了那个神奇、悠久的古希腊时代；自然流畅的语言让我们明白，原来人类原始时代的语言风格是如此质朴，就像一阵清新的海风；尤其是那些稀奇古怪又不失贴切的生动比喻，让诗歌更具有一种表现力。总而言之，拥有绚烂夺目的生动画面，气势高昂、恢弘的基调，自然流畅的风格的荷马史诗，竖立了欧洲文学史上的第一座灿烂的艺术丰碑。

虽然一些诗人在口头反复吟诵荷马史诗，使它变得音律和谐、悦耳动听是个重要的事实，但没有必要过分关注，当然，这个原因的确使荷马史诗比其他诗篇更优美，但这并不表示荷马史诗超过了所有的诗篇。现代那些创作散文、韵文的作者总是在创作过程反复对人吟诵，以便听取他人的意见，让作品变得更悦耳动听。尽管保存文学记录的方式有了明显的改变，但创作散文、诗歌时需要的丰富想像力和敏锐感受力依然没变。华兹华斯的邻居曾经这样说，“他总是一边漫步在乡村的小路上，一边轻声吟诵作品。”丁尼生喜欢将自己还未发表的作品诵读给朋友听，不管是自惭形秽的诗人，还是大名鼎鼎的诗人，他们对自己创作的诗歌无不反复吟诵。这样看来，荷马“啮咬自己美丽的竖琴”给我们带来的提示并不是吉卜林主观强调的意思，恰恰相反，是他吟诵荷马史诗的行为本身所表现的意思。

荷马史诗深刻地影响了后世，两部史诗囊括了大多数的希腊神话，这些神话为后世文学家们的创作提供了素材。“悲剧之父”埃斯库罗斯将自己的作品称为“荷马盛宴的残渣”，另外一些享誉世界的文学家们，比如歌德、但丁、维吉尔、弥尔顿、莎士比亚等都从荷马史诗中获得了丰富的养料。20世纪的人们对现代文明的堕落感到痛心，于是一些作家的目光又投向了单纯悠久的神话年代，詹姆斯·乔伊斯就直接借鉴了故事《奥德赛》，从而创作出自己的代表作《尤利西斯》。史诗中的人名、地名和典故已经成为现代人耳熟能详的常用语，比如“特洛伊木马”，“战争的金苹果”，“阿波罗计划”和“阿喀琉斯的脚踵”等等。

荷马史诗已经达到了极高的艺术水平，它也是古希腊文学中的艺术瑰宝，同时，史诗具有的普遍意义已经超越了个人文化和时代地域，不管什么时代、什么地方的读者都能产生兴趣、引起共鸣，它令人陶醉的艺术魅力是永恒存在的。

看来，荷马似乎是一名面目清晰的“近代”诗人，他好像就生活在数月之前，这同时也从客观上简单回答了两个关于文学传记的问题。第一个，传记是如何产生的？第二个，传记是怎样和我们发生联系的？此外，还牵扯

荷马群像

出了第三个问题，作者是否叫荷马，历史上是否真的存在这么一位天才巨匠，他是否创造出了，或者根据材料改编出了《伊利亚特》和《奥德赛》这两部结构严密、风格统一的宏伟巨著？尽管喜欢吹毛求疵的学究们总能挑出它的一些毛病，但两部作品就总体而言是完美的，它们脉络分明、风格一致，阿诺德对于史诗创作上的所有问题进行了论述，他的文章《论荷马的翻译》是很令人满意的。近代的学者在他原有的基础上进行了某些修正，我虽然没有确实的证据来证明这种说法，但我也不怀疑，因为阿诺德果断的外表表现出其敏感、锲而不舍的精神状态，他希望人们能够纠正自己作品中的缺陷。因此，人们只有采取最好的方法——直接阅读原著才能更好地把握荷马史诗的精神，以免受到那些类似中介的批评家的引诱。不过，我个人的看法是，英文读者还是先阅读阿诺德的论文，这样做有两种价值：首先，这篇论文和荷马这个文学巨匠有关；其次，它也是一篇出色的英文散文精品。

《伊利亚特》主要描写了希腊人攻打特洛伊的故事，以及发生在战争后期的具有连贯性的事情，同时穿插了持续 9 年的战争和战争的起因。绝大多数的希腊神话都是来源于此。

本书的主要中心是讲述阿喀琉斯的愤怒。他在阿伽门农——一名伟大的阿基安首领，曾指挥了特洛伊战争——的军队任职，在希腊联军中是最出色的英雄。这场战争之所以持续了 9 年，原因就在于希腊联军内部发生了争斗。希腊人在远征特洛伊的第 10 年中占领了小亚细亚的沿海城市克律塞，结果俘虏了克律塞斯——该城阿波罗庙的祭司——的女儿克律塞伊斯，并将她作为奖品赐给了希腊联军的首领阿伽门农。

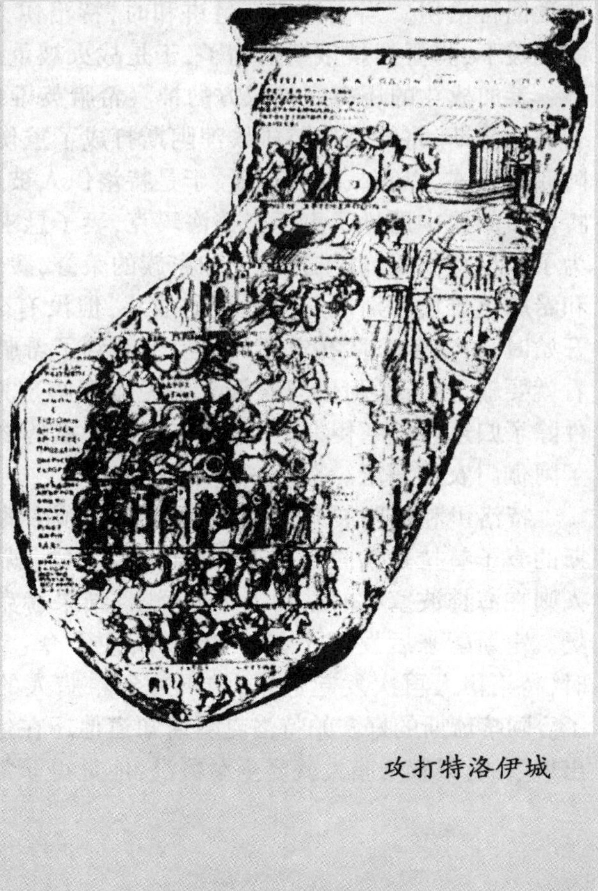
攻打特洛伊城

克律塞斯带着金银珠宝打算赎回女儿，结果遭到了阿伽门农的辱骂，没有达成愿望。这时，英勇的阿喀琉斯站出来，在要求阿伽门农将祭司女儿完璧归赵的过程中和他发生了争执，后来，虽然阿伽门农归还了克律塞伊斯，却仗势欺人，夺走了阿喀琉斯的战利品——女俘布里塞伊斯。阿喀琉斯愤怒地退出了战斗，他来到海边将心中的委屈告诉了母亲海上女神忒提斯，并希望母亲向主神宙斯请求，降罪于阿伽门农和他率领的希腊军队。于是主神宙斯在梦中告诉阿伽门农：占领特洛伊的时机已经来了，赶紧作好战斗准备。

希腊人步步紧逼特洛伊，特洛伊人在王子赫克托耳的率领下出城迎敌，其中还有他们的盟军。特洛伊王子帕利斯不仅拐跑了海伦，还在战争中首先向希腊人发难，结果，出来迎战的是海伦的前夫墨涅拉俄斯，他们达成协议：胜利者可以占有海伦和她的全部财产，另外，双方从此不再交战。到城楼观战的海伦为特洛伊长老们一一介绍了希腊英雄的情况，长老们对她的美貌惊叹不已。墨涅拉俄斯在战斗中揪住了帕利斯的头盔，差点勒死了帕利斯，爱神阿弗洛蒂忒赶紧运用烟雾罩住了帕利斯，然后将他送回特洛伊。当众神们商量讲和时，特洛伊人潘达洛斯在女神雅典娜的挑唆下，将墨涅拉俄斯射伤了，于是战火被重新点燃了。

参加战斗的还有庇护双方的神。希腊英雄狄俄墨得斯在混乱中杀死了潘达洛斯，将特洛伊英雄埃涅阿斯打成了重伤，还用剑先后刺伤了爱神阿弗洛蒂忒，以及战神阿瑞斯，于是特洛伊人被迫后退。赫克托耳在返回特洛伊的途中遇见了妻子安德洛玛克，妻子恳求他留在城内，但赫克托耳为了保卫特洛伊，并维护自己和家族的荣誉，毅然决然地回到了战场。他和希腊英雄埃阿斯展开了激烈的战斗，但没有分出胜负。第二天的战争开始时，特洛伊军队在宙斯的指引下杀到了希腊营寨的壕沟前，希腊人眼看就要输了，于是阿伽门农派人去说服阿喀琉斯，希望他参战，许诺的条件除了归还布里塞伊斯之外，还有很多贵重的物品，但阿喀琉斯一口回绝了阿伽门农的请求。

特洛伊和希腊展开了拉锯战，希腊将领中的大部分都受了伤，主神宙斯的妻子赫拉是偏向希腊人的，她见势不妙，就引诱宙斯进房睡觉，希腊人则在海神波塞冬的鼓动下趁势反击，结果赫克托耳受伤了，只好退出战场。宙斯醒来后发现了赫拉的诡计，便下令：禁止众神帮助希腊人。这时，特洛伊人再次发起进攻，结果冲到希腊人的船边，将它们一把火全烧了。阿喀琉斯的好友帕特洛克罗斯知道他还在生阿伽门农的气，因此不肯出来参战，眼看希腊人就要全军覆没，他觉得非常痛心，当他劝告阿喀琉斯未果时，只好借用阿喀琉斯的铠甲迎战，特洛伊人将他当成了阿喀琉斯，顿时失去了战斗的力量。帕特洛克罗斯穷追不舍，他完全忘记了“不能冲出营寨”的告诫，最后被赫克托耳杀死在特洛伊城下。阿喀琉斯对好友的死感到悲痛万分，他后悔自己当初的决定，现在，他决定和阿伽门农化解矛盾，重新出战为好友报仇。

工匠神赫淮司托斯为阿喀琉斯连夜赶制了铠甲，阿喀琉斯披着铠甲像战神一样扑向赫克托耳，赫克托耳转身就跑，但阿喀琉斯穷追猛打，不停地追逐，就像盘旋的山鹰追逐着胆小的鸽子，偶尔还会猛扑过去……最后，阿喀琉斯在雅典娜的帮助下挥舞着长矛刺中了赫克托耳的颈项，阿喀琉斯剥下赫克托耳身上的铠甲，用战车拖着尸体飞奔回营。

9 天之后，神使庇护着特洛伊老王普里阿摩斯来到阿喀琉斯的军营，恳求他将自己儿子的尸体归还，最后，阿喀琉斯倍受感动，归还了尸体。特洛伊人在 10 天后沉痛地安葬了赫克托耳。整部作品就在这件事的描写中结束了。

这就是故事的简单介绍，除此之外还有很多其他的事情，其中一些十分惊人，这里不仅有无视纪律的杀人者，还有繁琐的吓人事件。

在希腊的叙事诗中，成就最高的就是《伊利亚特》和《奥德赛》，其他文学中也没有超越它的诗，甚至连相提并论的都没有。希腊人还作了很多叙事诗，但多半没有留下来。不过，有一个作者的著作被我们保存下来了，他就是野史诗人西希奥德，他的诗词多半都和宗教仪式、实际工艺有关。我们可以从荷马诗中看到战争与人、自然之间的激烈斗争，表现出的是最激烈、最巧妙的人力运用。从西希奥德的作品中则可以看到一幅平静生活的图画，人们有规律地工作，为衣食而劳作，尽管他们并非热心于此。即使实业不值得表扬也要加以说明；农业的工艺也要

荷马诗中描写的特洛伊的毁灭（瓶画）

加以说明；还有季节的自然变迁也要用功利的精神加以说明，不过，这些反而引发了同情和美妙的感觉。西希奥德有两首诗流传下来，一是大约八百行的《劳动与时日》，它是一首教育诗；另外一首是大约一千行的《诸神的子孙》，它来源于神话传说。西希奥德的大部分诗作已经失传了，有关他的生平事迹，人们了解的更少。不过，西希奥德在很多世纪以前和荷马一样备受瞩目，另外，罗马的伟大诗人维吉尔的著作就是得益于这位希腊文学巨匠。用现代人的眼光来看，《劳动与时日》的主题是为了劝告农民和水手，意义并不大；《诸神的子孙》也无法和壮丽的荷马史诗相提并论，西希奥德和那些我们提到的作家一样，属于一部分的文学史，图书馆的目录中也有他们微乎其微的地位。希腊还有几位叙事诗人，虽然历史上记录了他们的名字，但其作品早已流失了。我们不知道，这究竟是文化在漫长的历史长河中淘汰的必然结果呢，还是人类文化的损失？

三、希腊的戏剧

希腊的剧作多半从当地的传说中取材，具有神话色彩的悲壮气氛。它们代代相传，令人回味无穷。

1. 戏剧的起源与发展

古希腊人在早期的希腊历史中就开始收集那些纪念英勇祖先们——他们驱逐了侵略的皮拉斯基人，还摧毁了强大的特洛伊势力——的诗歌，他们当众朗诵这些诗，所有的人都来聆听。但是我们生活中必不可少的娱乐形式戏剧的发展史非常奇特，并不是由这些吟诵的诗歌发展而来的，因此我必须用单独的章节详加阐述。

热衷游行的希腊人每年都要举行盛大的游行活动，目的就是纪念酒神狄俄尼索斯，因为每个希腊人都十分善饮，他们认为只有游泳和航行时才喝水，所以，酒神在希腊受欢迎的程度就像我们国家的汽水桶。

古希腊人认为酒神的居住地是葡萄园，他终日与一群快乐的萨提——半人半羊的怪物——为伍，因此，参加游行的人总是穿着山羊皮，并和真正的公山羊一样，发出咩咩的声音。在希腊语中，山羊的单词是“tragos”，歌手的单词是“oidos”，因此，能发出山羊叫声的歌手就被称作“tragos-oidos”，也就是山羊歌手，现代“悲剧”一词 tragedy 就是由这个奇怪的名称发展而来的。从戏剧的意义来看，悲剧就是结局悲惨的戏，喜剧就是结局快乐的戏，喜剧名称的真正意义是歌唱喜事或高兴的事。

也许你会问，这些和野山羊一样的装扮者们，表现出的捶胸跺足、杂乱无章的合唱如何发展成了后来的高尚悲剧呢？而且，它们占据了世界各地的剧院将近两千年。实际上，山羊歌手和哈姆雷特之间的关系极其简单，我很快就能讲明白。

起初，山羊歌手们的合唱非常有趣，吸引了大批路人驻足观赏，并引得他们开怀大笑。但是，这些咩咩叫的玩意很快就令人厌倦了。古希腊人的看法是，令人厌倦的东西是一种邪恶，就和丑恶、疾病一样，他们需要更有新意的东西。接着，有一名阿提卡伊卡利亚村的年轻诗人颇有创造天赋，他想出了一个大获成功的新主意，办法就是：让一名合唱队的成员走在前面，和游行队伍前的吹排萧的乐师领队说话。这个被允许走出行列的人一边舞动双臂做出各种姿式，一边提问，乐师领队则根据提前写在纸卷上的答案作答，也就是说只有他一人进行“表演”，其他人则站在一边歌唱。

这种机智简单的对白要么讲述狄俄尼索斯的故事，要么讲述另一个神的故事，很快就受到了群众的广泛欢迎。从此以后，每年的纪念活动都必须有一个“表演场面”，人们认为，这种“表演”比游行和咩咩叫重要得多。

在所有的悲剧家中，埃斯库罗斯是最成功的一个。他在自己的漫长人生中创作了不少于80个的剧本，并率先提出将一名“演员”增加到两名，使戏剧迈出了大胆而前进的一步。又过了一代人，演员人数被索福克勒斯增加到三名；当公元前5世纪中期的欧里庇得斯开始创作自己的伟大悲剧时，他可以随心所欲地调整演员的数量；当阿里斯托芬在那些著名的喜剧中嘲弄每个人、每件事，甚至奥林匹斯山上的诸神时，合唱团已经降低到旁观者的角色，被排在主要演员之后，如果前台的主角犯下的罪过忤逆了众神的意愿，合唱队就要放声歌唱“这个世界真是可怕”。

由于这种新兴的戏剧娱乐形式需要一个适合表演的固定场所，于是希腊的所有城市很快就从邻近的山上开凿出了一个剧院。木制长椅的观众席前是一个宽敞的圆形场地（如果现在的人想欣赏乐团演奏，只需付出3.3美元就能得到一个座位），演员和合唱队在这个充当舞台的地方找到了自己的位置。他们身后是一顶帐篷，供他们化装之用——藏起真实的面孔，戴上各种角色需要的大型黏土面具，为观众展示欢乐、悲伤和哭泣的表情。帐篷在希腊语中的单词是“skene”，它后来演变成了“scenery”，也就是舞台上的“布景”。

一旦悲剧变成希腊生活的一部分，人们对它的态度就非常认真了，去剧院的目的决不仅仅是让大脑得到休息了。新剧目的上演变成了一件大事，几乎和选举一样重要，另外，人们给予那些成功剧作家的礼遇，远远超过了一名刚刚在著名战役中大获全胜的将军。

2. 希腊悲剧

我们通常所说的悲剧是指那些发生在人世间的可怕事件，比如飞来横祸、战争和杀戮等等，另外，一些有着“悲惨”结局的小说或戏剧，我们也称为悲剧。

塞斯庇斯出生于公元前 6 世纪，据说他就是最早的戏剧大家。他的作品具有野史性，和他同时代的人和继承者也留下了好几个，但公元前 525 至前 456 年的埃斯库罗斯是第一个保存了剧本的作者。

排在古希腊三大悲剧作者之首的人就是埃斯库罗斯。他生活的时期正是雅典成为希腊学术和政治中心的时候，他一生中只到过西西里，其余时间都在雅典从事创作，总共创作了大约 70 多部作品，但多半已经遗失了，其中极有可能包括最好的作品。他曾经参加过希波战争；在 40 岁左右时参加了雅典举行的剧本比赛，并获得头奖，此外，他在世时共获得了 13 次同样的奖项。

埃斯库罗斯在表现戏剧的深邃和雄浑方面是个天才，后世没有人能超越他。他的戏剧和大多数希腊戏剧一样取材于神话传说，主要讲述的是神责罚那些犯有傲慢罪、贪婪罪的人，或者其他罪行，似乎有一个“不祥”的命运之神在背后操纵，没有人能够从“命运”的手中逃脱。这些悲剧诗人们看待事情的态度是严肃的、忧郁的、悲观的，希腊人的人生观则和他们恰恰相反，很多希腊圣贤都具有乐天的成分，比如苏格拉底，他总是用乐观、微笑的态度面对人生和世界。

埃斯库罗斯

《帕斯》、《请求者》、《七雄攻忒拜》、《被缚的普罗米修斯》、《阿伽门农》、《克利富罗尼》以及《攸门尼提斯》是埃斯库罗斯留下来的7部剧本。后面三部作品讲述的是一个故事,这连续不断的三幕形成了一部三部曲,结果让希腊人形成了用三部曲叙述同一人物,并以一段讽刺剧本或滑稽戏结尾的习惯。

《帕斯》讲述的故事和波斯战争有关,说波斯王宫听到希腊得胜的消息后大为恐慌;《请求者》讲述的故事则和丹内阿斯的50个女儿有关,她们有一个共同的特点——在花烛之夜杀死自己的丈夫;《七雄攻忒拜》详细描述了奥提巴斯的部分史实和七位英雄攻打忒拜的故事,说忒拜的两个儿子——埃提俄克利斯和波利奈西斯在众神的调唆下互相争斗,并死在对方手里;《被缚的普罗米修斯》赞颂了勇敢的普罗米修斯,他为人们盗取了天上的火种,结果宙斯将他锁在高加索山上;《阿伽门农》、《克利富罗尼》、《攸门尼提斯》讲述的故事是,特洛伊战争结束之后,阿伽门农回到家中,结果被妻子杀死了;奥累思提斯为了给父亲报仇,最后杀死了自己的母亲;他心里因此产生了罪恶,但终于想办法洗净了。

假如一个人心中没有神的存在就可以说是愚蠢,那么埃斯库罗斯无疑是非常聪明的,因为他真心实意地认为,有一种强大的、不容置疑的力量支配着生命。我们能够从《帕斯》中看到傲慢的波斯王居然对神意视而不见,甚至胆敢用轻蔑的态度对待它,于是他被打倒了,作品中的人证比演员还要多。在埃斯库罗斯的很多剧本中,他的主人公都具有神力,他所刻画的冲突往往处于神意和人意之间,由于无情的神制订了严酷的法律,所以人类有时候会成为勇敢的牺牲者。在他的作品《七雄攻忒拜》中,忒拜的儿子埃提俄克利斯非常聪明,他一直相信天意支持的是强大的军队,但剧本的情节坚定不移地和他作对,最后,他终于领悟了,只好灰心丧气地冲上去杀了自己的兄弟,随后他也自杀了。由于《阿伽门农》里的卡桑德拉作了对比,从而表现出缺乏思想的麻痹性,他带领大家去寻找神意,但他们听不懂他的忠告,并认为那些即将发生或者正在发生的可怕证据是很平常的征兆。埃斯库罗斯蔑视普通的心灵,他发现旧约中的一些预言家执迷于某种事业,却丝毫也不明白,主宰这些人类事业的人是不可抗拒的命运安排的。埃斯库罗斯的结局极其庄严,不管是当时,还是后来,他都具有崇高的地位,因为他的名誉一直保持着,尽管经过了几个时代,但依然英名永驻。

或许埃斯库罗斯曾经受到过基督教文化的熏陶,我们能够从《克利富罗尼》中看到奥累思提斯左右为难的状况。他的母亲杀了父亲,他出于孝心应该为父亲复仇,但是另一方面,他又应该尊重母亲,因此他也不能杀她。如果这些话都是真的,那么对于他的请求指示,神也不知该如何答复;

当他为父亲报仇而杀死了自己的母亲，他就犯下了不可饶恕的罪过，必须接受鬼神的惩罚，但是，他的罪过在《攸门尼提斯》中洗清了，于是鬼神又变成了有用的东西。因此，我们能从中看出某些类似基督教的思想，比如赦罪，忏悔后可以改过自新等。

不过，《被缚的普罗米修斯》中的埃斯库罗斯倒和我们的理想有些接近了。普罗米修斯非常能干，他对人表现出了善意，因此受到了宙斯的惩罚。这名英雄被捆绑在一块巨石上，每天都有一只老鹰来挖他的心肝，但由于他是不朽的，所以肝会重新生长出来。这幅画面就是人类忍受自然摧残的真实写照，不过他的特性无比高尚，且不可毁灭。书中的宙斯是一名暴君，舍利和其他人受到他的限制，于是开始反叛，并在剧本中说出了上帝的不公平，但这不是埃斯库罗斯要表达的全部意义。在他看来，宙斯并非精神的力量，而是物质的力量；他表现的并非是上帝的意愿，而是凯撒的；他不仅尽力掌握自己的东西，还要阻止另一种更高的力量支配这些东西。埃斯库罗斯极度蔑视宙斯，赫拉克剌斯的后裔最终推翻了他的统治，这些坚忍不拔的努力早已在书中预示出来了，《圣经》上有一句预言："蟒蛇的头颅即将被妇人的种子打碎。"他的这种态度类似于基督教的相对论——关于生命物质力和精神力的相对论，也许，这就是我们颂扬埃斯库罗斯的原因。也许我们认为埃斯库罗斯是个很深奥的人，是个理智大于感觉的人，而且，我们更喜欢用一般看法来批评他，因此我们认为，没有在《被缚的普罗米修斯》中看到赫拉克剌斯的后代来解救他，所以，尽管《被缚的普罗米修斯》非常精彩，但它对整个人类世界来说并不适用，仅仅适合希腊的历史事件。不过，即便埃斯库罗斯表现了当时的思想限制，即便他不在乎后世的态度，我们仍然应该钦敬他，因为这就是他的精彩之处。另外，如果要批评一种文学作品，一定要找出作者的潜意识和他的最终目的，因为创作的过程多半是在不知不觉中完成的。

在公元前5世纪那个伟大戏剧家层出不穷的年代，我们已经无法知晓具体的剧场演出设备了，因为那些剧场已经消逝在历史的长河中了。不过，海洋的"尼漠甫"合唱队在《被缚的普罗米修斯》中演唱时，如果普罗米修斯没有吩咐他们退下，他们就必须脚不沾地的一直立在空中，我们也因此看出，当时戏剧演出的设备和技术已经非常精细了。不过，我们如今能看到的戏剧动作在当时并不多见，因为我们从希腊剧本中发现，那时仅仅是朗诵故事情节，以及合唱抒情诗，并没有近代戏剧中的动作、对话。当时的希腊剧场只允许两三个重要演员上台演出，和着合唱队的伴唱声，他们便开始高声朗诵；如果主人公的状态处于迷茫、苦恼或者意志动摇时，合唱队便用诗的语言、辩论问题的形式告诉他高尚、大公无私的神的旨意。

《阿伽门农》最好的译本是罗伯特·勃朗宁翻译的，《被缚的普罗米修斯》最好的译本则是勃朗宁夫人翻译的，只要阅读了它们，就能很好地了解埃斯库罗斯的著作。了解英国诗的读者不能不知道斯文朋的作品《卡萨滕的阿它兰塔》，这部优美的诗作为最权威的玛哈菲教授大加赞扬，称它是“近代表现埃斯库罗斯精神最真实、最深刻的摹本”。

希腊的第二大悲剧作家是雅典的索福克勒斯，他出生于公元前497年，尽管他是希腊人，但他从未到过希腊的其他地方。由于他是一个出色的歌唱家，于是被介绍到舞台上，当时，希腊的诗人们经常举行诗歌比赛，并设立了奖牌。有一次，28岁的索福克勒斯在比赛中战胜了其他参赛者获得优胜奖牌，埃斯库罗斯也属于参赛者之一。直到公元前405年他去世时，几乎获得了戏剧上的全部成功。他的一百多部作品只有7部流传下来了，就是《俄狄浦斯王》、《埃阿斯》、《安提哥尼》、《伊雷克特拉》、《非罗克提提斯》和《特拉钦尼斯》。索福克勒斯的戏剧也和埃斯库罗斯一样，全部取材于神话传说。另外，希腊剧作家们的做法类似于莎士比亚，以及近代的诗人，他们从不花费精力去创新戏剧的结构，反而一门心思地钻研戏剧的写作手法，于是在戏剧的冲突、高潮和效果等方面，他们得到了快速的进步。

《埃阿斯》讲述的故事和一名发狂的英雄有关，这个剧本非常生动。特洛伊战争发生之前，这位英雄在战士中的声望仅低于阿喀琉斯，当俄底修斯打败了埃阿斯，他知道自己从此不能有效地施展力量了，于是变得疯狂起来，他撕碎了从特洛伊捉回的羊。有时候，一些悲剧产生的原因在于他们的很多观念、风俗和我们不同，就像埃阿斯的事情一样，也许在他们眼里这并非悲剧。《特拉钦尼斯》讲述了内萨斯有名的“内衣”故事，重新演绎了赫拉克剌斯的历史。他的妻子嫉妒心很强，于是有人哄骗她说，只要杀了赫拉克剌斯，并吃掉他的肉，赫拉克剌斯就会只爱她一个人。《非罗克提提斯》中的两位英雄战士因在前往特洛伊的途中受阻，于是希腊人渐渐忘记了他们，直到最后必须由他们上阵时，才派人将他们请回来，人类的基本天性——同情心在书中表露无疑，非罗克提提斯没有得到那些不同情他的人的友情，人们因为这个原因可怜他，同时也使他比那些世俗之事更伟大。《伊雷克特拉》让我们知道了关于俄累斯提斯的另一面，不过书中并没有提及俄累斯提斯本人，只讲述了他女儿伊雷克特拉的故事。她需要解决的问题是如何对暗杀双亲之一的人进行复仇。《俄狄浦斯王》则又讲述了忒拜的佚事，说他的国王杀了自己的父亲，并娶了自己的母亲为妻，《安提哥尼》描述了同一个野史。

《俄狄浦斯王》可以称得上是索福克勒斯的杰作，很多人认为它是悲剧中的完美之作，就连亚里士多德也这么认为，对他的批评大多是关于结构是否优美的问题。索福克勒斯的全部悲剧中都蕴涵了纯洁的感情和深刻精彩的思想，还有动人协调的表情。《暴君埃提已斯》不仅具有以上这些优点，还具有无可挑剔的结构。但是，也有其他人认为索福克勒斯最伟大的著作是《安提哥尼》，书中的故事和俄狄浦斯的一个女儿有关。她的两个兄弟之间发生了互相残杀的事情，因此她只能在责任和死亡之间作出选择。该城的君主锡隆公开宣布，本城保护者埃提俄克利斯的葬礼必须举办得很隆重，但不得埋葬他的兄弟波利奈西斯，要让狗和鹰吃掉他的尸体。按当时的信仰看来，这件事情对死者来说是极其可怕的。安提哥尼认为，既然死者都是她的兄弟，那她就必须安葬波利奈西斯，虽然他丧命的原因是因为犯了罪。于是安提哥尼请求自己的姐姐伊丝宓妮一起完成这件事，但完全缺乏思想和情感的伊丝宓妮只懂得人类对于法律的义务，而不明白使人更高贵的是那种对亲人的爱和忠诚。于是安提哥尼决定单独行动，尽管她年纪很小，却已经明白了生命的宝贵和死亡的可怕。她已经订了婚，但爱情、婚姻以及爱人的哀求也无法动摇她的决心，结果是：她终于完成了自己的义务，但是也死了。

《安提哥尼》的美妙之处就是它的含蓄。书中并都没有明确指出伊丝宓妮悲哀的懦弱，仅仅稍微提了一下，另外，虽然我们感觉安提哥尼的行为很可爱，但他也没有指出她究竟可爱在哪里。安提哥尼的行为是人类灵魂中最高贵的，尽管这种直觉力被当作了固有权力，但不能因风俗或习惯鄙夷它而误用。多数人觉得她太完美，我们对她的同情不能够表示出对她的敬意，不过，文学中是否存在和她一样高尚的人是一件非常值得怀疑的事。希腊的悲剧有好几种门派，其中一派认为，如果有一个人被杀害了，那一定是他做了某件坏事，只有这样才能消除他的罪恶，否则就会觉得有亏欠，但现在安提哥尼是完美无暇的，她惟一的缺点就是她纯洁善良、不自私的本性，所以她显得与众不同，我们因此更珍惜她的美德。《俄狄浦斯王》的结构应该比《安提哥尼》更精彩，但索福克勒斯留下的后一部著作具有十分细腻、美妙和惹人怜惜的性质，乃至在整个文学范围内，它也是不可替代的。

索福克勒斯有几部剧本经过了翻译，它们是《俄狄浦斯王》和《安提哥尼》，这些改编过的译本在英国、法国、德国上演时获得了空前的成功，完

索福克勒斯

全证明了索福克勒斯的戏剧具有感人的力量。门德尔松为《安提哥尼》谱了曲；近代的理查·施特劳斯也将它改编成歌剧；何夫塞尔则模仿他的《伊雷克特拉》创作出了剧本。英译本中有R·C·泽布的散文译本，还有E·H·普兰普特的韵文译本，但是，这些译本仅仅是用故事的趣味性来吸引读者，只有那些精通希腊语的人才能告诉我们原作中所独有的风味。俄狄浦斯娶了亲生母亲的悲剧故事固然十分可怕，但索福克勒斯用讽刺的手法处理了这一情节，令当时的希腊人惊诧万分。熟悉这个故事的人都知道，命运已经安排好了俄狄浦斯的结局，但戏剧中的俄狄浦斯并不知道，于是他在盲目、自大中渐渐滑向了厄运的深渊，为这个悲剧营造出了无可匹敌的震撼力。

欧里庇得斯是希腊悲剧中的最后一位大家。他的年纪比索福克勒斯小十几岁，大约生于公元前480年（萨拉密斯战争时期），死于公元前406年。在这半个世纪中，欧里庇得斯和索福克勒斯始终是希腊观众争相景仰的对象。欧里庇得斯共创作了90多部戏剧，流传下来的有18部，埃斯库罗斯和索福克勒斯两个人的作品加起来也没有他的数目多，所以，欧里庇得斯和同时代的剧作家比起来，好像神秘的命运之神格外眷顾他。应该说，他比一般人更聪明，而且博览群书，尽管他在上古时代的地位似乎并不算高。我们用不着列举欧里庇得斯留下的剧本，因为他使用的材料和埃斯库罗斯、索福克勒斯的一样，无非是和特洛伊、赫拉克剌斯、俄累斯提斯、忒拜以及阿尔戈远征军等等相关的故事，只不过是使用了不同的方法而已。在埃斯库罗斯、索福克勒斯的作品中，人物高兴、悲哀的情绪是因为他们的环境和行为不同，但欧里庇得斯似乎有某种技巧可以增进其表情，也就是说，他使用了我们所谓的“演剧”，忽略材料的真实性，更侧重于人物的表演。我们对于埃斯库罗斯和索福克勒斯作品中的人物，仅仅能够感觉到他们的身份，但在欧里庇得斯的作品里，我们感觉人物增加了自身的悲哀，完全变成了一个可怜虫，欧里庇得斯也因此得到一个前人所不具备的、自觉而虚伪的名声，不过这个名声很有影响力。古时的人说欧里庇得斯属于怀疑派，还说他憎恨妇女，是个极端的人。他和现代的知识分子一样，蔑视已经建立和认可的环境。他责骂庶民以及他们的谬论，和别人不太一样。在《埃提基斯》中，他大大失去了自己的好名声，因为这部作品的情节纠缠不清，最后一幕中时常需要神的介入才能解决一切困难，这种墨守陈规的结尾很不方便，和现代的史传剧本类似——它们总喜欢明显地透露，夸张的恶习被美德降服了。

毫无疑问，和索福克勒斯、埃斯库罗斯相比，欧里庇得斯作为戏剧家显得更专业一些，但他对生活的理解并不高明，于是又用戏剧因素改变之后再表现出来，但这种东西带着偏见，并非它的本来面目。然而，我们不能因此否认他的优点，他的作品中都包含了美和力。他的《赫科巴》是一部悲伤万分的剧本，《阿尔塞斯提》也很美妙，里面的故事讲述了一个妻子伟大的爱，她为了救活丈夫，反而牺牲了自己的性命，这个故事似乎正好反驳了那些说他憎恨妇女的人。希腊戏剧传到欧里庇得斯手中时还很伟大，但已经显示出了某种衰败的征兆，比如，他们注重表演、忽略事实；表现的内容超过了表现的精神信仰，在这种情况下，欧里庇得斯随着大家变得更出名，尽管他说："那些人都很卑下。"他的作品引出了一些争论，比如，诗究竟是像拉丁谚语所说的产生出来，还是像本·仲尔逊的观点——创作出来的问题。

埃斯库罗斯和索福克勒斯都具备天生的进取精神和良好的道德品性，因此也造就了他们的伟大，但造成欧里庇得斯的伟大的原因是他的勤奋和命运的巧妙安排。我们同时比较埃斯库罗斯和索福克勒斯或许是有道理的，因为前者具有强大的力量，后者则具有特殊的机智，另外，我们也认为欧里庇得斯资质平凡，但他将自己训练成了一个能担当伟大事业的人，从而可以和那些天才人物一决高下。

欧里庇得斯作品中推动剧情发展的重要原因就是爱情，因此，他也比其他的希腊剧作家更富有浪漫气息。

当然，其他诗人的作品中并非不存在爱情，例如《荷马史诗》中描写的特洛伊战争，造成一千多只战船沉没于大海的原因就是帕利斯和海伦的私奔。但欧里庇得斯创作的主题总是浪漫的爱情、人类的普遍情感和热情，因为他觉得人的重要性超越了神，他描写的神和类似于神的人物都说着人的语言。比如，他作品中令人厌恶的女巫美狄亚杀死了自己的儿子林哲逊，最后乘飞车而去的结局和她的性格虽然具有传统神话的色彩，但她的语言和心态完全就是一个被烦恼所困的女子。由于欧里庇得斯深刻了解了雅典日益文明且日益复杂的社会现实，所以他领悟出了这个吸引观众兴趣的方法，也就是主要描写人类的情感。

《希坡利特》中的主人公斐德拉因为忘恩负义的养子最终导致了他的自杀身亡，斐德拉的形象非常类似近代传奇剧中的人物。欧里庇得斯和后世的小说家一样，深深地喜爱美丽少女，《伊菲基奈亚在托鲁斯》和《伊菲基奈亚在奥利斯》中的主人公都是非常可爱的女子，因此我们不难明白他对法国、德国后世的浪漫主义古典戏剧的影响如此之大的原因了。欧里庇得斯的作品中除了描写现实性的内容之外，还有完全描写神的故事《摆基》，它讲述了彭梯斯王因为反对祭祀狄俄尼索斯神的仪式，结果受到了他们的惩罚。即便阅读这篇巨著的读者不熟悉古希腊神话的知识，也可以从吉尔伯特·墨勒的译本中领悟到无穷的乐趣。

3. 希腊喜剧

希腊悲剧在欧里庇得斯之后、埃斯库罗斯之前的阶段徒有其名，没有留下任何作品，人们的普遍看法是，祭祀酒神狄俄尼索斯的礼拜活动演变出了希腊悲剧，同样的，希腊喜剧也由此演变而来。悲剧的主题表现的是严肃，喜剧则表现了醉醺醺的宴会和欢声笑语。

公元前的5世纪后期，公元前445至前385年的阿里斯托芬成为了雅典最富盛名的喜剧家，他创作出的喜剧有40部，但我们只看到了其中的11部，这些作品就是我们所知的完整的希腊滑稽诗。在所谓的古代喜剧家中，阿里斯托芬无疑是最伟大的，这也许可以证明他是极其优秀的，有很多地方值得人钦佩，但也可以说这个结果是偶然的，因为一些同样或者更伟大的著作已经遗失了。据说喜剧起源于乡村的同乐会，后来发展于雅典，欧里庇得斯的作品似乎正好充当了悲剧和喜剧之间的一道桥梁。悲剧是用尊崇、严肃的态度描述了高尚的事情，里面的英雄都是一些受了深刻道德影响的人。阿里斯托芬的音调似乎包含很多目的，可以表现人类的同情心；可以表现世俗心态无情的破坏；也可以表现小心谨慎的呼喊，对于那些作为衬托物或者动作背景的事情几乎全部适用。欧里庇得斯信任的古代喜剧技能是音韵，他跟着它自然而然地流露出了物质欲望，很少信仰心灵和理想主义。另外，虽然阿里斯托芬猛烈地反对欧里庇得斯——我们可以从阿里斯托芬的作品中发现他鄙夷欧里庇得斯的言辞，但他的创作方式非常类似他所讽刺的人，从阿里斯托芬的喜剧中能够明显地看出，欧里庇得斯在这位喜剧家心里的重要性。

我们认为，阿里斯托芬所写的人物没有一个能让人感动，除非他描述外表或者语言非常夸张，但我们同时也认为，阿里斯托芬的作品性质很需要这种方法。他的作品意图是激发某种低级情感，他之所以打动观众的原因在于，常常将一种多余的人物塑造成极其荒谬的人类，或者将他们变成鸟类、蛙类或其他动物的模样，然后让他们用诗句发表言谈。阿里斯托芬的喜剧多半都是表现技巧，虽然他的作品因为新奇、诙谐而受到欢迎，但它同时也是捏造的。一些身份尊贵的人曾经明显地受到了阿里斯托芬的迷惑，他勇气十足地攻击擅长演说的克利恩，并反对雅典群众，似乎成了一个热情的爱国志士，我们也因此得到一个印象：对于不公正和愚蠢，他是坚强反对的。但他攻击苏格拉底的理由是，这名大学者殉道的原因是受了自己强大的影响，这个说法也许是他的天才性格和他所处的国家而导致的。虽然天才们常常是偏激的，但他们偏激的反应多半是反对那些过分的行为。当罗马认为抛弃舒适和奢侈是可耻的行为时，基督教正在过度宣扬物质生活的罪恶，也许因为阿里斯托芬生活的这个时代不适合推理和智力活动，所以他不由分说地反对这种实验，除了几个伟大人物被深深打动时能够明白这个道理，其他人的态度则是执迷不悟。

阿里斯托芬

《青蛙》的剧本或许是阿里斯托芬的作品中最出名的一本。它是一部讽刺剧，不仅写出了欧里庇得斯和埃斯库罗斯的优点令人钦佩，而且表明他对索福克勒斯的态度是偶然的和同情的。他最有名的是幻想和捏造，代表作是《青蛙》的附属音调，人们认为这个特点是文艺中非常少见的，另外，美国的大学生牢牢地记住了他的名字，因为他造就了一个著名的大学口号。

阿里斯托芬的很多喜剧都是和伯罗奔尼撒战争有关的故事，因为他生活中的很长一段时间充满了战争。至于其他的书，《云雾》嘲笑了智慧的虚伪，他认为苏格拉底是个无聊的人；《黄蜂》讽刺了雅典人好争辩的习气；《小鸟》则讥讽了宗教信仰和随便幻想的政治方针。他的思想守旧，可以说是一个清谈者，他表现出的趋势是：喜爱那些对身体有益的菜肴，并希望保持安宁的出生权。所以，我们从阿里斯托芬的作品里可以了解到他轻视学说和精神，重视并主张物质生活的原因。他是一个不思改革的极度利己者。

雅典的喜剧还具有讽刺、批判社会和政治的义务，并非完全为了娱乐，它的作用类似于近代的一针见血的社论和讽刺政治的文章。只要联想一下近代的E·L·戈特根、托马斯·罗斯特、W·S·吉尔波特、杜莱士、乔治·艾托、维尔·罗泽斯和亚特·杨，我们就能领悟希腊喜剧，而且能想出“喜剧之父”阿里斯托芬和近代精神的共同点了。现代人评价阿里斯托芬的作品时总是说他的风格具有“地方特色”，这个结论十分准确。不管他的戏剧如何深刻，都是专门写给当时的雅典人的，他被当时的时代限制了，对于近代人来说，他的戏剧趣味性并不强，如果缺少注释，人们几乎就看不懂，但注解本身就具有破坏性，不过，某些作品具有的诙谐和讽刺手法流传下来了。他现存的11部戏剧中有两部攻击了雅典的政治家克利恩，极具政治鼓动性；《乱云》主要针对的是哲学，也可以说是对苏格拉底的“讽刺书”；《青蛙》对埃斯库罗斯和欧里庇得斯进行了文学批评；还有两篇是从政治上辩护了斯巴达向敌国妥协的行为。《小鸟》则讲述了飞鸟在空中建立理想王国这个具有幻想性的故事，整部作品具有浓厚的抒情气氛，阿里斯托芬是希望借此来讽刺人类的一些弱点，它也是阿里斯托芬优秀的喜剧作品之一。

很明显，人们不愿也不敢模仿阿里斯托芬，因此他没有继承者。而后的希腊喜剧和新喜剧逐渐脱离了讽刺政治与人，转向其他方面，比如笑话、风俗、情感、逗乐等娱乐。新喜剧的代表是公元前342至前291年的麦南德，历史的尘埃将他埋没了很长时间，直到近二十年才重新被发现，但他的戏剧仅留下了一些片断。虽然他的作品没有语调，但故事情节模拟了现实生活，他的人物多种多样：夸夸其谈的人、溜须拍马的人、上当受骗的人以及愚蠢胆小的人，他和莎士比亚有些类似，非常了解戏剧的技术和人类，我们生活中的日常用语有不少是他的谚语。为了取悦那些仇视初期基督教的人们，他的作品表现了一种对生活的容忍和免不了的轻信，这些可以说是作品中的缺点。如果我们相信当时的评论,那么麦南德是一个非常擅长使用材料的艺术家,另外,他还是一个温和、渊博的批评家,尽管他描写的是人类本性中的卑劣和愚蠢,但他的态度永远是镇静、同情,甚至是虚伪。这个大艺术家的作品只保留了断片,其他的都不复存在,但他的名声依然保持着,因为他的巨大影响,所以我们还能看到希腊戏剧最后的创造思想,从此之后则只有注解、说明和批评而已。当他的作品日趋成熟后,很长一段时间内就只有对文学的讨论和分类了,尽管他因为勤奋和渊博的知识而闻名,但已经缺少了发挥情绪的勃勃生机。承继他的创作风格和精神的是罗马的剧作家普洛塔斯和泰林斯,近代的戏剧家莎士比亚、莫里哀等则又受益于他们的作品中。如果麦南德和同时代的斐利门被扼杀在摇篮中,那么后来也无法产生像莎士比亚、莫里哀如此伟大的喜剧作家。这种说法不无道理,因为历史上的“如果怎样,就会怎样”确实是个解不开的谜。我们现在能够了解希腊喜剧作家的原因就是后世的戏剧作家继承了他们的风格,或者说,只有这样他们才有可能在我们的生活中存在,另外,我们了解希腊悲剧诗人的途径是,法国古典剧场和随后的德国古典剧场将他们的作品直接搬上了舞台。拉辛和歌德的作品是直接从希腊悲剧中取材的,英国人则用华丽的语言翻译出了优美的译文,英国的悲剧作家几乎没有什么成就,都无法和歌德、拉辛的新希腊剧相比。本·琼生是一个杰出的戏剧家和学识渊博的学者,虽然他不太了解希腊悲剧诗人,但他极其了解辛尼加的风格,辛尼加则对希腊悲剧诗人的风格极为熟悉。尽管传说中的事不太让人相信,但有一点毫无疑问,就是在希腊剧作家们出生前的上百年至近代大剧场的漫长时间里,类似于希腊宗教的宴会、仪式始终在举办,并有延续下去的趋势,可以说是一脉相传、连绵不断。

THE STORY OF THE LITERATURE

第5章

古罗马文学

啊,热情的曼都安的精神啊,他的声名还在世界上留存,而且将长久地留存。(但丁)

罗马人吸收了希腊哲学的精神,因此,继承了希腊文化的罗马文学非常生动,具有浓厚的思辩色彩。

曾经有人描述:“华丽的希腊,宏伟的罗马。”但历史使用了其他理由来区分他们。希腊在艺术和科学的范畴有着十分崇高的地位,希腊人不管从哪方面来说都是具有创作精神的,在某个领域,他们是率先出现的,因此更接近原始,更能发现普遍深刻的真理。罗马人则很实际,有逻辑并且合理,他们在组织上表现了伟大的长处,在文学中,他们也表现出了这些缺乏想像力的特性,而希腊正是由于这种想像力才使思想境界最好的创作比那些拉丁模仿者更高深、更广博,至少,在表面上就是如此。拉丁文学和希腊文学比起来,它的范围受到了一些限制,因为很多罗马人认为,虽然希腊的艺术形式繁多,但仅仅是一种肤浅的、不完整的思想,他们觉得自己十分了解本民族的思想,所以订下了这些规则。但是,如果认为所有的拉丁文学都不如希腊文学,而采取置之不理的态度也是错误的,因为拉丁文学包含了罗马人的天才,就像约翰·布朗的身体一样,尽管罗马帝国已经颓废,消失在坟墓中,但他的灵魂仍然在前进。不管是在罗马天主教的教会、大不列颠王国、欧洲文化,还是原汁原味的美洲文化,都能找出罗马精神的影子，它甚至成了一种支配人们观念和行为的标准。

罗马人起源于一群强盗，他们就和西班牙美恩地区的海盗一样野蛮、缺少教养，他们的主要特征似乎是一种粗俗的奋斗，但是，当他们发展到我们无法确定的上古时期时，我们发现了他们深深蕴藏的强烈而狭隘的爱国心，还有草率的迷信，这些东西和田园般的美洲的排外思想、反对进化的思想相比，似乎后者在感觉上更自由。正是这群残忍而小肚鸡肠的人允许了自己的公民中存在着犹太人、高卢人、西班牙人和非洲人，还有多瑙河、莱茵河畔的居民，在 700 年中为世界贡献了一种空前的自由的政治组织，并以平等、仁爱的态度制订了各种法律和制度。我们可以从拉丁文学中找到促使他们发展的特质，这些完全可以证明它的重要性和价值，也能够证实，对它的研究可以发现现代文化产生的根源。

一、罗马的历史和历史学家

我来了，我看见了，我征服了。（朱利亚·凯撒）

记载历史事件的人并不一定是亲身经历者，他们或许并不懂得用兵之道，或许沉默寡言、性格腼腆、不善言谈，但是，和生活一样，文学也不具有亘古不变的特性。历史上也经常涌现一些文武兼备的双料天才，比如拿破仑、凯撒等等。凯撒既是历史的导演者，也是历史的记录者，他简明扼要地讲述了高卢战争和国内战争，真实表现了罗马历史。

脉络分明、结构严谨，并具有详细内容的《高卢战记》是学习拉丁文的最佳启蒙教材，或许它比其他拉丁文书籍更为流行，但多数的年轻读者往往不喜欢它，这种情绪有点类似我们读英文名著，当我们没有完整地认识和理解它之前，总会产生厌恶的感觉。如果读者具有丰富的经验，完全可以通过它的原著或其他优秀的译文领略到独特的魅力。可以说，《高卢战记》让我们了解了古罗马北方各州一半的知识，《国内战争》则是了解当时罗马国内状况的惟一史料。

凯撒为了自我辩护和赢取民众的拥护，所以写了这部著作，他的作品和很多注重细节的历史学家政治家一样，避免了空谈、做作，也没有因为事实对自己不利而加以歪曲。凯撒这个词不仅在罗马是专门尊称皇帝的用语，在德国和俄国也同样如此，可见他的伟大。和拿破仑相比起来，他的命运更富戏剧性，也更有讽刺意味，因为起初敬仰他的自由主义者或爱国主义者——以希罗特斯为首——最终反而杀了他。凯撒的一生吸引了众多的历史学家去挖掘，近代人阅读的却是历史学家的著作，英文读者则能够从卓尔不凡的莎士比亚戏剧中充分领略凯撒的伟大人格和悲惨命运。德国狄奥罗·蒙森的著作《罗马史》和意大利戈利尔莫·菲勒的著作《罗马的兴盛与衰落》在众多关于凯撒的作品中无疑是最有价值的。这两本书都被翻译成英文了。

很明显，凯撒的著作是一部记录了他的事业的历史，这一系列的冒险历程比他本人更伟大，近代的格兰特将军所著的《回忆录》和他有些类似。现在，如果要完全计算出 1914 至 1918 年参加世界大战的将军、总督和外交官之类的自传、回忆录、辩解书等的数目，简直比登天还难。

公元前 86 年至前 35 年的萨拉斯特和凯撒属于同时代人，他不仅是凯撒的拥护者，同时也是首位公正而客观的历史学家。他原本是个政治家，担任过罗马非洲版图中奴米庇亚州的长官，家资颇丰。当凯撒于公元前 40 年被刺杀后，他于是激流勇退，选择了一种在豪华住宅里当学者兼绅士的生活。他是个真正的历史学家，对历史的态度非常严谨，雇请了专业人员来研究和验证资料；同时他也是个颇具文学、戏剧天赋的艺术家，流传至今、影响巨大的《卡提莱因的谋反故事》和《朱格塔之战》就是他的代表作。他学习当时的哲学家去宣扬民主政治，不仅尊重人民的地位，还极力赞颂公正。虽然在漫长的罗马历史中，凯撒和萨拉斯特的著作仅仅是一段小插曲，就像罗马历史是人类历史中的一段小插曲一样，但我们可以肯定，凯撒的著作生动再现了罗马帝国北部的历史风云，萨拉斯特的著作则真实描述了罗马跨越地中海以南的历史。

当历史跨越了凯撒、西塞罗和萨拉斯特之后，时间进入了公元后。此时的罗马帝国被如日中天的奥古斯都皇帝所统治，这段时间在文学史上称做“奥古斯都时代”，就如同英国称呼莎士比亚存在的时期为“伊丽莎白时代”一样。公元前 59 年至公元 17 年的泰塔斯·李维就出生在奥古斯都时代，他是个一流的历史学家，并集拉丁语散文之大成。他制订了一个计划，将自己生活时发生的历史用庞大的卷帙记载下来，书名暂定为《都城创建以来的历史》，但直到李维去世，这个工作还有四分之一没有完成，不过，已有的成绩足以让他备受历史学家的推崇，并成为最伟大的编年史历史学家。他所创作的诗的体裁多姿多彩，一篇关于罗马的抒情散文诗和维吉尔的韵文叙事诗相比起来，完全是不相上下。

凯撒，劳托洛作

凯撒被刺

不久前，一个意大利的学者声称自己发现了李维遗失的历史书，于是全世界都把它当成了一件要事，但经过两个星期的考察证明，结果令人失望，因此我们只能将这些从古代摘取的知识当成他们的作品，我们保留下来的书讲述了建城前450年的一段事情，还有第二次布尼克战争发生之后的50年左右的事情。作为一个历史家来说，李维不喜欢批评别人，他能够接受神话和野史，而且不强调事情的准确性，我们能够从他那里得到的仅仅是一幅对英雄和强大罗马帝国的写真，并非是很真实的事情。如果从事实方面看，毫无疑问，他肯定不可靠，但他让我们了解了很多罗马人的事情和生动有趣的故事，或许，使用他的方法描述这些事情比那些用准确方法描述的人更好，因为他更有意思，给我们描绘了一幅生动的画面。也许时常隐匿的事实比虚构更奇特，但它无法引人注意。

公元前的大部分罗马史都是李维编写的，或者是在从前的历史学家的基础上进行了再编写，他并没有从历史学家对那个时代悲观失望的情绪中摆脱出来，因此李维将自己的爱国热情用在了表现罗马的辉煌过去，这一点和文艺复兴有些类似。人类在美国宪法之后就很少出现辉煌进步的局面，以至于近代的学者变得心灰意冷，其实这种态度并不是自我批评，这种局面其实更利于发展雄辩和戏剧的兴趣。一个真正的历史学家应

该以本国的民族历史为荣。勤奋好学、博览群书的李维对前代历史学家的优点加以借鉴，哪怕这优点极其微小，他这种谦虚的态度成了后代历史学家学习的楷模。清晰流畅的著作利于阅读，对学有所长的研究者和普通历史爱好者都很适合。

罗马历史上的第三位大史学家出现在公元1世纪后期至2世纪初，他就是塔西佗，他的著作《日耳曼尼亚志》描绘了2000年前条顿族的祖先的习俗。塔西佗比凯撒更尊重那些罗马人眼里的野蛮民族，其实，这种精神正是罗马人的精神，因为罗马能统治其他民族的原因就在于此，也就是说：当罗马在蛮荒之地侵略其他落后民族时，也会充分理解他们、认可他们。塔西佗针对罗马当时奢侈糜烂的社会风气，极力主张日耳曼人那种正直朴素的品质，希望能以此树立一种道德风尚，改变恶劣的社会习气，英文读者应该能从他为义父——罗马的不列颠知事——写的传记中发现这一点，因为书中表现得十分明显。塔西佗流传下来的著作片断主要记载了罗马早期皇帝的言行，并着重记录了他们的罪恶行径，我们之所以能够了解这段历史，应该归功于他。从某种意义上看，塔西佗是个卫道士，但他在书中毫不隐瞒地描述了皇帝们的罪恶行径，另外，他和当时的罗马贵族一样信奉罗马帝国以及罗马人的优秀品质，他说："我始终坚信，历史不会淹没那些大放光芒的丰功伟绩。"塔西佗的文学造诣很高，他的语言简洁流畅，并擅长刻画人物的独特性格，他的作品中始终贯穿着道德、爱国和艺术思想，为后世的历史学家们树立了实事求是的创作精神和批评典范，另外，这种精神始终影响着那些公正客观的研究者。

我们现在看到的罗马历史著作并非罗马历史学家的原作，而是近代、现代的历史学家细心钻研了罗马的历史资料，然后将其中提取的素材用自己的语言加以改编。英国的罗马历史学家爱德华·吉本所著的《罗马帝国的兴衰史》为英国文学作出了贡献，这部著作问世后的1775至1800年之间，人们又挖掘出很多和罗马历史相关的资料，后世历史学家依据发掘出的资料对他的部分文章进行了修正。在当时的年代，吉本掌握了所有和罗马有关的第一手资料，并将这些材料进行了详细的编写，因此近代的评论家盛赞他是"记载罗马历史的伟大史学家"。吉本的启蒙教育还包括了英语和法语，所以他准确地领会了罗马的精神，他的早期作品都是用法文创作的，就是所有近代的研究者也不过如此，而且后期的英文作品仍然可以看出受到了法文的影响，总之，他是个熟练运用英文、优秀的散文家。

吉本没有宗教信仰，完全是个潜心钻研文学的学者，但他并不仅仅局限于英国，他丝毫没有感觉到牛津大学的神圣之处，他的异教徒思想引起了殉道者的诸多非议，至于一些在所难免的偏见和不公正，剑桥大学教授柏立——他也是卓越的历史学家——已经在自己编著的《兴衰》中进行了纠正。吉本所写的罗马史是从公元2世纪才开始的，美国学者弗朗克教授所著的《罗马》才是最完善、最详尽的罗马史。

二、罗马叙事诗

虽然罗马人的戏剧没有超过希腊，但杰出诗人维吉尔的诗歌所创造的高峰足以媲美希腊。

罗马大概在布尼克战争时期逐渐形成了自己的文学，尽管它很浅显，但依然可以成为开始接近文明的证据。当罗马接触到西西里的希腊殖民者之后，于是引入了一批受过教育的人，当地土人受了这些人的影响，变得愿意接受知识。罗马文学家始终坚持的愿望是，用强烈的爱国情操以及对艺术精益求精的追求创作出能和希腊文学媲美的罗马文学。

虽然罗马人的戏剧没有超过希腊，但杰出诗人维吉尔的诗歌所创造的高峰足以媲美希腊。维吉尔实现了所有罗马前辈诗人的梦想，而且，就像亚里士多德是“哲学家的哲学家”一样，维吉尔当之无愧地成为欧洲数世纪中“诗人的诗人”。尽管拉丁文化曾经学习过希腊文化，并一度落后于它，但中世纪的欧洲文化属于拉丁时代，而不是昔日的希腊时代，所以，维吉尔不论在过去、还是在现代都是罗马最卓越的文学家。令人更意外的是，维吉尔在基督教的世界中被看作圣人、预言家和魔术师，充满了神奇色彩。13 世纪的但丁将维吉尔奉为鼻祖和导师，虽然他在 19 世纪初受到了一些讽刺和批评，但是歪曲诽谤也无法减少他的赫赫声名，不管是诗人和文学家，还是批评家，他们一致认为维吉尔不仅是最伟大的拉丁诗人，同时也是世界上五六个最伟大诗人之中的一员。

诗人英尼尔在维吉尔之前的一个世纪创作了长篇叙事诗《编年史》，这些残存的几百行诗句非常富有民族特色，而且风格雄浑，毫不缺乏戏剧应有的力度，丁尼生为此称之为“人所能讲述的最壮丽的语言”。但美中不足的是诗歌民族风味不浓厚，尤其是运用的民族语言不够规范。英尼尔的诗使用了希腊的六脚韵，而这种押韵方式直到维吉尔时代才趋于成熟。

维吉尔早期作品的体裁是短诗，《牧歌》就是一首田园诗，它的来源是田园生活以及神话、传说中的田园诗，风格模仿了希腊的提奥克里特风格，诗中充满了作者对自然朴素的爱，热烈眷恋故乡——北意大利的深情。维吉尔敏锐地抓住了意大利秀美风光的神韵，其他人则无法做到这一点，而且他笔下的人物牧人或神虽然不能避免千篇一律，但诗人将无尽的爱心和同情心倾注在他们身上，所以仍保持了生命力，形象也不乏生动，同时也弥补了早期韵文诗的形式上的缺陷。如果是一个非常杰出的诗人，那么他在其早期作品中就会显现出才华，因此，仅仅依靠短诗就足以奠定维吉尔在意大利史上伟大民族诗人的地位。维吉尔有一首短诗讲述的故事是世上降生了一个担当救世重任的儿童，虽然写作手法很荒诞，但在文学史上的价值非常高，而且这首诗正好可以当成基督诞生的预示，符合基督教的精神，于是他本人也备受教徒的尊敬。一场文化浩劫摧毁了无数宝贵的文学作品，但维吉尔的声望仅仅受到了一点损害，确实是难能可贵的事。

短诗虽然很优美，但和《农事诗》相比，它只能算作练笔而已。在纯粹描写田园、农牧和森林的自然诗中，《农事诗》无疑是精品。当然，幸运的维吉尔在客观上接受了米宾那斯——他的保护者——“回归大地”的思想之后，才开始创作自然诗的，这一点无法否认，但最重要的原因是，他运用自然题材非常得心应手，和创作《伊尼亚》比起来，显得更运用自如。他描绘的情景在两千年后的今天依然清新活泼，夜莺也和济慈的夜莺一样叫得清脆动听。

公元前31年，奥古斯都继承了凯撒的事业，很快他就打败了安东尼，从而统治了整个欧洲，在他的请求下，维吉尔创作了《伊尼亚》。这部作品从某种程度上说应该属于爱国诗，勇敢诚实的主人公伊尼亚最后缔造了罗马城。在早期诗人的著作中有一个传说：罗马城是流落到此的推罗园没落贵族所创建的，这首诗就是以这个传说为基础。《伊尼亚》讲述的故事是，当特洛伊城被困时，伊尼亚从城里逃往罗马，去那里找寻朱利安家族，结果经历了各种冒险。当伊尼亚被驱逐到迦太基海边，迦太基的皇后狄多和他相爱了，于是他说出了自己曾经历过的冒险。但他自觉责任重大，最终离开狄多去航海，狄多则在失望之中自杀身亡。他和特洛伊城中的俄底修斯一样，逃脱了死亡的世界，去意大利打下建立罗马帝国的基础。这首诗似乎是一篇粗俗的文字，摹仿荷马的手法简直有点下流，但依然是一首伟大的诗。

荷马的英雄是现实的、令人信任的，因为他们有血有肉、充满个性，伊尼亚显然不如他们，虽然他也有少量的激烈行为，但并不自然，说明了《伊

维吉尔

尼亚》缺乏的是变化和生动，因此不具备荷马作品的真实性。但《伊尼亚》充满了一种深刻而坚定的信仰，这种信仰并非朱利安家族神灵的化身，而恰恰是罗马的信仰，而且作品中并无神异的庸俗例子和无稽之谈，反而蕴藏着不少生活智慧，深刻昭示了人性和社会的发展。维吉尔从历史的表象后发现了一种支配本国命运的稳定势力，这种势力使它掌握了全宇宙的主权。哪怕是城市中的仇敌，也能成为发展自身力量的工具，我们由此可以看出，罗马在如何扩展爱国心了，而且这种爱国心激励罗马人不要仅仅为民族争光，而应该为文化求发展。《伊尼亚》表现了罗马从野蛮发展到一种类似泰尼森描述的"人类议会、世界联邦"的情况，如果一个人计划写一首这样的诗，那么这种行为可以被称作伟大，这一点我们已经承认了。这首诗确实极有价值，罗马当时的文化成就已达到了空前的状态，而且至今仍然影响着我们的思想。《伊尼亚》的主要内容并非为了表现佩服罗马人的功绩，而是代表了一种信仰：所有的东西都显示了无穷的、不可避免的规律，正是它支配着生存。维吉尔并不认为这种支配力是那些神学家所谓的高超神灵，但他承认有某种神秘力量隐藏在具体的事物背后，所以有一些传言说他是基督教徒。尽管在基督诞生之前他就去世了，但他认为历史表现的是一种永恒的、神圣的意愿和权力，这种想法符合基督教的基本观念。

在推罗园到拉丁漠园的过程中，伊尼亚经历了各种冒险和艰辛，故事情节丝毫不亚于《奥德赛》，紧紧吸引了读者的目光，而且，在武器和人竞争的背后同样涉及了神的社会，还有被神秘力量控制的罗马城的命运。今天的诗只能成为一种欣赏艺术，所以人们无法想像出当时的罗马人是如何盛赞《伊尼亚》的。《伊尼亚》赞颂了罗马所有的美好事物，另外，使它在拉丁文学史上大出风头的原因还有爱国主义的主题和熟练运用的拉丁语。

维吉尔去世之后，他的诗才发表，也许活着的他并没意识到自己会如此伟大。据说维吉尔对创作的东西从不满意,甚至多次想焚稿——当然,力求完美的艺术家都有这个特点。幸亏他的朋友奥古斯都皇帝及时下令,他的作品才得以保存,奥古斯都保护他的诗作自然有其特殊的原因,因为维吉尔总是用最后一段来歌颂皇帝,如果诗人依然健在,他的盛名和威望或许仅次于奥古斯都,就像基督教徒将他的坟墓奉为圣地一样。对于这些崇高的赞誉,恐怕没有人能望其项背。

如果读者看不懂《伊尼亚》的拉丁文,可以通过直接阅读译本的方式了解它的内容,就像罗马人和学者一样,约翰·柯林茨曾用散文翻译过它。不管事物多么美好,依然存在一些美中不足,《伊尼亚》也不例外,它惟一的不足就是描述的战争场面——实在是成功中的败笔,作品中不可或缺的情节就是围绕着罗马城的战争。尽管维吉尔必须描写战争,但他生性温婉柔弱、善于思辩,实在不适合描写金戈铁马、腥风血雨。维吉尔和荷马的个性迥然不同,荷马喜欢并擅长描写激烈的战争。当然,这种拿他与荷马做比较的行为极为愚蠢,因为独一无二的东西没法比较,而且,正如维吉尔在序言中所说,他的目的是为了表现罗马,以及创建罗马时的勇气,经历的艰辛和付出的牺牲。

诗人不仅在作品中描述了古罗马的辉煌业绩,同时也融入了自己的"悲哀"之情,"罗马"一词衍生出了后来的"浪漫"一词。当时的罗马人还没有一部作品类似于小说,除了马上就会提到的特洛尼阿·阿比特的作品,他们仅仅从戏剧和诗中的爱情故事见识了浪漫的情调。维吉尔是个罗曼蒂克的作家,他为了加强作品中的浪漫气息,于是在描述伊尼亚业绩的过程中加入了女子狄多的爱情故事,这段感情最后以悲剧告终,虽然它仅仅是伊尼亚人生经历中的一个片断,但它使作品更富人情味,后来的文学创作,比如小说和神话叙事诗等正是受到了这种人情味的巨大引导作用。

由于维吉尔的天才创作,再加上拉丁语影响了欧洲文学语言后来的发展,因此维吉尔的诗席卷了英国诗坛,即便是在拉丁语已过时的年代也同样如此,那些出类拔萃的大翻译家们争先恐后地翻译他的作品。威廉·莫里斯如醉如狂地喜欢维吉尔的作品,每天进餐前后都要吟诵百句,他曾试着翻译维吉尔的诗,尽管不如查普曼的《荷马史诗》精致,但也保留了作品原有的精神风貌。阿诺特曾写过一篇论文《论维吉尔的翻译》,猛烈抨击了莫里斯和所有翻译维吉尔作品的人,就和他写过的《论荷马的文章》一样。我个人认为,《伊尼亚》的散文译本以柯灵顿和J·W·马柯尔的最精彩,马柯尔精通拉丁语的程度达到了母语的水平,而且言辞华丽;柯灵顿的序论超越了以前的翻译,为两种语言的交流与融合打开了很好的局面。

诗人也是普通人。如果有人认为,冥冥之中的灵感支配着诗人的创作,那么对伊尼亚的评价也恰到好处地概括了维吉尔:“他是神的后代。”

一些拉丁作者的叙事诗之所以能保留到今天,并不是因为它们具有特点,而是因为他们在众多的拉丁文学中为我们提供了一些关于古代观念和风俗的知识。根据圣耶罗姆所说,琉克利诺胡生于公元前94年,最后由于喝了爱情的液汁变得疯狂。基督教徒一向相信这些诋毁异教徒的话,圣耶罗姆在某些方面的结论当然是错误的,但他或许说对了琉克利诺胡的出生和死亡时间。

琉克利诺胡精神正常时曾写过几首诗,这些诗已经被西塞罗收起来了,42岁时,琉克利诺胡就自杀了。他反对迷信,写了一首诗《咏万物的自然》,是和自然有关的,其中讲到了生命的来源,文化的发展,以及许多反驳信仰神灵、神迹的思想,他否认神话和传奇,同意自然规律具有宇宙性和固定性的说法。我们佩服琉克利诺胡做出的努力,有人认为,他的结论预言了原子学说、进化论等学说,类似于现代的科学,但这些东西并非由他首创,而是借鉴了提莫克利塔斯、伊庇鸠鲁、艾姆裴多克利斯和一些希腊哲学家的说法。他有点消极,但又不是完全消极,他的哲学能最大限度地满足常识和逻辑,这一点可以从圣耶罗姆的记载中看到。也许,这是一种对基督徒的评价,说明了他的信仰和人格并不看重一生的事迹,他喝了爱情的液汁或许是说他具有冷静的智慧,不易受到感情的影响,不易受到浪漫的艺术化的刺激。他的自杀似乎从另一个方面表明了信仰基督教,因为他受了精神消亡的影响,以为杀死自已就是另一种生存——以超物质、超理智的知觉来辨别需求的物体,以及看不见的东西。圣耶罗姆的这些评价无疑是因为凡人的愚昧或偶然的误会得出的,但基督教倾向神秘的态度自然而然地显现出了琉克利诺胡的新说法,而他们的态度体现出道德和知识的价值,并阐明自己的见解和琉克利诺胡的区别所在。

三、罗马的戏剧

死这东西有什么可怕的呢？（卢克莱修）

罗马的文学全部和希腊文学行影相随，戏剧更是如此。一半以上的戏剧几乎是由希腊戏剧直接翻译的，有些场景和人名甚至都不更换，就像纽约上演的戏剧原封不动地照搬了法国的语言和背景，仅仅添加了一些地方特色和美国式的幽默。那些才华横溢的罗马戏剧家通常也是高明的文学仿照者，假如莫里哀和莎士比亚时代的戏剧家仅仅是从古代戏剧中汲取精髓，那么近代的各国戏剧家则是不折不扣地相互剽窃，不管他们承认与否。我们对于罗马悲剧仅仅知道传说，以及被文学采用的作品，比如辛尼加的作品，他的作品特点是非常整齐，但无法让观众感动，公元65年，尼罗判处他死刑。至于恩尼阿斯和其他早期作者改编的悲剧，我们只掌握了一些碎片，难以了解更多的特性。从事实上来看，罗马的悲剧似乎和演讲存在某些联系，前者有很大一部分需要依靠演讲，不太依靠情节和动作，具有的几丝文学性质又使它难以流行，不管原因如何，总之，早期的悲剧只留下了断简残篇。

喜剧的情形则大为不同。罗马最优秀的喜剧作家是普劳塔斯和泰伦斯，这两位拉丁著作大家差不多留下了30部完整的罗马喜剧。当时，希腊、罗马的剧作家创作了生动有趣的喜剧，深得各国观众的欢迎，因此，讽刺这些有特色的戏剧是不合适宜的。我个人的看法是，现在的读者或许很难完全明白这两位作家的喜剧精神，甚至一些极其了解古典文学的学者也同样如此。虽然普劳塔斯流传下来的作品只有一些片断，但我们依然可以从中发现一个显而易见的重要道理：文学是代代相传的，不管是天才，还是常人，他们的思想都是延续下来的。在以麦南德为主的希腊喜剧中，普劳塔斯吸收了许多喜剧精髓，因此，尽管麦南德的大部分作品已经遗失，但我们仍然可以通过普劳塔斯的作品领略到麦南德的一些特色，另外，后世的各国戏剧家又模仿、借鉴了普劳塔斯的戏剧结构，其中有法国、意大利和英国等等，所以，在戏剧的历史中，普劳塔斯的地位不可一概而论。普劳塔斯留下来的戏剧大约有20部，其中最有价值的就是《玛丽克密》，莎士比亚的《错误的喜剧》也是取材于它。

普劳塔斯生活于公元前254年至前184年，据说他留下的20部完整剧本不过是130部剧本中的小部分。他在罗马的地位是下等人，由于丧失了全部财产，只好去当苦力，不过，听说他还在推磨盘时就已经开始构思剧本了，作品的情节借用了希腊新喜剧。他的作品和人性、普通社会密切相关，不是特殊的或关于政治的文学，也不是讽刺个人的，和阿里斯托芬的古喜剧，同时代人的作品都不相似。作品中的人物都是常见的，比如容易上当受骗的人、阴险狡诈的人、爱吹牛的懦夫，还有各懦弱或蠢笨的人物，这些都是不同时代、不同地点所共有的，另外，普劳塔斯的作品以语言见长，并不是动作。他将希腊的原材料改头换面，使罗马观众更能接受。我们都知道，很多希腊文是来源于他，但很难分辨他改变的方法，有时候他表示，将两部希腊剧本组合在一起，然后将里面的人物、背景换成罗马的，再加入一些动作就成了一部拉丁文喜剧。

我们不仅从普劳塔斯那里了解了希腊新喜剧的主要知识，还知道了

圆形大剧院

更多的事情。尽管他很骄傲，尽管他的目的仅仅是利用一个畅所欲言的时代迎合普通人趣味的办法来赚钱——这个目的即使不绝对，但也是最初的想法——但是，他能将其他各种事物变成自己的东西，并在文学史上得到了一个显著的地位，原因在于，他贡献的是作品的生动而非形式，他活跃的思想给我们留下了一种印象。有时候，他不顾一切地抛弃了戏剧的幻想，也许是为了考虑效果，这一点和乔叟很相似。他的作品除了生动之外，还描写了一种粗俗但不过分的趣味，其中包括淫荡和粗鲁，他将罗马人的生活和特性，还有人类的本性全部告诉了我们，因此，他不仅仅是一个文学艺术家。

普劳塔斯之后出现的是公元前 185 至前 159 年的泰伦斯，他将模仿艺术推到了顶峰，他创造的艺术作品几乎比希腊人的更优秀。《自我谴责者》中有一句名言广为流传：“我是人，人类的一切都和我有缘。”

泰伦斯是一名非洲奴隶，用现在的思想来看，奴隶制度也并不是上古国家独有的，不过，泰伦斯获得了自由，并在主人的允许下受到了最好的教育，从而认识了罗马的一些领导人物。他在短暂的一生中创作的 6 部剧本全部完整保留下来了，他也采用了希腊新喜剧，这一点和普劳塔斯相同，但缺乏生动和自然性。如果说泰伦斯比普劳塔斯缺少某种天赋，但他对人生有更深入的观察和更多的体现，他的“我是人，人类的一切都和我有缘”这句话证明了这一点。在现代的思想家中，这句话已经成为他们必须具有的态度。我们现在掌握了普劳塔斯和泰伦斯所摹仿的作品，因此应该

罗马奴隶像

像现在这样，仔细考虑这件对他们而言极有可能的事情：他们带给学者们知识，带给思想家鼓励，并在保存、促进后世非常发达的文学形式——短剧——中发挥了重要作用。

罗马人在戏剧方面的成就并不大，究竟是何原因？直到现在我们也不知道，虽然文学中的悬案为文学研究提供了存在的价值。罗马戏剧模仿、借鉴了希腊戏剧和其他类型文学的长处，并以此为基础开始进行创新，但是，或许罗马人过分关注格斗和其他观赏活动，从而忽略了传统的戏剧，因此导致了戏剧的落后。更莫名其妙的是，近代诗人居然会喜欢辛尼加的冗长乏味的悲剧作品，不过，一些优秀的剧作家们也曾有过同样的作品。琼生是莎士比亚时代学识最渊博的学者，他曾为莎士比亚最早的戏剧集作诗序，他声称，辛尼加能够媲美欧里庇得斯和伊士奇，我们对此应该做出正确的判断——这种说法仅仅是个可笑的戏言；另外，莎士比亚在《哈姆雷特》中借助可怜的老怪物罗尼阿斯之口表明了自己的看法："辛尼加不会得到太高的历史地位，就像普劳塔斯不会得到太低的历史地位一样。"这种说法依然是个可笑的戏言。因为辛尼加作为一个剧作家并不出众，但他是斯多噶派哲学的杰出代表，他是勇敢哲学的创始人，并积极推动了它的发展。一开始，他为性情古怪、反复无常的尼禄皇帝担任家庭教师，接着被尼禄提升到一个显要的地位，最后被他赐死。

四、罗马的哲学

罗马人的精神由于受了希腊哲学思潮的影响，具有浓厚的思辨哲学的色彩。早期罗马哲学的写作体裁是韵文，但人们后来发现，更能够自由表述哲学思想的体裁是散文。

罗马人的精神由于受了希腊哲学思潮的影响，具有浓厚的思辨哲学的色彩，我们可以从苏克里士亚的拉丁文诗作《万物本性》中发现这个特点，这部探询生命本源的作品非常优美，书中还对人类的发展前景作出了推断，那时候，还未出现近代科学，他就预言了人类神秘出现之后的进化情况以及近代的原子学说。早期罗马哲学的写作体裁是韵文，但人们后来发现，更能够自由表述哲学思想的体裁是散文，苏克里士亚在历代少数用韵文表达哲学思想的诗人中是最成功的。他的诗符合韵律，而且表达清晰，毫不缺乏诗应该具有的内在价值和艺术魅力。他流传下来的完整的拉丁诗篇仅次于维吉尔，因此也是人类宝贵的文化遗产。正是有了美国诗人兼学者威廉·艾利莱·李奥的出色翻译，我们才能继续领略苏克里士亚诗作的风采，这一点威廉功不可没。苏克里士亚的哲学建立在以伊庇鸠鲁哲学为主的基础上，同时，他还加入了自己的观察与想像，人们看多了枯燥无味的古代哲学，如果这时接触到苏克里士亚表述生动的哲学思想，肯定会很快体会到他的可爱。如果我们想更深入地了解希腊、罗马哲学的精髓和苏克里士亚，最好的资料来源就是近代哲学家乔治·桑塔亚纳的著作《三个哲学诗人》。

五、罗马的抒情诗

另外一些繁琐的拉丁文诗歌虽然数量众多，形式也是国外的，但几乎全是取材于希腊和罗马。

卡图鲁斯也是苏克里士亚时代出现的一位杰出青年诗人，他的声名与后来的雪莱、济慈不相上下，但30岁时就英年早逝了。卡图鲁斯的兴趣不在“万物本性”的哲学上，而是在狭小的个人情感之中，比如友情、爱情、厌恶和同情等等，他爱慕郝列斯亚加，对其一见倾心，但失恋后又加以谩骂，这些都成了文学史上的不朽诗篇。他的艺术作品主要用来体现感情的热烈和真挚，并从形式上表现诗歌的柔美和优雅，他的抒情诗充满了深刻和绚丽的情感。另外，卡图鲁斯还创作了一些田园诗。尽管维吉尔模仿希腊人的田园诗后备受尊崇，但卡图鲁斯用更细腻的手法描绘了自然美。早期的罗马人非常注重田野和森林，因为这些代表了国家的富源，卡图鲁斯也受到同一思想的影响，而且他比前人更富有感情，体现了从现实主义发展到审美主义的过程。

西德尼、莎士比亚的短诗以及后来的彭斯、雪莱创作的雄伟抒情诗都属于伊丽莎白时代的作品，只要阅读了这些诗作，就可以了解到卡图鲁斯的风格。古罗马和近代的拉丁文读者能毫无保留地欣赏其隽永清新、优美自然的创作风格和运用自如的艺术技巧。如果我们有机会询问诗人丁尼生或者斯文朋一个问题“谁是最伟大的拉丁诗人？”也许他们口头上会承认维吉尔，但内心没准会推举卡图鲁斯——这一点是无法确定的。

卡图鲁斯之后是罗马文化发展得欣欣向荣的时代，这时出现了贺拉斯。他在所有的拉丁诗人中产生的影响最大，翻译的作品和拥有的读者都是最多的，他在罗马文学中占据的伟大地位仅次于维吉尔。

生活于公元前65年至前8年的贺拉斯是一个实业界自由人的儿子，他曾经居住在雅典，也受到了良好的教育，但凯撒之死引起了布鲁塔斯和

安东尼的斗争，迫使他中断了自己的学业，并使他丧失了大部分财产，只得外出谋生。不过，维吉尔将他介绍给奥古斯都的朋友密西那斯，在这个权贵家里做了门客，这个密西那斯对诗人们非常慷慨，经常扶助他们，贺拉斯因此成了他的被保护人，同时也和他成为毕生的朋友。我们对那些希腊作者摹仿贺拉斯的诗作所知甚少，否则我们就可以将作品和他模仿的原作相比较，也许模仿者会更胜一筹呢。但是，贺拉斯在很多地方谈到了自己，于是我们了解到他的态度温和，作品中包含着丰富的关于实际知识和人情的俗语，他还针对文明人感兴趣的生活提出了许多忠告和应该学习的知识。根据他的诗作体裁，我们将它称之为抒情短诗或者长短句抒情诗、讽刺诗、书札等，但这些名称都可以用他自创的称呼讽刺诗的名词来概括，就是“讲道”——也就是讨论。他的诗饱含着温柔和人情，但不是色情狂，也没有出现幻想或想像超出理智和现实的情况，总之，没有可歌可泣、惊天动地的事情，因为他拥有顺应自然的世界观。虽然贺拉斯并不神秘，但他也绝不平凡，他所有的著作充满了智慧，而且表现了同情心，尽管他并没有触及最深的地方，也没有上升到最高的地方，但他依然能吸引人，原因是他清楚地明白自己要讨论的事情，他在现实生活中和文学中都是同样如此。贺拉斯和卡图鲁斯的热情不太一样，他的热情隐藏在睿智严肃、寡言少语的外表之下。他诗作中的语言精致、押韵、声情并茂，18 世纪的英国议员在演讲时经常引用他的诗句，人们都很爱戴他。一本正经的政治家戈拉德斯登和聪明的小诗人尤金·弗尔德都很喜欢他的诗，并对其进行了翻译。一位不知名的近代诗人翻译了他的部分诗作，这些诗歌是贺拉斯颂扬自己的保护人密西那斯的，我们可以从中领略他的风格。

我已经活过，
说得多么平静轻松！
不管明天下雨、后天晴朗，
已逝的时光在心中永久珍藏。
让命运之神尽情挥舞他的斧柄，
不停地摧毁生灵。
过去的一切在心中永久珍藏。

贺拉斯在写作之余喜欢和友人一起饮酒，也许因为他的人生坎坷，所以他的情感十分复杂多变，总是充满了惆怅、怀疑与自责。尽管如此，他依然不愧是个感情真挚的诗人，他能用简洁、细致的语言，丰富的想像轻而易举地、形象地描绘出生活中的一切。英文读者可以从弥尔顿翻译的精美译作《匹刺》中充分领略那些优美的抒情诗，贺拉斯创作的简明扼要的《诗

艺》对近代世界文学史产生了巨大的影响——意大利诗人韦达仿效它；法国诗人、批评家巴罗学习它；英国以普柏为首的诗人则干脆模仿巴罗进行写作，因此，他在理论上和实践上都可以当之无愧地称为巨匠。19世纪的欧洲兴起了不成熟但影响极大的浪漫主义运动，这场运动盛行一时，普柏写的壮丽的《批评论》得到了名誉扫地的结果，就连二千多年来一直影响世界文坛的贺拉斯也受到冲击，但是，不管人们的审美观、诗歌理论如何产生变化，后代诗人都难以匹敌贺拉斯献身艺术的精神。生活中的贺拉斯也很伟大，如同他的艺术，从他的诗就能看出其人格——他的诗极有品位，不乏幽默风趣，另外，他在运用语言及培养观察力、智慧等多方面都取得了卓越的成果。贺拉斯逝世后，罗马诗并未出现消亡的现象，依然繁荣昌盛了几个世纪，但后代诗人创作的诗，无法和贺拉斯诗作的艺术价值相提并论。

贺拉斯之后，也就是公元前后，涌现了一大批影响较大的哀歌派诗人，他们依然可以称做贺拉斯的同代人。我在前面谈希腊文学时曾简单提及，“哀歌”并非说明了诗作的内容哀婉，而是指的形式，诗歌创作的主要部分就是诗的体裁，哀歌诗中会不断出现体裁和艺术技巧，但这些内容和本书讨论的问题无关，所以在此只引用格勒吕治的一句话作简单说明，它也是哀歌中的联句：

六步句中，泉水如银柱般涌出；

五步句中，阶音永久地落下。

或许诗中的内容正好和悼念旧友，追忆其美好品德以及生离死别有关，所以偶然出现了“哀歌”的名称，比如丁尼生的哀歌《怀念》实际上就是“悲哀之歌”的意思。一般情况下，哀歌诗人表现的主题就是死亡，但并非所有的人都是如此，比如，伽鲁斯率先尝试了将希腊文学形式改为罗马文学形式，他的表现主题就不是死亡，而是爱之歌，他的诗歌风靡一时，在他的带领下出现了更岁的哀歌创作诗人，很快哀歌诗人就多如牛毛、数不胜数。优秀的哀歌诗人是普鲁伯西亚、蒂巴拉斯和奥维德。

精通希腊诗歌技巧的普鲁伯西亚在20岁时就形成了自己独特的风格，完全是个青年才俊，但可惜的是，几年后就夭折了。个性激烈刚健的普鲁伯西亚表现出青年人的勃勃生机，但在生活习惯日趋希腊化的罗马人眼里，他过分暴躁的性格不符合自己的标准，最后引起了非议，由于这方面的资料不完整，所以我们无法做出评论。他主要创作爱情诗，他创作的“青年的保护神”——女神辛迪姬成为世界文坛上不朽的女性形象，就像玛开尔描述的那样，普鲁伯西亚是19世纪那些迷茫、伤感、凄婉的浪漫主

维吉尔与贺拉斯

义诗人的先驱，另外，诗人格雷曾经模仿过普鲁伯西亚的诗歌，研究英语文学的学者应该对此很感兴趣。

另一个青年诗人蒂巴拉斯的诗作文辞华美、韵律和谐，颇得严肃的罗马人的喜爱。不过，如果从形式的优美和内容深度来看，他的诗还没有达到普鲁伯西亚一半的力度，但思想力度只是抒情诗的一个方面。蒂巴拉斯也喜欢创作爱情诗，他时常被笔下多情的女子感动得落泪，这种眼泪无疑是真诚的，但狄里姬依然显得像诗人真正爱慕的女子一样无情。我们都知道一个普通常识，这样，在读爱情诗时一定能够从中得到启发。或许诗人在生活中真正体验过这些所谓的杰里姬、辛提姬或者珍妮的悲喜剧，但他并非想称赞这些女子，他的真正用意是通过这些艺术形象来歌颂热烈的爱情。也许这些女子确实存在，比如莎士比亚短诗中描述的黑妇人，但真正的玛丽、马贝尔或黑妇人只能存在于诗人心中。

在三大哀歌诗人之中，公元前43年至公元18年的奥维德声望最高，虽然他声称："迦鲁斯第一，蒂巴拉斯第二，普鲁伯西亚第三，最后一名才是我。我是第四位。"

奥维德曾经是个贵族，由于他是名门之后，又时常混迹于宫廷，因此地位显赫。后来，不知为何触犯了皇帝——也许是因为《爱经》，当时的人们和我们现在对待两性情感的态度不同——结果被逐出罗马，流放到荒凉之地，但我们无法确定这个原因。他的作品有关于罗马宗教的一段情节和变形的神怪故事，正是由于这两个原因，不仅使普通读者对他的作品产生了兴趣，学者们也认为又发现了一个知识宝库。而且，奥维德之所以重要，在于他作品中提供的知识在别处不太容易得到，再就是他有其显著之处。尽管他的诗歌不能充当学校的教材，但他表现的典雅、优美和风趣也令人赏心悦目。至于奥维德是否真的让当时日趋腐败的社会对他感到震撼，这个问题似乎要划个问号。

虽然他的作品《爱经》极为晦涩，但其中不乏真挚的情感，另外，诗歌具有轻松活泼、想像奇特的风格，所以，后世的诗人们依然喜爱奥维德。不过，其中描述的爱情缺少浪漫情调，或许对那些追求完美纯洁的情感的读者来说，此书并不合适。他在诗作《变形记》中大量使用了希腊、罗马的神话传说，并加上了几乎达到巅峰的丰富想像。从他的神话传说中吸取创作素材的有文艺复兴时期的意大利人、莎士比亚以及同时代人、17至18世纪的英国人，还有近代的诗人。如果奥维德能预知后来获得的殊荣，那他即使处于艰难困苦的流放地也应该感到一些安慰。在奥维德的诗作中，最大的特色就是平淡朴素，研究拉丁语的学者很难找到令人震撼的名句，但他是个创作故事的天才，总的来说，他对近代世界文学的影响不容忽视，和维吉尔产生的影响不相上下。由于他擅长用诗的语言准确清晰地讲述那些神话传说，尽管这些故事已经被其他诗人描述得尽人皆知，而且他在《爱经》一书中不像道德家那样回避一些禁忌的主题，从诗人、学者的角度勇敢地正视，所以，马洛、德莱登及后来的英国诗人们都喜欢他的诗。

奥古斯都时代过去之后，罗马诗歌经历的过程是优美——平淡——拙劣，这个衰败的过程断断续续，并不是一直下降。文学和它所反映的社会人生的发展进程并不像设计师的图纸一样被人控制，罗马诗歌伴随着罗马帝国一起衰败，中间经过了几个世纪。尽管罗马处于衰退的过程中，但依然涌现出了优秀的诗人。

罗马人是现实主义者，并常常带着优越感，他们似乎对社会的巩固性和民族性更感兴趣，这种民族性讨厌一切，并让个人产生对政治团体无用或有害的行为，这种深切的情感可以从讽刺诗中看到。公元34年至62年的柏希阿斯现存6首讽刺诗，这些作品曾经受到了几个世纪的推崇，但现在却受人轻视。朱威那尔也是一个伟大的罗马讽刺家，我们丝毫不知他的生活情况，似乎到了暮年才开始创作的，并很舒适地活到了公元2世纪。我们知道他的20首讽刺诗，包含了各个方面，比如写诗、政治腐败、享受财富、迷人的妇女、卑鄙的都市生活、人们渴望的愚蠢事物等等，对人类最基本的生活进行了写真，并用讲述道德的方式来说明他们的不可救药，总之，他憎恨堕落的做法就是从反面颂扬了善良。

朱威那尔据说是个演讲老师，所以，他的诗句里包含了演说的成分，他的许多诗句成了流行用语，但他最著名的是强烈的情感。他对自己作出了恰如其分的评价，他说："悲愤出诗句"，这种道德上的悲愤激励着他的创作，并使它们更加刚强有力。基督教文学的一个要素就是悲愤，它在朱威那尔那个时代非常发达，朱威那尔不仅憎恶自私和庸俗，还深切表达了一种精神上的皈依，由此看来，拉丁的智慧和东方的情感对发展罗马的基督教也起到了一定作用，它并不是全部由犹太人和希腊拥护者所创造的。

马尔希阿尔生活在大约公元40年至104年，他也应该算是一个讽刺家，因为他的讽刺短诗巧妙地涉及了各种可笑的人或风俗，或者对有势力的人献殷勤，由于他的作品中常常涉及猥亵，因此人们批评他只有聪明和乖巧而已，但他并未丢失什么。他显得慈爱而温柔，比如他曾写了一首和小婢女有关的讽刺短诗，孩童时代就夭折的她恳求覆盖在身上的泥土轻柔地踩踏自己，在想像中感觉后人的敬仰。马尔希阿尔同时认为，即便是那些凶残好斗的罗马人也具有这些温柔的情感，至少，在名义上受到了基督教的支配。

罗马人十分喜爱演说，非常重视演说的技术，因为演说术扶持了他们的政治机关，更重要的是，演说术在政治和法庭上具有非常实用的价值，很多罗马名人同时也是出色的演说家。马克·安东尼的演说对凯撒团体产生的影响并非全部出自莎士比亚的艺术作品，因为莎士比亚也是根据传说进行创作的，在罗马的历史上，用演说支配民众的方式其实非常普遍。

在罗马的演说家中，公元前106年至前43年的西塞罗是最伟大的，他极大地影响了拉丁文学，因为他涉及了各种表情的形式。虽然他创作的句子并非诗句，但他也写过信札，给当时的文化带去了光明。另外，他对哲学讨论也抱有极大的热情，那些都非常有价值，因为我们无法从别处获取其中很多句子和立论蕴涵的踟谓。他热衷于反对公共事业，反对凯撒实施的罗马政权集中制，当凯撒逝世、安东尼掌权之后，他送掉了自己的性命，因为他模仿提摩斯西尼斯的做法——恐吓马其顿王的宣言——在一部叫"philippics"的演讲集中攻击安东尼，最后，他也得到了和提摩斯西尼斯一样的下场。

我们并不认为西塞罗的品格比安东尼更低，但他似乎对开托有点过分自恃，他说："胜利是因为得到了上帝的欢心，失败是因为得到了开托的欢心。"由于攻击西塞罗主要是因为他的外表，所以导致了一些以名为实的误会，许多文学家都犯过这种错误。西塞罗的演说包含了很多有力度的文章的优点，而且他的演说姿态就和其结构、句法一样令人敬佩，但他最重要的优点就是：几个世纪中，他的作品被当成最纯洁、最高雅，已经发展到顶峰的拉丁文样本，对后世的教育产生了不可磨灭的影响。

昆提利安是另一名和修辞学、演说术有关的拉丁作家，他创作了大量关于公众演讲以及对教育、文学提出建议的作品，这些作品都很正式和专业，所以一般的读者不会产生兴趣，但对于那些专门研究这种东西的人来说，它的价值就非常大了。

公元1世纪的青年诗人苏坎是一名雄辩的演说家，他也是辛尼加的外甥，其韵文史诗《法尔萨利亚》曾在中世纪广泛流传，由于他成功塑造了主人公柯奈耶的不朽形象，于是他在法国古典文学史上占据了不容忽略的地位。洛维翻译了《法尔萨利亚》的第一卷，由于他的译文十分优美，于是苏坎引起了英文读者的极大兴趣。1世纪最重要的诗人应该是斯图西亚，绝大多数人认为他创作的优美的叙事诗甚至超过了维吉尔，英国诗人普柏和格雷等给予了他的作品《奈蓓特》极高的评价，甚至翻译了其中某些思想价值不高但文采出众的片断。

罗马诗歌还没有进入黑暗的中世纪就已经衰败了，读者能够隐约从罗马诗选中找出它零落的影子。罗马诗选和希腊诗选有所不同，从英尼亚开

奥维德

奥维德《变形记》插图

始,一直到公元1000年的所有诗人的作品以及最新的诗集都不是由本国诗人编纂的,而是由近代学者编辑出来的。其中有一首最优美的诗歌和维勒斯母的春祭有关,叫做《维纳斯的维吉尔》,我们已无法知晓作者的名字,至于具体创作时间也只能靠推测的方式,能够从《维纳斯的维吉尔》了解的仅仅在于:作者是一名真正的歌手,诗中描写的祭祀场面充分体现了罗马人已经完全继承了希腊的优美想像。

现在,我们可以和罗马诗人道别了。散文以鲜活的语言取代了衰落的拉丁诗,并一直辉煌了几个世纪。

六、罗马的散文

尽管残忍的罗马统治者杀害了西塞罗，尽管马克·安东尼的妻子用发钗戳烂了他的舌头，但西塞罗始终是古罗马最重要的散文家，几个世纪以来，依然流传着他的声音。

斯维托尼阿斯和塔西佗属于一个时代的人，他是一个本事不大的卖文为生的作家，他留下的作品不仅有一些和学者、诗人、历史学家有关的传记，还有一篇收录在《十二凯撒言行录》里的非常著名的作品。如果他能够仔细筛选材料，削减多余的枝节和轶事，就能让自己的作品变得更有趣，他描绘凯撒等的作品产生的最大影响就是，证实了信仰基督教的作者本人可以随意攻击罗马帝国法院的道德腐败，以及罗马社会的严重困扰。但是，斯维托尼阿斯的目的并非想促成某种改革，也不是因为他对这些描述的罪恶产生了道德上的愤怒，而是仅仅宣传这种观念，他只是个喜欢闲谈的人。喜欢谈论感情故事的斯维托尼阿斯可以说是现代举报人和色情小报记者的先驱。

我们可以同时讲述两位普利尼。大普利尼是一位热爱考察的科学家，他丧命于公元 79 年的威苏维火山爆发，这座火山处于庞培和赫克雷尼科姆两地之间，当时他正在火山附近。他的著作囊括了各种问题，最著名的就是《自然史》，虽然它不过是一本普通知识的著作，但几世纪以来，人们都将它当作植物学和动物学的名著，书中所含的知识多半是真实可信的，尽管有些内容显得幼稚诡异。小普利尼是他的侄子，出生于一个有钱有势的家庭，他本人则由于姻亲和特殊的机遇，成了一个著名律师和政府官员。小普利尼是一个严肃而自负的腐儒，他辛苦地从事著作的目的是为了后代的利益，但他意外的幸运，虽然他本人呆板、了无生气，但他的作品令人喜欢。我们能够了解他的原因是他当年的信札，记录了很多在罗马时的情况，另外，他还写了一些信给特洛伊国王，因为胆小的普利尼急于让君主了解那些误会他的一些小节，所以将所有的繁琐事件一一描述出来，幸亏特洛伊王豁达而有耐性。其中有一封信格外有趣，就是他询问如何用一种特殊方法对待基督教徒，还表现出罗马人时常对基督教徒产生的各种奇怪想法，尽管他们的创始人已经诞生了一百多年。如果现代法官对当事人产生了疑问，就会像普利尼一样，让对方当面用基督教来保证，这种做法适合所有司法权的滥用。但是，也许因为普利尼的性格特别严正，或者由于基督教还没统一，因此他的信徒常常辞不达意，甚至借机逃避。如果我们认为普利尼很无知、缺乏判断力，那么，特洛伊王的回复能使我们重新尊重罗马人的决定。他指出，任何人都不能因为自己是基督徒而受到刑罚，如果这人准备退出一个反对现行制度的党派，从而接纳了一些从不知名地方传来的证据——这种证据又卑鄙、不可信，那么这种行为不配称为罗马行为，但严厉的普利尼似乎没有领悟到这一点。

我们除了这些罗马文学作品，还有许多其他的，但大部分都很平凡，或者可取之处非常有限。第一世纪末期，异教徒作家日渐减少，因为反对普利尼的人认为他脱离了事实和准确，所以反对他的讨论变得热烈、有力度。基督教作者圣耶罗姆的工作是进行解释和辩论，他用拉丁语翻译了很多希腊和希伯莱的作品，还翻译了《圣经》，这本书就是罗马天主教现在采用的基本《圣经》。另一名更卓越的基督教作者是泰塔利安，他比圣耶罗姆更早一些，对信仰的热情超过了对知识的热情，他的成就是说明了早期的基督教。而且，因为他是非洲人，所以我们想到了他的两个同乡，他们非常值得我们纪念。

第一个是阿彪利阿，他是文学上的卡略斯特罗。他创作的作品关于魔术和哲学，并用某些技术将诚恳和做作巧妙地融合起来。他的作品里包含着小说，有一篇讲述了一个人变成驴子的故事。他的叙述多半都很呆板，或者修饰性不强，但其中穿插了很多故事。阿彪利阿对道德的影响不大，但他讲故事的技术很好，另外，他在消遣性的希腊记事和现代小说中占据了重要的地位。

另一位著名的非洲作家是公元354年至430年的圣奥古斯丁。最初，他信仰的并不是基督教，而是一种东方信仰——美尼兹主义，当罗马人依附时曾和基督教竞争。后来，圣奥古斯丁改变了信仰，并成为非洲的希波主教，因为他注重文体，是一个经验丰富的修辞学家，能够使新信仰更坚定，他的作品已经过验证，是早期教会的中流砥柱。他有两部非常著名的作品：《忏悔录》和《上帝之城》。他在《忏悔录》中进行了自我辩护，说明自己是人性的、谦虚的；他在《上帝之城》中试图将政治和自己的手段、目的相对照，将精神上的希望和支配人类的崇高观念相对照，听说圣奥古斯丁曾采用最有效的办法联合了地方性的非洲学派和罗马。他似乎还有另外一部作品《伊尼亚》，从维吉尔的论文中引申出了自己的论题：有某种神明领导着文化。其实，他没有看出政治性的罗马最终会变成命运的信仰者，只不过考虑到了精神上的光荣。圣奥古斯丁开始进行创作时，罗马帝国的鹰旗已经在京都里摇摇欲坠，到处充满着罗马人的惊吓声和野蛮人的欢呼声，但这些征服罗马帝国的人被圣奥古斯丁的思想征服了。而且，他的思想还征服了远方的人，尽管并不完全，但至少让他们认识到，现实中仁慈、公平和法律的责任比政治更重要，人类思想的进化过程和生物的进化过程一样，是从简单到复杂、从低级到高级的。

生活在公元前1世纪初期的西塞罗是古罗马极其重要的散文家，不管是当时还是现在，都是同样如此。他除了写散文之外，还对人们进行演说，他不仅是个政治家、历史学家、演说家，还是个批评家和道德家。西塞罗有着独到的见解，他开创了16世纪的拉丁散文，并在它的发展中起到了模范作用。他之后的优秀拉丁散文大致上都带有西塞罗风格。中世纪的哲学家和宗教人士创作的拉丁散文和他典雅的散文迥然相异，而且，无人具有他那种独特的艺术个性，运用民族语言等方面也比不上他。尽管一个残忍的罗马统治者杀害了西塞罗，尽管马克·安东尼的妻子用发钗戳烂了他的舌头，但西塞罗始终是古罗马最重要的散文家，几个世纪以来，依然流传着他的声音。

圣奥古斯丁

西塞罗擅长使用比喻，而且引用和保存了从前的知识。比如，西塞罗曾经引用过优美的《伊尼亚》片断作为“诗具有雄浑力量”的例子，因此它得以保存，并至今依然流传着。他的伦理观偏重于斯多噶学派，哲学思想则倾向于亚凯台派。因为他的道德观非常严谨，所以那些恪守奥古斯都遗风的基督教作家能够接受他。他那思辩的语言和高雅的风格直到18世纪后期依然被众多的英国文学家当成创作楷模，不

西塞罗

管我们认识与否，其实我们的潜意识中都或多或少地受了他的影响。西塞罗的反对者则认为，他只会引用别人的东西，缺乏独创精神，顶多就是个擅长抄袭的文学工匠。虽然让他产生演说热情的诸多政治、法律问题比去年在国会上激起强烈反响的问题有趣得多，但任何一个阅读过攻击卡提莱因的著名演说的读者都会和演说者一样，对谋反者深恶痛绝，因此，即使西塞罗是个文学工匠，但也极高明、极巧妙，而且，不管文学家的语言平淡或者深奥，他们都算得上是遣词用句的工匠。西塞罗的作品轻松活泼、平易近人，而且便于人们阅读，因此他是一个伟大的文学家，并非原封不动地照抄那些宝贵的历史资料。小普林尼极具价值的关于生命和自然的论文就是直接吸取了西塞罗的创作精神，另外，从某种程度上来说，18 世纪著名的英国散文家都是西塞罗的正宗传人。

尽管西塞罗的影响余韵犹存，在那个光芒日渐消失的古典时代也出现了一些灿烂的作品，但拉丁散文仍然不可遏制地衰退了。帕特洛尼阿——尼禄皇帝的朋友——的散文《讽刺》真实再现了当时的罗马生活，就像绘画一样。这部具有很高价值的散文《讽刺》是拉丁文学中惟一和小说相似的作品，也是当时现实社会的百科全书，但它仅仅留下了一些片断，另外，当时的社会风气腐化堕落，它也不可避免地存在某些难登大雅之堂的东西。该书的英译本最近出版了，它让那些保守道德家议论纷纷，但牛津大学的马凯尔教授——英国文学、拉丁文学泰斗——对帕特洛尼阿作出了公正的评价，认为他和莎士比亚、菲尔丁具有同等的地位。我们要在这里简单说明一个文学欣赏的基本原则：聪明的读者不会受到道德家的影响，能充分体会作品的真正价值与内涵；那些缺乏判断力的读者无法欣赏文学，更不能理解作品，他们也无法作出评价，而作品在他们眼中变得平淡无奇，更谈不上优劣了。

帕特洛尼阿的散文和当代反映日常生活的小说有着相似之处，他之后的一个世纪出现了亚伯利亚的《金驴记》，作品主要讲述了迷人的丘比

特和赛琪的浪漫爱情故事。如果把它当作教材，替代凯撒、西塞罗和枯燥无味的尼坡士的作品，人们或许更能产生对拉丁语的兴趣吧。如今，我们只有通过近代翻译家才能了解拉丁文化知识，威廉·莫理斯的《地上乐园》保存了《金驴记》的故事，另外，画刊故事《吉柯德先生》、《计尔布拉斯》、和《台卡美朗》都取材于它。

当时，一些宗教僧侣控制了拉丁语，尽管他们中间也存在一些有才华的人，但他们的总体思想是宗教和哲学，出发点并不是艺术，所以，亚伯利亚极其丰富、美丽的想像力犹如大海中风景秀丽的光明之岛。

有些人不是文学家，但为历史、哲学、宗教作出了不可忽视的贡献；有些对现实世界冷漠的人，甚至是恶棍、无赖，却往往具有不可思议的、驾驭语言的天赋。批评家、修辞学家昆蒂朗就是这样的人，他不能称为杰出的艺术家，但他对促进拉丁古典文学的发展所作出的贡献和西塞罗不相上下。我们从拉丁文学的资料中发现，他的演讲术著作超过了罗马文学作品的数量，他根据自己 20 年的经验编写演讲教材，因此他有可能成为古罗马历史上惟一一个成功的教师。当时，研究学问的大学教授和如今竞争激烈的社会不同，他们拥有极高的社会地位，昆蒂朗完全凭借着自己的努力取得了事业上的非凡成就和社会地位。另外，即使他在精神上无法和亚里士多德并驾齐驱，但至少已经很接近了，而且，他比不上亚里士多德的原因除了那些不厌其烦的比较、囫囵吞枣的概括之外，最简单的原因就是：罗马文化在精神上无法媲美希腊的思想。

基督教不仅征服了罗马，还沿用了当时的罗马语言。如今，只有大主教才能使用拉丁语，但拉丁语作为人类智慧的早期结晶，多年来在复杂的中始终独树一帜，它成为所有教育者必须首先了解的语言。

早期基督教流行的地方就是罗马，同时，它也是世界文化中心之一，拉丁语由此延续下来。一千多年来，用拉丁语写作、极受学者欢迎的作品、宗教著作和世俗文学不计其数。尽管拉丁语被基督教控制后失去了一些古典拉丁语的优雅，但依然出现了很多拉丁语杰作，即便是在古罗马灭亡之后。比如圣奥古斯丁的《忏悔录》、《上帝之城》；圣贤罗漠翻译的拉丁语《圣经》；和宗教、哲学有关，圣托马斯·阿奎那创作的作品，凭借深邃的思想成为罗马教会标准的哲学著作。此外，当时的文化知识并不仅仅掌握在僧侣和牧师手中，除了这些宗教神职人员，哲学家斯宾诺莎及和他一样的人也运用拉丁语进行日常写作。

现在，古典希腊语和古典拉丁语作为文学最初的载体已经日趋消亡，即便是那些文学造诣很高的学者是否能看懂西塞罗或维吉尔的诗也成了疑问。但不管我们是否承认，拉丁语已深深进入了我们的灵魂，因为拉丁语系不仅演变出了古罗马的各国语言，还有西欧各国的语言，比如法语、意大利语、西班牙语等，甚至包括运用最多、生命力最强的英语。在近代的语言中，法语从精神和形式上最大限度地保留了拉丁语的成分；英语从形式上看和日耳曼语相似，而日耳曼语作为拉丁语的一支语系，也融合了拉丁语的很多成分，因此，反复强调英语是“盎格鲁—撒克逊语”未免也太荒唐可笑了。英语中绝大部分日常用语的来源是盎格鲁—撒克逊语，但表现人际关系和文明社会的词语更多地来自拉丁语。虽然生活中存在一些不懂拉丁语，仍能熟练运用英语进行创作的人，但毋庸置疑的是：很多近代伟大的作家都熟悉古典文学，或者了解部分古典语言和词汇大意。古代的学校教育方式是陈旧的、无用的填鸭式教学，因此，一些缺乏想像力的玄学者虽然能轻松地阅读拉丁诗，但他们不具备独立思考的能力和使用语言的技巧，从而否定学校中的拉丁语教学，使普通学生丝毫不了解拉丁语的基础知识，这种人无法对教育作出一丝贡献。马可尼认为：那些把脚搁在篱笆上，依然手捧柏拉图著作阅读的人才是真正的学者。因为阅读的真正动机并不是为了改善自身的处境或谋取功利，而是为了愉悦自身，由此可知，这个定义不仅适用于学者，也适用于文学爱好者。无论是否存在这种马可尼心中的理想学者，沉醉于古典文学译作之中的人也不计其数。

我们暂且不要说拉丁语是死语言，在近代研究语言的学者心中，它无疑具有重要的地位，另外，从它本身具有的高贵优雅来说，也是永恒的，罗马依然是“文化的中心”。

THE STORY OF THE LITERATURE

第6章

但丁及其《神曲》

他是世界的中心，他是融合了最高水平的想像、道德、智慧和才艺的化身，这个人就是但丁。（拉斯金）

但丁不仅是一个艺术家，同时也是一个哲学家。在文学史上的艺术家中，他的感觉、创造力、思想力，还有首屈一指的渊博知识已经使他成为和莎士比亚、荷马齐名的一流诗人。

当意大利的历史刚开始时，它的独特的文学已经发展到了最高峰，因为当时的先驱和最完善的作家就是但丁，所以它一开始就是饱经世故的诗，而不是通俗的诗。它的语言是拉丁语系中最后发达的一种，因为意大利的拉丁语非常普及，超出了西班牙和法兰西，而且他们没有本国文化，都是由外国输入的。意大利人从不觉得西塞罗的演说词死板，也不认为凯撒的王国就是从前那些东西。意大利人认为自己就是罗马人，并认为罗马文化、条例的势力仍然存在于基督教的范围之内。由于这种想法，于是拉丁文成了意大利知识上和神学上的言语，而不是诗词。

最初使用意大利文写作的人并不是但丁，他之前的一些诗人就曾尝试过他们的所谓土语，也就是“粗俗的拉丁语”，他们模仿了布罗温斯——他是一个侠情恋爱诗人，最早发源于意大利北部。由此可知，意大利文学起源于北部和布罗温斯，并从那里发展起来的。

北意大利诗出现不久，南部文学也在腓特烈王二世的扶持下逐渐兴盛起来。腓特烈的血统来自德国，但他接受了意大利的教育。当时，他和教皇发生了冲突，于是鼓励平民接受教育，想以此来打破僧侣垄断知识的局面，他的儿子和大臣也赞同这个办法，于是他创办了很多大规模的学校，并用别的办法鼓励平民接受教育。得到腓特烈的扶持后，便形成了斯瓦比亚派和西西里派的诗，这些诗虽然很粗俗，但极具气魄。它粗俗的原因多半是因为言辞，表现的情感则是温柔文雅的。当西西里失去政治中心的重要地位时，它也没落了，但它在整个意大利树立了标准，但丁的作品出现后，树立的更新、更高的标准才打破了它。

腓特烈二世

一、但丁其人

他是文化复兴的先驱，用博大精深的内容和神奇的形式、技巧创造了一个“美妙的诗体”。

但丁的全名是但丁·阿里希埃拉，他出身在一个有权有势的佛罗伦萨世家，生活于1265年至1321年。当时，意大利的各个政党正在互相残杀，他们打着拥护教皇或皇帝的名义不断挑起战争，因此，意大利陷入了地方间的争执，纷乱、痛苦得令人绝望。但丁在青年时代就成了一名军人，他专心学诗后也取得了一定的成就。他踏入政坛之后，于1300年被推选为本城法官；1301年成为大使。当他外出时，他的政敌得到法国的扶助最终统治了该城，并诬陷他犯有贪污罪，除了交纳罚金之外，还取消了他的终身公务员资格。但丁不甘心被政敌的势力笼罩，于是提出控诉，但他得到的结果是终生流亡。他激烈地叱骂那些诬陷他且不善治理佛罗伦萨的人，结果招致了更重的惩罚——只要抓住他，就要被判死刑。但丁于1321年死在了拉文纳，他死后不久，佛罗伦萨人就开始寻找他的尸体，直到现在也没有停止，他们认为，只要能找到他就可以使他们得到那些死去的文学巨匠的灰烬了。尽管佛罗伦萨寻找了但丁的尸体，并愿意给他所有的尊崇，但他接受得并不多，因为他不仅是意大利最伟大的国民，还是个民族

但丁

手持《神曲》的但丁

英雄，其他文学家没有人和他一样，在英勇的加里波第之前的600年，他就已经梦想着一个统一的意大利了，而当时的加里波第也不过是隐约有个想法而已。但丁同时使用了拉丁文、意大利文创作诗和散文。他的散文《宴会》是意大利文；《君主政体论》、《水土的问题》和《使徒书》是拉丁文；《新生命》则混合了诗和散文；单作包含了《神曲》和一些拉丁文、意大利文的杂诗。《宴会》和《新生命》相同，是他用意大利文写的关于诗的评注；《君主政体论》讨论了君权；《水土的问题》是一个短篇，对地面总是高于水面进行了辩论；《使徒书》对政府或文学问题发表了意见，另外，他的著作中还包括拉丁文对话体的牧诗。

二、《神曲》的内容

学者们想寻找出这首伟大的诗的错误和不协调的地方，并为此花了好几世纪的时间，但结果依然一无所得。它描写的宇宙蕴涵了物质和精神，诗中的经历是三个关于地狱、炼狱和天堂的梦。这部作品具有非凡的想像力，可以说是前无古人。

但丁的杰作就是这部意大利文的《神曲》，里面讲述的幻想就是地狱、炼狱、天堂经历的事。但丁在自己的早期作品《新生命》中叙述了他在九岁时遇到了一个比他稍小的红衣女孩，他渐渐爱上了她，但她很早就死了，在幻想中她嘱咐但丁，如果他找不到合适的时机，就不要提起她。于是他耗费了毕生的精力去研究学问，并且“讲给她的事情从来没有告诉过别的女人”。

《神曲》地狱第1歌插图

他兑现了自己的诺言，在他临死之前完成了《神曲》。他说，1300年时他正是35岁，梦见自己游荡在一座黑暗的森林中，于是他惊醒了，打算爬到有日光照耀的高处，但出现了一只凶恶的狮子、一只漂亮的豹，还有一只惹人厌恶的豺狼。这时，维吉尔的影子出来责备了他的软弱，并告诉他一个消息——圣母玛丽亚已经吩咐圣路西关注他的境况，圣路西又把他的需要告诉了他的情人蓓特丽采。于是蓓特丽采马上离开天堂上的宝座来到利姆，希望维吉尔拯救自己和他的崇拜者，最后，这个罗马人的灵魂答应了。他引导但丁来到日光照耀之处，还将他带进了地狱和处于地球另一端的赎罪所，当蓓特丽采和他相遇后，就将他带上了天堂。

虽然《神曲》包含的内容很复杂，但它前后连贯，而且显得非常真实。总共有100首诗，和地狱相关的有33首，炼狱和天堂也各有33首。

地狱呈圆锥形，尖顶处于地球的中心，中间则分为九层，部分层面还会分出一些层次，在九层的外面两部分是犹豫不决的中立者受苦的地方。那些未经洗礼的婴儿和贞洁的异教徒会得到突然死亡的结果，而那些因为邪恶而死的人要接受处罚。邪恶也分为淫乱、残忍或野蛮等等，层次越低，受的处罚越重。

但丁曾经到过每一层，因此看见了很多种酷刑。狂风不断袭击淫乱者；冷雨不停浇灌贪食者；懒惰者睡在淤泥中；贪得无厌的人则和喜欢浪费的人互相推滚大石头，彼此相遇时就被打倒了。暴君们立在热气腾腾的血河中；自杀的人变成丛林，里面住着肮脏不堪的怪物；有着变态情欲的人受到火的焚烧，而且这火终年不熄；恶魔烧着一条松脂壕沟，里面困着腐败的官吏；故意谋杀的凶手则埋藏在最低层的冰里，中间埋着三头魔鬼撒旦的上半身，他们嘴里分别咬着朱达斯、布鲁多和加西阿。

地狱的刑罚仅仅列举了几种而已，但丁和维吉尔看过后就离开这里，来到地球另一端的赎罪所。他们看见的是七所房屋包围着一座山，这些房屋是七种死亡罪——骄傲、嫉妒、暴躁、懒惰、贪食、贪欲、贪得无厌——的赎罪之处。他们走过了所有的房屋，前面还有一个赎罪所，是为一些无法进入安乐美妙世界的人准备的。人间天堂就在赎罪山的山顶，但丁在那里和维吉尔分手后遇见了蓓特丽采，蓓特丽采将他带上了天堂。

但丁依据当时采用的宇宙组织学的托勒密系统将天堂划分成十个向心天体，首先是月球，其次是水星，接下来依次是金星、太阳、火星、木星和土星。前面的天体都是循环运转的，只有最后一个是上帝的住所，它没有空间性和时间性，并环绕着其他天体。但丁最初跟随着蓓特丽采浏览这些天体，后来陪伴他的则是圣伯纳。蓓特丽采带着他在天堂里转了一圈，见识了所有的美妙和快乐，最后，他在看见上帝的幻象之后才结束了天堂之行，就像结束地狱和赎罪所一样，使用的都是造物中最高尚的文字，比如"星宿"等等。

《神曲》炼狱第12歌插图

学者们想寻找出这首伟大的诗的错误和不协调的地方，并为此花了好几世纪的时间，但结果依然一无所得。它描写的宇宙蕴涵了物质和精神，不仅显得真实可信，而且前后一致，没有人创作的作品比它更真实，也没有人能像它那样自然、活灵活现地描述事物。在所有的文学作品中，最动人的文字是但丁在地狱第一层所描写的福弗兰切丝卡·达·里密尼，最有力的文字则是在第九层所描写的乌迦伦奴。由于他的巧妙安排和前后一致，似乎这些想像中的事物就是真的，如果我们因此只关注到他表达的显而易见的意义，就是犯了一个极大的错误。或许但丁确信存在着地狱，但他说自己的诗中包含了四种意思，即寓言的、文字的、道德的和神秘的意义，除了文字之外，其余三种都可称为寓言的。我们在一般情况下都知道，描写但丁游历的过程就是文字的意义；寓言的意义代表着生活在尘世的人；道德的意义表明人能够由恶变善；神秘的意义则代表了灵魂脱离罪恶的环境，进入光明的环境。

由于诗歌的文学意义通常都是虚构的，不需要真实，所以，大部分的诗都是象征性的，有时甚至全部是。我们可以轻易地从《神曲》中复杂且数量庞大的寓言看出，它超出了但丁预先的希望目标，或者没有达到，我们同时还能够发现，这些所描写的都是但丁本人的内心体验。他于35岁的时候踏入政界，于是世俗的职业和野心让他不知不觉地远离了真理的道路，从而进入黑暗、自私和矛盾的森林；当他希望能在这里攀登知识的高峰——那里有理智的阳光照耀着——但出现了“武力的狮”、“政治的豹”和“党派的狼”，他们用残杀、恐吓的手段企图阻碍他的前进；当他被放逐时，饱受了地狱般的痛苦，但他被理性和智慧挽救了，没有受到情欲的摧残，他在痛苦中降服了自己的欲望，同时默想伟大上帝的爱获得安宁。

但丁不仅保留了精神和智慧上的发展故事，还保留了自己的哲学。他认为，道德律普遍存在并不可避免，就像引力规律一样，没有人能逃脱它对行为的影响。它看上去似乎不能产生具体结果，但但丁相信，有一种无法逃避的、直接的精神结果存在于人们的思想和行为之后。因此，他所描写的诗人游历地狱的过程是一种比喻，说明沉溺于恶行中的灵魂会变得痛苦而麻痹，并不是仅仅为了描述人死后灵魂的情形。这些诗不是想描写死者的状况，而是想重点表现活人的心理，因此，它表现的是事实，而不是幻想。

我们不要觉得但丁很迷信，他只是为了恐吓那些教训的轻信者，也不要认为他不道德、很残忍，只要我们公正地对待他，就能明白他的真正意义。他不过是用这些方法来表达和陈述自己的观点。虽然他认为精神比物质更重要，但他并不盲从教条。《神曲》中的诗人游历地狱时，有一两次表示出不明白神判的公平，其中一次和弗兰切斯卡·达·里米尼有关。他说，人类不过是屈服于一种自然冲动，不明白为什么要接受十分的痛苦，同时暗示，自己的情感中也存在维吉尔所说的理智。另外，他在地狱的下层发现，有很多卜卦的人在向前走，但他们同时被一种更大的力量逼迫着后退，当他明白遭受这种痛苦的原因是为了获取知识，于是他放声大哭起来，因为理智开始谴责他。不过，但丁明确地表示：理智也无法比普通人更能看出公平，因此只能得出"现实的都正确"的结论。

所以，但丁仅仅是记载了各种刑罚而已，它们并不是虚构出来的。地狱中的一些人比那些真正有罪的人更受苦，倒霉的运气或恶劣的环境比本身具有的罪恶更能糟踏他们，他们犯罪的原因不过是坏运气，如同希腊悲剧中的牺牲者。同样的，在赎罪所和天堂的一些人比真正圣洁的人更幸福，因为他们的运气很好。但丁仔细观察了人类，并将这些观察到的经验表现出来，我们不能因此产生误会：他写作的依据是宗教教义。

如果我们只考虑《神曲》的文字意义，那么其中最著名也最动人的就是他所描写的地狱。由于作品中的这种倾向，许多人认为但丁苛刻而残忍，有些人还找出一些特殊的事物来证明这个看法，其中一个例子就是菲利普·阿根提。当但丁在懒惰的一层里看到一个浸在淤泥中的幽魂，这个灵魂形容自己是"那些哭泣中的一个"，但丁不仅没有可怜他，反而将他一把推开，让他继续哭泣，同时向维吉尔提出一个希望，就是能看见他被相等罪行的人彻底地殴打，维吉尔于是满足了他的愿望。另外一个例子是，但丁在第九层答应一个鬼魂帮他除掉眼中的泪水，前提是鬼魂必须说出他是谁，可是，但丁听了答案后却没有兑现自己的诺言，反而说："对他表

《神曲》天国第30歌插图

示礼貌的行为就是粗鲁。”不过，假如我们也认为生命原本就残忍无常，而但丁仅仅描写了生命，那么，我们就应该修正上面的这种观点。

通过这两个例子，我们应该明白，这种刑罚是虚构的，它表现的是人们在现实生活中所犯的罪行。但丁看见的后一个灵魂还活在现实中，但他的罪行如此残忍——他趁着兄弟款待他时凶残地杀死了他——据但丁说，他的灵魂已经直接进入了地狱，活着的不过是一个被恶魔指挥的肉体。菲利普·阿根提的事情也同样如此。但丁的目的是为了表现人类的可憎可恶，因此作品中出现了夸张的虚构和残忍的刑罚，毫无疑问，这部讽刺作品非常惊人，但是，除非我们相信这些虚构的事情是真实存在的，否则，我们找不到确切的证据证明他的残忍。他所做的不过出于人类的同情心，表现道德规律虽然遭到了人类的破坏，但并未消失，另外，尽管破坏规律的人们似乎没有受到惩罚，但他们就像他描写的那样卑鄙无耻。

但丁不仅是一个艺术家，同时也是一个哲学家。在文学史上的艺术家中，他的感觉、创造力、思想力，还有首屈一指的渊博知识已经使他成为和莎士比亚、荷马齐名的一流诗人。使他极度卓越的原因还有：他是意大利文学的先行军；他的作品在本国语言中最完善；他对作品的体裁作出了很多贡献；他宣扬了现代的理想政治，虽然他对罗马帝国的观念具有深刻的国家主义，但它和基督教的教义、文化一样广泛。这些都是他显著的原因，最初，我们以为他具体表现的不过是中古时代，但经过仔细考察之后就发现，他和莎士比亚一样属于“非一时代，而是永久”的人，由于他认为存在即是永恒。另外，他的政治目的和当时的期望相比，不仅没有产生不合适宜的感觉，反而更适合现在最先进的思想。

THE STORY OF THE LITERATURE

第7章

意大利的文艺复兴时期

文艺复兴这一术语，意味着欧罗巴诸国民开始了一个新鲜而生机勃勃的新阶段，那就是比中世纪更充实的意识，更自由的行使能力。（约翰·昔蒙）

摩尔根于几年前耗费巨资购买了一些中世纪的文学手稿，于是，那些默默无闻的书记员和被埋没的文学家有了重见天日的机会。当但丁的同时代人——薄伽丘参观一座著名寺院的书库时，发现僧侣们破坏了一些文学原稿，他们将书撕成碎片，然后当成具有魔力的符咒卖给那些迷信的人。尽管如今世界的野蛮程度不亚于当时，但如此大规模毁灭文化的事件几乎不可能发生，而且，19 世纪的人们很尊重知识、学者以及书籍，和轻视文化的 9 世纪完全不同。

虽然但丁将意大利文称为写作最适合的工具，但意大利文学中还有另一位出色的人，他就是比但丁晚一个时代，生活于 1304 年至 1374 年的彼特拉克，他也是文艺复兴的先驱者之一。彼特拉克和但丁一样遇见了一名可以成为“终生兴奋剂”的少妇，只不过彼特拉克遇见她时并非 9 岁，而是已经 21 岁了。当时的情诗习惯用粗俗的调子来创作，于是彼特拉克为他的劳拉写了四行意大利文的诗歌，他的名声在很大程度上都依靠这首诗。彼特拉克是当时的学者，同时也是个有权势的贵族的门客，于是他得到了许多人的敬仰，理所当然地成为一名桂冠诗人。为了维护自己的名誉，他耗费无数的心血用拉丁文进行创作，他写了多部巨著，但它们缺少

▲彼特拉克像

◀彼特拉克作品集

◀薄伽丘

▼《十日谈》中几个青年在草地上讲故事的场景

了现存诗歌的那种生气,因此这些作品只对文人们有用。不过,彼特拉克的四行诗使他成为一个情诗圣手,提高了地位,他不仅拥有罗马桂冠诗人的称号,还在当时和随后的二三个世纪中超过了但丁的声望。用今天的眼光来看,彼特拉克能在文学史上奠定不朽的地位主要依靠了优美的抒情诗和短诗,即使到了现在,这种风格仍然在英文中用他的姓氏命名为“彼特拉克风格”。彼特拉克是个诗人,还是个文化使者,虽然他眼中的文明仅仅是希腊和罗马的文化。

佐凡尼·薄伽丘是另外一个受人敬仰的作家,不过他的声名较低。薄伽丘生于1313年,他也同样拥有一个使他兴奋的女人,尽管他的情感似乎不如彼特拉克那样更偏向于精神恋爱,但显得更真挚。薄伽丘喜欢的女子好像是西西里王的亲生女,他第一次看见她时,她已经结婚了,于是他开始了自己的文学生涯,将她描绘成一个理想形象,以此来表达对她的爱慕。但事实上,我们从她对待薄伽丘的态度上可以判断出该女子的性格,她并不讨人喜欢。薄伽丘收集了很多其他情人之间的故事,安放在代表他自己和喜欢的的对象身上,结果使他的艺术声名远扬,其中的文章就有《特罗伊拉斯和克累地阿》,乔望和莎士比亚曾用英文叙述过它。

薄伽丘最著名的一部作品就是小说集《十日谈》,它的背景是:1348年,佛罗伦萨在鼠疫中遭受的痛苦。为了躲避这场疾病,七个女人和三个男人逃往乡下;为了打发无聊的时光,只好开始轮流叙述故事。这种方式可以使他的叙述有更多的变化,不需要使用不切题的学问,避免了故事变得生涩或含糊。薄伽丘很真诚,尤其佩服彼特拉克,而且,他从彼特拉克那儿学习到:一切优美的文学必须用拉丁文来创作。结果,他将很多时间和心血花费在创作上,但是,由于创作这些作品的语言是“死语”,又只有少数受过教育的人才明白这种语言,因此他的创作理所当然地受到了限制,作品也显得僵硬。后来,薄伽丘十分后悔,因为他在故事中下流、刻薄地嘲笑了教士,于是想毁掉所有的作品,尤其是《十日谈》,但是彼特拉克劝阻了他。事实上,这部作品是他成名的重要基础。虽然书中的故事有很多不太正当,但它们所处的时代和我们现在的标准不同,因此,不能认为这些言辞淫秽粗俗。其实,抛开表面的放荡,它们的真正意义是鄙夷了虚伪和愚蠢,薄伽丘在书中苛刻地批判了当时的恶行和人类所具有的本性。他具有智慧和道德心,因为他不仅表现出对圣洁和真理的钦佩,还推进了讲故事的技术,从而使意大利散文变成一种完善的文学创作工具。同时,他是首次注解但丁的文人,他的事业就是在佛罗伦萨各地举行《神曲》及其作者一生的演讲,尽管他没有完全论述整部作品,但对于研究但丁的学者们来说，他就是最重要的知识来源。薄伽丘也曾用心寻求希腊文化，就和彼特拉克一样，当他还未找到搜集手稿的诀窍，还未得到适当的指导时，他是刻苦钻研希腊文学的先锋之一，这些做法引起了人们对知识的好奇心，消除了中古时代的武断主义，从而带来文艺复兴运动，为现代科学的胜利增添了丰硕的果实。

尽管薄伽丘称不上是完美的人文主义者，但他是个出色的现实主义者，另外，他还占据了意大利故事散文的首要位置。很多评论家一致认为，他在短篇故事上取得的成就让当代的小说家们望尘莫及。他潜心研究学问，尤其是希腊文化，并专注于搜集、整理和抄录手稿，和他的朋友彼特拉克一样。他比同时代人更了解但丁的伟大，还创作了关于但丁的传记。他创作的短篇故事集《十日谈》产生了举世无双的艺术魔力，相比之下，他的其他成就变得黯然失色，其实他是个多产的诗人。《十日谈》共有100篇故事，薄伽丘笔下的描写无论是插科打诨，还是伤感哀愁，都生动得让人叹为观止，17世纪时，翻译的英文名叫作《欢乐、机智、雄辩与谈话的技巧》，这个名字对于原作来说，不失为一个贴切的比喻。另外，从文学角度看，它们并不沉闷枯燥，没有犯文学创作中常有的毛病，《十日谈》中的故事有薄伽丘自

《十日谈》插图

己的想像创作，有编写的当时流传的民间故事，还有一部分则来源于法国古代诗歌中所记录的故事。《十日谈》成为欧洲文学的一部分，所有的英国诗人——从乔叟到济慈——都从中获得过创作素材。《十日谈》如实描绘了14世纪意大利的各个社会生活层面，随时都以浓厚的地方色彩声名远扬。

另一个著名作家是出生于1431年的普尔契，他诗歌中的主角是罗兰——一个异教巨人，作品的体裁是半讽刺形式。他在作品中擅长表现轻柔的情绪，精心虚构的故事情节依据的是传奇，并不是呆板的历史。有人认为，普尔契的诗歌奇异，诗中流露出嘲笑豪侠的做法可以说是塞万提斯的先驱者，但他的怪诞和轻浮仅仅是一种幻想，并使用了一种离奇的表现体裁。由于他没有受到固定标准的限制，于是就像早期的纪功之曲一样，后者时常流露出尚武的渴望和肉体的勇气，因此后世误认为他很莽撞，或者很残忍。

玛泰奥·普雅多生活于1434年至1494年，他作品中的主人公也是罗兰，但他描写的是爱情，而且他的口吻比普尔契使用的语调更严肃、更高贵，普尔契的语言经常出现不愉快、不和谐、冗长的现象。他为罗兰添加了一个爱慕的对象，后来，有几个后世诗人修改了他的诗，其中一位诗人阿利沃斯妥改写的诗产生了更大的影响，地位也更高。

文艺复兴的黄金时代在15世纪。彼特拉克在拉丁文上产生的影响更高一些，因此，那些直接继承他的作者继续用西塞罗的笔法进行创作，但他们担心出现语法不当的问题，于是他们使用文字比选择材料更小心，就像那些不擅长拼字的人，常常只使用简单的字或者自己熟悉的字。生活于1448年至1492年的罗伦佐·美第奇是一名佛罗伦萨商人，他同时也是一名银行家和政治家，他非常赞成“承认普通语也很高贵”的运动，他本人具备的影响使普通语成为文学的一种工具。他也创作非高贵或诗意的诗，尽管他的作品不重要，但他的权势促进了他反对拉丁文的运动。

继薄伽丘的柔美散文之后——他的散文具备较高的审美趣味——尼可拉·马基雅维利将散文变成了演讲和辩论的利器，从前，人们总是用拉丁文写作那些和政治、法律有关的文章，他们认为意大利文和这些文章具有的重要性不相称，但马基雅维利用意大利文创作了《君王论》，它是一部空前的论述政治的名著。生活于1469至1527年的马基雅维利同时是政治家、事业家和文学家，在意大利的文艺复兴时代，一个人往往集中了多项才能，有的人不仅具有诗人天赋，还具有出色的政治才能，一名雕塑家不仅能写诗,还能带兵打仗和参与政治议会,佛罗伦萨的统治者罗伦佐·美第奇也是这种人。马基雅维利曾经担任过驻外大使,进入外国宫廷的经历增强了他对世界的了解,他仔细考察了所驻国家的地方政治,并以此为依据开始了对本国政治的调查。他很早就在《君王论》中记述了社会政治问题,并为君主提供了维护统治地位的详细方案。

马基雅维利毫不留情地撕开政府的伪善面具,剔除了那些诸如正直、仁慈的掩饰政府职能的假话,为世人昭示了政府的真实面目,所以“马基雅维利主义”最后演变成玩弄权术的政治术语。马基雅维利并不是一个无政府主义者,相反,他承认政府非常必要,政府统治所具有的系统原则和组织方法也很重要。尽管《君王论》中存在很多陈旧的思想,但它用极其科学的方法坦率描绘了政府统治所具有的危险暴力,体现了马基雅维利的伟大的独创思想,它具有含蓄的意义,总的来说,仍然具有夺目的光彩。或许那些热衷于政治话题的作者会对《君王论》产生错误的看法,尤其是一些热衷于评论社会风尚和国家声誉的人,但是,引发冲突、混乱的近代政治家和外交家会由衷佩服马基雅维利,因为他真实地说明了世界变化的真理。尽管马基雅维利认为暴政是合理的,并制定和贯彻了一系列维护统治的法令法规,但他对于政治权术阴谋的意义犹如那些最早发现某种疾病的医生,人们往往以他们的名字为该疾病命名。

马基雅维利生活的时代充满了贪污和暴乱,因此他极端鄙视政治上的需求和人类的天性。但他的反对者认为,他将君主的权力和人格分开,违背了当时人民及现在人民的普遍心理,就是崇拜在位者胜于崇拜他们的权力,这种心态犹如崇拜偶像者之所以会产生崇拜偶像的行为是因为偶像代表了某种象征的神灵。所以,马基雅维利认为阴谋和反叛十分必要就违反了道德,但造成这种错误的原因一半是当时的年代,另一半则是他自己。虽然克伦威尔也实施了野蛮行为,但很多指责马基雅维利的人反而原谅了他,我们应该实事求是地说,这两个人都表现出了自身的各

马基雅维利

种缺陷及当时社会的弊端。马基雅维利认为可行的办法,或者必须的办法使人震惊,但他的论点理由很充分,他的最终目的也表现了爱国的态度。

我们这本书讲述的是文学,但文学不过是艺术的一部分,艺术也不过是生活的一部分,如前所述,各项知识只有在文艺复兴时代才能形成和谐的统一,这是思想庞杂的现代人不能比拟的。当马基雅维利还沉醉在国家的幻想中,杰出的天才人物米开朗基罗或许已经出现在佛罗伦萨的街道上,或者出现在美第奇宫殿的人群中。米开朗琪罗是一名以刚健风格著称于世的雕塑家,他同时也是个画家和文学家,他在雕塑、绘画之余还能创作诗歌,60岁之后就将所有剩余的精力倾注到诗歌创作上。米开朗基罗之后又过了几年,出现了另一名雕塑家切里尼,他创作的赏心悦目的《自叙传》引起了大家的注意,不仅为各国读者提供了一份精神食粮,也给意大利散文增添了一道新的风景。《自叙传》是自负的切里尼所作的自画像,他开创了浪漫主义运动,直到今天,这尊绝美的青铜雕像百尔修依然屹立于佛罗伦萨,看来,他的确有自负的资本。

文艺复兴时期的文学家、艺术家们同时属于浪漫主义派和古典派,两者之间并不存在泾渭分明的界限,于是浪漫主义叙事诗《奥兰多·弗里奥》出现了,它将骑士传奇和古典式故事天衣无缝地融合在一起,成为15至16世纪令人眼花缭乱的罗曼史故事中最引人注目的作品,同时,它也使作者阿利沃斯托获得了"圣罗德里哥"的美誉。毫无疑问,奥兰多和查理曼的大贵族、法国英雄传奇故事中的罗兰是同一个人。我们无法从实践角度来鉴赏、认知这部作品的文学价值,因为直到今天,它都没有出色的英译本。约翰·哈灵顿曾于16世纪末发表了这部书的译本,伊丽莎白时代的诗人们非常熟悉它,就像数目众多的法国、意大利的浪漫史故事。

这个时期的政治论文不仅受到拥护独裁主义的马基雅维利的影响,又受到了美第奇的专制主义的制约,他们都是意大利的最开放城市佛罗伦萨的统治者。他们计划辅助的作品是创造性的,而非批评性的,而且学术方面也开始关注民众语文的法规,他们因而获得了很多有用的考据,但不免流于琐碎和迂腐。不过,历史和传记都进步了,因为我们看到了法萨利的著作,书中的知识都和佛罗伦萨及其他名人有关,是另一个知识宝库。

这时意大利的风气极为开化,我们可以从巴尔达萨·卡斯提利奥内的作品《绅士》中找到证据。这部书举世闻名,它讨论了绅士们必须具备的修养,还包含了许多礼仪及权威,因为它们对行为的观念和文明人规定的不同,因此,它也可以说是一部礼仪书。

诗歌方面出现了许多伟大人物。

在16世纪的意大利，诗歌风格最雄浑绚丽的诗人首推托奎多·塔索。人们总是喜欢将托奎多·塔索和阿利沃斯妥相提并论，就像将薄伽丘和彼特拉克放在一起一样，虽然塔索在阿利沃斯妥逝世后的第11年出生了，也就是1594年。塔索的父亲也是个文人，所以塔索从小就生活在诗的氛围中，当他还处于儿童时代时，就已经成为一个饱学之士了。18岁时他创作了一首叙事诗，这似乎说明了他的文字才能已经超越了经验，而且他喜欢沉溺于理想世界，不喜欢讨论实际生活。就如同彼特拉克和薄伽丘，他也有一个倾心爱慕的人，但他是孱弱、惹人哀怜的，并不强健，所以他对她是一种绝望的崇拜。塔索最伟大的作品就是胜利的基督教叙事诗《被解放的耶路撒冷》，讲述的故事是十字军东征时，高弗黎占领了圣地耶路撒冷，诗的内容和普通叙事诗相差无几，诗的主题所蕴涵的宗教力量对塔索和他的同时代人简直不可估量，但现在的人们对此没有多大兴趣。至于阿利沃斯妥和塔索之间的长处，当时的意大利人颇有争议，就是现在，也没有统一的意见，但这个问题一直是个流行的话题。总的来说，阿利沃斯妥的作品更有生气，对生活也更明了；塔索的作品则精致而准确，艺术修养更多一些。

我们认为，《被解放的耶路撒冷》的艺术价值和司各特的小说《圣符》不相伯仲，应该承认，意大利19世纪的诗人、批评家卡杜契曾给与塔索“但丁的继承者”的评价，这个说法并没有夸大他的盛名。塔索从青年时代就开始进行创作，除了伟大的《被解放的耶路撒冷》之外，他还有大量的其他作品，但他未进入中年就患病致残了，他凄惨的人生应该说反映了那个时代的大趋势。塔索之后，意大利的文艺复兴时期进入了日薄西山的境地，实际上，这种说法并不是反映了历史发展的进程，而是一种赞美之辞，因为文艺复兴时期并未结束，在这期间产生的雕塑、绘画和文学等艺术创作，让它成为人类文明史上不朽的篇章。文艺复兴精神在其他国家广泛传播，影响巨大，意义深远。虽然意大利的诗歌沉寂了，但布鲁诺、伽利略的哲学散文著作中继承了民主思想，并使之不断发展，政治越黑暗就越能看出它的力量。布鲁诺和伽利略不仅是专门的学者，他们还凭借优秀的文学作品跨入了文学家的行列。伽利略认为地球是围绕太阳运转的，但宗教官员强迫他放弃这一观点，据说他当时叫喊：“可它的确就是这样转动的。”或许这个故事是人们编造的，但对于天文学、生命规律和文学中存在的生命主题来说，这句话可谓一语中的。

在17世纪，意大利出现的作者没有一个是世界公认的。另外，这个时期的歌剧中已渐渐改变了主要表演的方式，据说欧洲各国这时已经开始流行音乐和戏剧的合并表演，但意大利率先将它发展到背诵之外，而且，天文学家伽利略的父亲还是这种表演的先锋人物。在他的提倡下，1597 年出现了一部叫 Dafne 的悲剧，其中的音乐由雅科波·培利创作，后来，他又创作了一首叫 Euridice 的曲子，它被认为是第一部歌剧，至今保存完好。意大利的歌剧一般由嗜好艺术的人起头，然后经由专业音乐家发扬光大后流传到欧洲其他地方，歌剧在这些国家又得到了很大的进步，尤其是德法两国。不过，歌剧起源于意大利，而且得到了很好的发展。

马可·波罗

1254 年，马可·波罗出生于威尼斯的一个商人家庭。1271 年，他跟随父亲和叔父一起离开威尼斯，并经过了黑海和波斯，1275 年夏天，他们到达了中国元代的上都（今内蒙古多伦县西北），元世祖忽必烈不仅接待了他们，还很赏识他。马可·波罗先后在中国居住了大约 17 年，曾经到过的地方有现在的北京、山西、山东、陕西、甘肃、内蒙、新疆、四川、云南、江苏、浙江和福建等，并在江苏省的扬州当过 3 年的地方官，中间还去了缅甸。1292 年初，波斯的伊儿汗国派遣使节来中国求婚，于是马可·波罗奉命护送新娘到达波斯，他从海上经过苏门答腊、斯里兰卡等地后才到达。1295 年，他回到威尼斯。1298 年 11 月 7 日，威尼斯和热那亚之间发生了一次海战，他不幸被俘，被监禁在热那亚监狱。他在狱中口述东游见闻，狱友鲁斯蒂凯洛·达·皮萨则用法文记录下来，书名叫《世界奇异书》，后来统称为《马可·波罗游记》。全书分为 4 卷，描述了马可·波罗在中国居住时所进行的外交、贸易和行政管理等活动，还有中国、日本的地形和风俗等。它产生的影响包括，使欧洲人了解了东方、开辟了新的航线、发展了现代科学文化，另外，它也是研究古代地理学和亚洲历史的重要文献。

意大利在 17 世纪时没有大著作家；18 至 9 世纪也只有少数几个。文艺复兴时期，意大利将世人的目光从罗马转移到古希腊，由于意大利继承了罗马文化，因此使它成为欧洲的权威国家。当人们发现了美洲和印度群岛，了解的世界知识也因此增多了，于是地中海失去了西方水上贸易文化的重要地位，意大利也丧失了经济和文化上的崇高地位，继之而来的宗教改革运动使它的地位更低下。近代的意大利和中古时期相比，显然更不重要了，因此，意大利文学逐渐衰败了，而法国、英国和西班牙的文学达到了前所未有的最高峰。

THE STORY OF THE LITERATURE

第8章

19世纪以前的法国文学

对于那些能适当地选择它们的人,书籍是包藏着种种愉快的质素的。(蒙田)

一、散文

这一阶段，法国散文作品出现了明朗清晰的风格，原因在于，虽然留恋继承前人手法，但积极的思想使他们对艺术进行了大胆的创新。

蒙田和拉伯雷是文学史上最乐观、最富独创性的两名思想家，他们控制了16世纪法国文学中散文的发展。拉伯雷生活于1495年至1553年，也就是16世纪前半期，比蒙田早半个世纪左右，而且他们两人的性格迥然不同。拉伯雷放荡不羁、刚健雄劲；蒙田则亲切认真、善于进行自我批判。他是个不折不扣的学者，属于保守的古典主义，他非常鄙视那些只知模仿法国风格的作品，至于蒙田是否深刻了解他的前辈——拉伯雷的作品，现在已经无据可查了。他们各尽其能，共同推进了法国散文，英国的论文家和讽刺作家极大地受到了他们著作的影响。从近代作家身上依然可以见到拉伯雷和蒙田风格的余韵，尤其是作家阿纳托尔·法兰西。

拉伯雷

弗朗莎·拉伯雷这个作家曾站在中古时代的阴影里，他所表现的并非是一种类似于现代的精神，但至少不像中古时代那么受约束。文学上少见的天才人物就是诗人和令人捧腹大笑的幽默家，拉伯雷属于后者。两名幽默家具有不同的风格，心理学和哲学一直研究的主题就是他们之间的差别，对于这个问题，至今没有答案，因此我们只能用简单的实例来说明。毫无疑问，斯威夫特很了解拉伯雷，但斯威夫特的幽默多半具有悲剧性质，往往令人毛骨悚然，根本谈不上令人发笑；司各特和马克·吐温都经历过悲惨的生活，虽然他们性格严肃，但那些幽默总能让人在欢乐的气氛中发笑，拉伯雷也同样如此，他是个高明的幽默家。他创作的小说《巨人传》结构散漫，内容则描述了三个人奇特的冒险经历，这三个人是主人公巨人高康大，他的儿子潘塔·格鲁厄，还有无用的家伙帕尼兹，他在作品中的表现最引人注目，也最滑稽有趣。这三个人既存在于现实世界，也存在于虚幻世界，他们的冒险始终贯穿着小说，他们遇到了各种各样的人，比如学者、职员、牧师和律师等等，这些人会一一出现。满是幽默的内容如实反映了当时的所有社会生活，其具备的真实性几乎可以等同于人们信奉的喜剧的真实性。这些放肆的幽默的内容有许多和夸张、奢华有关。夸张是实实在在的，奢华则带有某种浪费的形式，最令人发笑的力量仅仅是重复，那些自发的、似乎源源不断而来的重复总是让人们忍俊不禁。虽然他时常显现出十足的轻浮，但偶尔也会表现严肃和真诚，有时还表现出忍耐和智慧；虽然他表现得粗俗淫猥，但他给我们留下的印象不是低俗，反而是直率坦白。

《巨人传》封面

拉伯雷曾经当过僧人，后来又做了医生，因此他用藐视的态度对待那些法衣代表的权力和地位。就如同大多数的优美喜剧，他用放荡不羁的讽刺、愚弄、嘲笑的外衣包裹了本质上严肃的东西，他总是用带刺的讥笑对待“披着法律外衣的猫”，如果在律师集会上大声朗读这些话，这种事情多么令人尴尬。他蔑视的态度惹怒了当时一些心胸狭隘的人，就是现在，他的不敬和粗鲁也让现代人觉得无法接受，但是，他和他所创作的主人公一样光明磊落，高康大式的坦荡的笑容令我们汗颜，如果一些心灵的弊病，比如伪善和阴险可以医治，那么他就是最好的医生。拉伯雷在作品中运用了丰富的词汇，许多词汇都是由他自创的，而且，作品中的想像力极其丰富，间或还穿插着奇特的比喻。17 世纪，厄赫特和莫托克斯翻译了拉伯雷的作品，可以说，这是拉伯雷的幸运或是我们的幸运，因为这些翻译家们真实再现了作品所具有的豪放力度和令人捧腹不已的奇特语言，同时也为英语的表现形式和手法增添了新的内容。

《巨人传》插图 1

人们常常因为拉伯雷而发生争论，比如，他的作品目的仅仅是作品本身，还是谴责了人类或影射了当时的社会，人们难以判断这个问题。即便如此，也没有人能否认他和莎士比亚、阿里斯托芬一样是个不羁的创造者。有些人认为他嘲笑教会的原因在于他本人是个清教徒，其实不然，他对清教徒的厌恶和僧侣主义一样。他要求的不过是宽容，但我们认为的宽容是承认个人应该屈从于无害的爱好，不用受到各种习惯的限制，除了习惯之外，任何东西都无法和他平列。他理想中的僧院是只要想结婚就可以结婚，只要是非破坏性或非社交性的自然倾向，都可以任意妄为。由于拉伯雷认为自己是一个“大惑者”，他在临终时曾说：“谢幕吧，喜剧演完了。”卡莱尔因此批评他缺乏真诚，这个批评十分严厉。拉伯雷终其一生都很诚实，他佩服自己的笑话，经常使用的口吻与语调是：“我的小

《巨人传》插图 2

朋友们，快乐吧！开心吧！”他在实体上、社会上和智慧上都具有对人类的真切同情心。他嘲笑物质带来的淫乱、愚笨、虚伪和迂腐，还有安逸导致的无能力，尽管这些事情普遍存在，但他观察生命之后又认为生命是美好的。他相信尘世存在着诱惑，所以我们可以理解他将自己称为大惑者，因为让我们相信这个世界比相信那些不曾见过、不曾经历的事情更困难。

厄赫特和莫托克斯的翻译已经成了英文经典，并多次出版。伦敦的一家出版公司发行的版本中附有考斯道夫·多雷的插图，完全反映了原著的神韵。摩黎的《世界文库》中保留了拉伯雷的小说删节本，它服务的对象是一些只想略读的读者。我相信，任何一个心智健全、有着良好阅读习惯的人，丝毫不会受到作品中的不良影响。审美能力和文学修养极高的学者柯勒律治说：“我应该写一篇赞美拉伯雷的作品具有高尚道德的论文。”如果真是这样，一定会让教士们目瞪口呆，让律师们叫苦不迭。但是，拉伯雷完全不需要这样的论文，因为他是一位杰出的文学家，最重要的是，那些具有非凡感染力的幽默能令读者捧腹大笑。

米切尔·西亚·得·蒙田(1533 年—1592 年)的论文十分著名，大多都围绕着细碎问题展开了无目的的讨论。文中的许多内容抄袭了古文学的东西，并和他个人的事业有关，同时，他用一种平静辩驳的态度对待任何事情，无论好坏都是同等评判。他缺乏热情，但他自己并不这么认为，相反，他觉得我们不知道区别好坏，并认为人类思想不能了解的东西就是生命。蒙田比较武断和学理的做法不仅极大地影响了法国思想界，还影响了法国文学的体裁，使其更加纯熟自然，没有失掉高贵的性质。他完全按照自己安静的性格来著书立作，不追求青年人向往的快乐。戏剧、抒情诗、短篇故事和小说的起源十分漫长，因此无法确知历史变迁中发生的事情，没有一个天才记载了这几种文学形式的创始人或者开山鼻祖，惟一具有明确日期和渊源的文学形式就是论文，它有

蒙田

一道明确的时间界线，之前的时间没有出现论文；之后的时间则源源不断地涌现出来。蒙田于1571年3月从喧嚣纷繁的世界隐居到自己的城堡中，从此开始了写作生涯，于是论文崭露头角了。蒙田可以说是第一个论文家，同时也是其中最伟大的，如果蒙田之前的亚里士多德、西塞罗的谈话录也可以称得上是论文，那么，从前用母语写作的文学家都应该是著名的论文家了，迄今为止，蒙田依然是公认的论文之王，依然可以在他的领地内向人们发号施令。

他说："我用笔和心灵交流，就像人们初次见面时的交流。"他还说："我用自己作为创作素材。"没有人比他的眼光更深远，站得更稳，也没有人比他的创作题材更复杂多样。《论文集》的目录所显示的知识几乎就是一部百科全书，蒙田将所有藏书中的内容全部消化成自己的知识。他在书中以兴趣十足、公平客观的态度分析了自己的个性，他是个怀疑论者，总是怀疑所处时代的各种事情，但对关于人性的各种说法深信不疑，以极宽广的心怀容纳了它们。其实，蒙田的矛盾也代表了社会和人生的全部矛盾，这些矛盾是一个从各方面观察人生的思想者不可避免的。蒙田这样评价自己："我不是哲学家。"不过，如果哲学仅仅定义为思想理论体系的科学，那么他的评价是真实的；如果哲学家所包含的意思中存在智慧超群者的含义，那么他可以当之无愧地称为哲学家。虽然他遭受着病痛的折磨和生活的考验，也依然坚强不屈，没有流露出丝毫的痛苦之意。艺术家约瑟·康拉德赞誉他是"不怨天尤人，坦然面对人生的楷模"。蒙田说："饶舌和语言组成了世界。"这句名言也由他开始一直"饶舌"下去了。

17世纪初，约翰·福罗利奥翻译了瑰丽的会话集锦《论文集》，福罗利奥是一名学识渊博的意大利教师，曾在牛津大学教授过法语和意大利语。这个最标准的英译本不仅使蒙田的作品成为了英文杰作，同时也让世人了解了这个以自我为中心，隐居于小塔中俯看世界的蒙田，孤独的哲学家蒙田成为最受英国读者喜爱的世界文学家之一。

应该没有人会将拉伯雷和蒙田当作"无名小卒"，对那些从小就读他们著作的法国人来说，这两个人永远不会落伍，他们就如同伊丽莎白时代早期的英国散文家，具有朴实亲切的风格和一条独创的艺术道路。法国的散文形式在17世纪得到了进一步完善，同时具备了更好的鲜明性和准确性。约翰·加尔文是一个著名的宗教改革家和神学家，他和拉伯雷属于同一时代。起初他是一名僧侣，后来转到法律上，当他进行改革之后就退休了，主要是为了避免麻烦。他还成为瑞士新教的首领，由于他能担保自己不犯错误，而且他蔑视天主教的教义，排斥大主教的行为，因此他采取了同样的行动，也就是迫害天主教。他用拉丁文创作了《律令》一书，后来又亲自翻译成法文，这是一部天才的作品。因为他具有坚定不移的决心和强有力的表情，所以他的理论非常彻底，不过，加尔文主义因此得到了讥笑：

你该而你又不该，
你愿而你又不愿；
你能而你又不能，
如果你不，就要遭天谴。

尽管加尔文的这部作品复杂而且自相矛盾，但它极大地影响了当时冥顽不化的知识界，另外，他将法语表达得更准确、更坚定，从而成为传达思想的利器。即使面对难以应付的场合，他依然泰然自若地演讲，不仅将自己深厚的文学功底表现得酣畅淋漓，而且演讲采用的文体已由从前惯用的拉丁体改变成法文体。他的作品《基督教的制度》虽然口气冷漠，但文章十分优美，让他脱离了神学的范围，显露出一个文学家的才华，而且，这部作品也给从事宗教研究的人们提供了很多方便。

17世纪初，让·路易·巴尔扎克为法国散文的发展作出了巨大的贡献，几乎可以等同于马雷布对法国诗歌作出的贡献。巴尔扎克的理想就是：让法国散文的韵律和思想深度变得更加成熟。他的愿望被一直延续下来了，因为法国散文家在古典时代这个“伟大的世纪”中，自觉自愿地迈向了巴尔扎克希望的目标，甚至连那些不知道他理想的散文家也是这么做的。成立法国学士院之后，巴尔扎克的这个理想则变成了衡量文体高下的基本准则。虽然西塞罗对散文设立了新而狭隘的标准，但它和演讲都没有对法国散文产生不利因素，因为当时天才辈出，这些天才人物能随心所欲地接受老师讲述的知识和思想，精神上也不会受到束缚。我们应该记得，随后的英国文学也受了法国的影响，出现讲究言辞而忽视思想内容的情形，但英国人的精神比法国人更不受规则的约束，自由倾向更为明显。

如果我们要判断一个思想家属于哲学、科学的领域，还是文学的领域，是非常困难的，因此普通读者没有必要分析这些问题，他们只需按照自己的喜好选择合适的学科书籍，这种阅读方法无疑是最好的。不过，对于本书中简略文学史所描述的法国人称为“美文”的散文，我们依然要划出一条大概的界线，以此来区分它和其他的文学形式。姑且不说戏剧、小说和民谣，仅仅简单论述一些哲学史，就足以洋洋洒洒地写出一本更浩大的著作。我们在划分这条大概界线时免不了出现错误的判断，以至于得出了模棱两可的结论，因此还是举实例加以说明，比如，柏拉图、弗兰西斯·培根和叔本华都是一流的哲学家，但他们同时也是一流的文学家；另外，还有一些具有文学之外的才能的思想家，比如阿伯拉德、托马斯·阿奎纳、康德和黑格尔等等，都可忽略不提了。对此我毫无异议，因为这些例子的确可以将我引入歧途。

笛卡尔和巴斯噶是17世纪的法国哲学家，他们同时也是两位超群出众的散文巨匠。勒内·笛卡尔教授哲学时采用的是法语，就像培根运用英语教授哲学一样，他的法语著作《方法论》堪称理论著作的范本，因为这部作品层次分明、条理清晰。他的散文特点仅仅表现了法国散文最普通的优点。我们没有必要讨论笛卡尔的哲学，这个问题还是应该留给哲学家们，不过，我们不能不提他的哲学核心思想。蒙田死后的一两年，笛卡尔产生了这种核心思想，他的哲学从“我思故我在”这一名句开始了，然后推论到上帝是否存在，最后由于宗教原因而归属上帝，当时的科学家都认为他已进入了一个出乎范围的地方。在他的哲学中，理由构成了思想，并非是至上的权威，所以他遭到了反对，只好逃往瑞典的一处避难所，最后逝世在那里。笛卡尔用自己求知的态度推动了现代科学的发展，并在很大程度上影响了当时及后世的许多思想大家，不过，牛顿的思想最后占据了他的思想领导地位，但他的作品重视理性和思考的力量，应该说比牛顿更占优势。他用科学的态度对待很多事情，而且使这种科学态度普遍存在于知识界。笛卡尔用简练的语言进行哲学创作，他和巴斯噶的许多作品都是用拉丁语完成的——至今仍有很多富于学识的演讲稿是用这种传统语言写成的。他的主要作品已经成了世界文化遗产的一部分，而且被翻译成英文和其他国家的文字，后世的法国思想家都将他尊奉为自己的学习楷模，甚至包括那些反对其哲学思想的人。

勒内·笛卡尔

笛卡尔崇尚理性主义，他认为所有的真理都来源于理性，但巴斯噶不相信理性——他比笛卡尔晚一个世纪——他认为，真理存在于人类的外界，我们凭借信仰就可以发展它，巴斯噶的这种观点被冉森派教徒视为异端，因为冉森派的主要目的是改革天主教会，所以他们攻击所有的基督教徒。我们并非对这场古老的战争感兴趣，而是由于这场战争引发了巴斯噶的《管区书柬》和《冥想录》。这两部著作给人们带来了很多关于神学的议论和宗教的冥想，因此得到了很高的评价。巴斯噶的文章华丽、热情洋溢，表现了雄辩之美，而且他善于创作惊人的警句名言，如果摘录书中的所有名句，可能类似于一篇很长的文章。他说："人们对那些平易自然的文体是极感兴趣的，因为他们期望能从中观察出作者的个性。"伏尔泰十分欣赏巴斯噶，他在《管区书柬》的评价中写道："所有的雄辩都尽收其中了。"或许，巴斯噶赞赏的蒙田也会同样赞赏他吧。

在古典时代中，著作数量最多、最有活力的散文家就是波绪尔，他精力过人，曾当过教师、牧师和僧侣，这些勤勉的经历为他奠定了法国文坛领袖的地位。波绪尔凭借自己的很多辩驳文章、演讲和传教才获得了法国文学研究者心中的重要地位，并不是因为他的作品。尽管历史上的人们不太重视演讲——它也是一种文学形式——但波绪尔堪称一个天才演说家，不管是攻击剧场弊端、驳斥异教徒、宣扬新的天主教义，他采用的方法都能取得非凡的效果，演讲极为雄辩。他个性鲜明、多才多艺，不是沉闷、呆板、顽固的宣教者、教士和玄学学者。虽然他言语尖刻，但不失公平，他的文体兼具了崇高庄严和亲切朴实的风格。

菲隆是一名来自卡莫布的僧人，他也和波绪尔一样是个演说家，不过他的演说力量比波绪尔的要微弱一些。另外，菲隆还很善良，他写作的目的有两点：第一，服务自己的职业；第二，阐明自己的观点，包括教育、道德和宗教。如果读者不太了解天主教的历史，那么应该记住：出自于宗教全盛时期的人才多半是僧侣出身，比如我们见到的意大利画家总是穿着僧衣，而不是画室工作服。当时的内阁总理由主教担任，市民们收藏的书籍都是各级教士的著作，包括散文、诗歌等等。当人们逐渐减弱了宗教热情之后，那些僧人出身的艺术家和文学家才开始受到重视，他们的作品才成为杰作。菲隆在《圣徒的格言》中阐明了自己的信仰：我们应该在和神的关系中忘记自身，我们是耶稣的罪人，应该为他和全人类赎罪，但是罗马教廷不允许菲隆的书出现，因为波绪尔反对他的宗教思想。我们不想分析他们争论的价值，但他们都在文学史上占据了不朽的地位。法国皇帝英诺森十二世曾经评论过菲隆，他的文学著作中有这样两句意味深长的话：菲隆的错误是太热爱神，波绪尔的错误则是太不喜爱菲隆。虽然是句戏言，但也不乏哲理，菲隆的确非常热爱自己的同胞，他在《托雷马科故事》中用寓言描绘了一幅理想社会的情景，率先说出了 18 世纪中自由主义者和民主主义者的梦想。

当然，在 17 世纪，并不是所有的散文都是学识渊博的僧侣所创作，还有一些出色的散文家出身于其他阶层，其中就有律师拉布律耶。他的著作

舍芬耶夫人的沙龙

《品性》描写了当时社会中存在的各层面的典型人物，揭露了各方面的隐秘之处，它的风格模仿了希腊的哲学家提奥福拉斯塔，但取得的效果则是青出于蓝而胜于蓝。拉布律耶的文笔非常犀利，因此惹恼了当时的人们，但他的目的并不是想暴露同胞的肤浅和鄙陋，而是为了探讨大家所感兴趣的人性问题。另外，他的格言、讽刺诗充满了智慧和深刻的寓意。

才华出众的格言作家拉洛士弗科具有非常敏锐的感受力，他最重要的思想之一是：人类所有行为的出发点就是利己主义。他并非对生活持有讥笑的态度，因此没有得到“讽刺家”的称号，经过了两个世纪，他的许多格言至今依然保持着旺盛的生命力，虽然他的格言并非适用于各个时代，但睿智的警句总是层出不穷，比如“我们都有能力承受别人的不幸。”不过，拉洛士弗科的天分比拉布律耶稍逊一筹，而且，生活中的失败最终将他击倒了，他变成一个意志消沉的人。

古典时代，妇女们活跃于政治舞台和文学天地，除了教育会受到某些条件的限制，其他方面则自由得令人咂舌。一名妇女不管接受了何种程度的教育，只要其才华出众，总能在自己的居住地拥有庞大的势力，如果是高雅女性主办的文学沙龙，其具有的文学影响力更不用说。当时的文坛涌现了几位出身于上流社会的著名女性。

舍芬耶夫人是书信作家中的“王后”，在女作家中产生的影响也是最大的。舍芬耶夫人的早年生活十分不幸，完全被悲哀和绝望笼罩着，但她的个性坚强、头脑冷静、心胸宽广，因此对待生活的态度旷达超脱。舍芬耶夫人仅仅用书信记录了生活中的琐事以及一些对文学和政治看法，但是，她严谨地挑选了写作的材料和表达方式，并非随心所欲，就像女人挑选新衣服的质地和款式那样仔细。她的书信从一定程度上反映了当时的贵族生活，同时表现出正直的个性和复杂的内心世界。

另一个具有文学天赋的女性是蒙特农夫人。出身低下的她最后成了国王路易十四的王妃，事实上，她在三十多年的时间里拥有女王般的实权，但她从不干涉国家内政。她充分利用了自己的智慧，协助国王处理过不少事务。蒙特农夫人似乎天生就了解青年人的性情，因此采用了明确的实践方法，比如她曾在自己的府邸开设私塾。另外，她还写了一些和女性教育有关的优美文章，这些文章详细记录了当时的政治和社会生活，具有非常重要的价值。

舍芬耶夫人

尽管舍芬耶夫人和蒙特农夫人的目的不是成为大师，但她们具有的文学才华使她们浑然不觉地跨入了重要作家的队伍。拉法麦脱夫人从本质上说，也应该算是个文学艺术家，不过她的文学地位比前两位稍低一些。拉法麦脱夫人的小说《克理普斯的公主》是第一部忠实于现实，并由女性创作的作品，它的题材完全来源于生活，和从前的虚妄冒险传奇不同，因此内容显得真实可信，而且语言朴实自然，没有刻意雕琢的痕迹，虽然拉法麦脱夫人功底还欠火候，但她依然用追求真诚的执著为后世法国小说家提供了借鉴作用。

小说直到18世纪才开始繁荣昌盛，其他文学形式则背离了优良传统，思想家同时也是演说家和论文家。尽管18世纪是注重理性的时代，但它也免不了存在轻浮和浅薄，而且重视理性思辩的结果是对文学产生了两大利弊影响：小说开始逐步健全，但诗歌原有的独特风味被破坏了。这个阶段的小说家最初都从事戏剧或故事创作，其中的出色人物是勒萨日。勒萨日的成名作《纪尔布拉斯》讲述了一个流浪汉的冒险传奇故事，引人入胜的冒险经历超过了他的情感纠葛，主人公的模型是西班牙人，背景也设在西班牙，但小说的风格完全属于法国风格，人情味极其浓厚。小说面世之后立刻风靡了整个欧洲，另外，它在英国产生的影响远远超过了法国，因为勒萨日在法国后继无人，而海峡对岸的英国有很多人的创作都受到了这篇小说的影响，其中有翻译它的作者斯摩莱特，甚至还有伟大的艺术家菲尔丁。

另外，维·蓓普勒夫的小说《曼依列斯科》也是一部不朽的浪漫主义作品，它的题材风格已经初具小说的标准模式。热烈哀怨的爱情故事具有一定的现实意义，文风质朴犹如浑成天然，世界各国读者在它发表两个世纪后的今天依然会为之洒一把同情之泪。

法国的诗歌和小说在18世纪极为繁盛，它的思想同时也很活跃，涌现了4个伟大的思想家，他们是伏尔泰、孟德斯鸠、卢梭和狄德罗。他们用各种各样的形式阐明自己的观点，常用的方式是哲学著作或论文，另外，他们为了反抗现有的社会制度，也采取了各种手段，这些手段和方法形成了庞大的思想体系，成为后来法国大革命的思想启蒙者。

这个理性时代的文学很少描写人类和社会，更多地表现了思想，但是，创造和批评的能力依然不减当年。多才多艺的拉·塞治（1668年—1747年）是一个短剧家和翻译家，但他的两部故事《跛脚魔鬼》和《希尔布拉斯》给人们留下了深刻的记忆。它们的主人公和背景都取自西班牙，某些情节也出自那里。《跛脚魔鬼》讲述了一个少年具有命令魔鬼的能力，于是他让魔鬼移开人们的屋顶，从而发现了各种秘密；《希尔布拉斯》则讲述了一个青年从出世后就要依靠智慧度日的故事，它的人物、情节以及表现手法都和《跛脚魔鬼》一样变化无常，因此显得很有趣，即使书中出现了讥讽人类的幽默也表现得饶有趣味。

18世纪的文学主旋律是伏尔泰，这个时代的人们乐于批评别人，不仅是宗教信仰显得落伍，其他信仰也无法依靠习惯和兴趣而存在。政治观念受到了猛烈的抨击，孟德斯鸠（1689年——1755年）和当时的很多人一样，被英国的思想和政治所影响，于是创作了《波斯人信札》和《路斯之神明》。

孟德斯鸠

这两部著作尽管内容比较温柔，但它攻击的矛头显而易见，就是当时的社会制度，结果让人们更加不信任法国政治的效率和公正，这种不信任的态度埋下了法国大革命的种子。

孟德斯鸠介于卢梭的空想主义和革命主义之间，属于自由主义的改革者，他并不反对本阶级所拥有的特权和地位，因此，从根本意义上来说，他是个保守的贵族。孟德斯鸠凭借《波斯人信札》一举成名，当时的声望仅次于伏尔泰。该书揭露并讽刺了国家、教会、社会和语言文学的种种弊端，语调轻松但富有智慧，这一点在他后来的作品中表现得更加明显。孟德斯鸠是政治学的先驱之一，而且他深入细致地研究了历史和法律，并成为这些方面的专家。他创作的《关于罗马国民的荣华和衰退的考察》在一定程度上影响了深受法国文化熏陶的吉本，因为孟德斯鸠接受的教育包括一部分的英国文化。后世那些天才历史学家和吉本都尽力避免的一个特点就是以偏概全，但孟德斯鸠偏偏具有这个特点，因此他的很多历史观点遭到了历史学家的反对，但是，这些历史学家同时对他的新颖观点产生了极大的兴趣，就如同一般的读者，进而兴致勃勃地体会他讲述的历史事件的前因后果。孟德斯鸠的著作不仅表明了自己的各种思想和观点，而且通俗易懂，他创作的《论法的精神》是一部不朽的杰作，其中涉及的范围有法律、社会和国家机构，甚至还有古代至近代的各国风俗研究，其范围之广大概需要10个不同专业的学者仔细研究，由此可见孟德斯鸠是天才的历史学家。

18世纪的人们不仅具有空前丰富的知识量，而且对很多问题能大胆自由地充当权威，同时，他们也认识将现存知识分类的必要性，这些知识需要修改，需要扩大，也需要变得更通俗易懂、平易近人，但达到这个目的就需要天才人物的智慧。学问也需要怀疑者，于是《百科全书》的编纂者应运而生。其实，以前也出现过编辑各种学问字典的人，但本世纪中叶突然出现了一个崭新的、更有势力的人来从事这种事业，他就是思想自由、狂放不羁的文学家狄德罗(1713 年——1784 年),卢梭、德·阿兰贝耳和另外一些人都和他有来往,但只有狄德罗反对基督教和独裁君主制,并付诸行动。笛卡儿认为,基督教徒的信仰应该以知识作为依据;《百科全书》的编纂者们则认为,知识应该排斥虚伪的宗教、王室的要求,还有贵族的权利,但是,后者的态度不如反宗教的态度那么坚决,因为狄德罗接受了俄罗斯凯瑟琳大帝的保护,以此来避免严厉的迫害,他拜见她时还接受了补助金。

可以说,狄德罗对于编纂《百科全书》功不可没,《百科全书》后来又经过了多次扩充,它汇集了科学、文学以及各方面的知识,是很多杰出、非杰出的思想家的智慧结晶。尽管狄德罗对编纂《百科全书》有功,但他传世的功勋在于论文,这些独创性的思想才是他成为一流文学家和思想家的基础。他的论文中有天才的鸿著,也不乏草率之作,应该说良莠不齐,风格类似于百科辞典。狄德罗用改革者的姿态面对所有的社会问题,他的作品中和基本哲学思想中也体现了这种大无畏的精神,以及敢于揭露一切的勇气。他的哲学观和当时的多数思想家一样崇尚自然主义,他认为,自然是万物之源,也是思和诗歌的源泉,同时,他的哲学思想比卢梭的自然主义更富有理性,不具备纤柔伤感的特质,也缺乏诗意。他的作品《拉摩的侄儿》堪称杰作,是一部讽刺幻想主义的小说,歌德将其翻译之后在欧洲广为流传,不过,他在艺术上取得的最高成就并非是这部小说,而是那些机敏聪慧的谈话,它们充分显现出了狄德罗的天才。

狄德罗

在 18 世纪的科学作家之中,最伟大的人物是布丰(1707 年—1788 年)。由于他是牛顿和培根的学生,而且创作了很多关于自然史和与之有关的著作,因此,他当时的社会地位已经很高了。虽然现在的人们仍然认为他是科学上的先锋,但因为他太过骄傲,以至于所有的著作都充满了浮夸的味道,完全违背了科学的平静态度。

布丰是一个专业的生物学家,同时也是研究动植物、矿物的学者。他的自然观区别于狄德罗，观察自然的心态更平静，爱默生的话可以形容他心目中的自然，就是没有报怨“渺小的人类，你为何对我如此激动？”当时的风尚是：许多人对于自然过度热衷或者假装热衷，随之而来的铺天盖地的作品未免有失偏颇。另外，他致力于发现自然界中存在的所谓的秩序，并加以阐述，和现代那些在野外或实验室的研究学者不同。不管科学界对他的《博物学》作何评论，它都应该是一部文学杰作。

伏尔泰

18世纪，法国最伟大的文学家并不是伏尔泰（1694年——1778年），但他无疑是最出名的。约翰逊评价哥德斯密的语言对他也很适用：“文学中很少有他没有搜索过的，被他接触到的很少没有经过他的修饰”。不过，伏尔泰修饰作品时注重的是表面的辉煌，而不是深奥的思想或深切的情感。他成功地创作了各种各样的诗、剧本、历史、小说、论文和信札。他性格幽默，但骄傲自大、好争论，因此常常遇到麻烦，年轻时是监狱的常客。有一次他被释放了，但条件是离开法国，于是他去了英国，在那里呆了三年，后来又去了德国，成为普鲁士腓特烈大帝的门客，但是，对于这个尊贵的主人和钦佩他的人，他依然谩骂不休，只得再次逃走。不过，他受到了英国的政治自由和哲学思想的深刻影响，从而开始仰慕莎士比亚的某些特性，虽然他将这个戏剧大家称为疯子，原因在于他具有法国人天生的，并经过后天训练的爱好形式逻辑和规律的特性。他没有受到法国文学的影响，因为他的观点和腓特烈一致——认为法国文学粗俗而野蛮。

他有意地、巧妙地攻击了伪善的宗教，任意妄为、专制的政治，还有社会、人类的缺点。这种攻击和批评有时过度，有时却不足，而且他这种攻击宗教的敌视态度使我们误会他宣扬罪恶，尽管伏尔泰属于激进派，但我们不能因此认为他具有改革思想。他用表面的辉煌和装饰技术掩盖了内心的缺陷，他并非大思想家和诗人，仅仅是透彻地观察了生命，因此他具有的力量是理智，而不是道德。伏尔泰没有巴斯卡尔的彻底，也不具备拉伯雷的同情坚忍和卢梭的伟大信仰以及感人力量，他甚至没有达到科内伊对于责任的严格，但他的文学技来超越了所有的人。他总是只注重表面情形，并常常因为这个原因犯下了根本性的错误,因此有人认为他想摧毁迷信和轻信,以及社会和政治存在的不公平。如果说伏尔泰是哲学家,那么他无法让人们感动,但是,他用许多文学技术给人们造成了极大的影响,很少人能做到这一点,也没有人像他如此卖力,而且,这些影响可以说有利而无大害。人们总是因为被迫思考而深受其害,所以,虽然伏尔泰的思想不深刻,但总比不思考要强。

博学多才的伏尔泰几乎尝试了所有的文学创作形式,他经历了 18 世纪四分之三的时间。他创作的作品贴近生活,深刻地领悟了人生,比如戏剧、诗歌、讽刺小说、历史等等,这一切都让他成为那个时代的缩影。而且,他的生平比其著述更引人注目,这一点倒有些类似于约翰逊博士。尽管伏尔泰一度成为普鲁士腓特烈大帝的座上宾,但他一生中很少屈服于政治、宗教势力,人们都认为他是反基督者,其实,他的真正意义与其说是要反对基督,倒不如说是为了抨击文化知识的独裁与专制。当时的批评家都十分佩服他的机智,就连后世的大批评家,比如卡莱尔也为之困惑。伏尔泰浩大的著作中能引起我们兴趣的是他的散文,很多作品被翻译成了其他国家的语言,而且,法国后世的散文家也从中受益匪浅。人们能从《查理十二世》中感受到他的真诚;能从《戆第格》中体会到他的乐观主义精神和喜剧讽刺般的风格;能从他的书信中把握到思想和个性的强弱变化。

尽管多数人认为让·雅克·卢梭(1712 年——1778 年)的言论完全有害,少数人则认为不过是恶作剧,但人们对他的评价依然是基督以后最具影响力的人,另外,我们无法判断他对个人产生了多大的影响,但似乎已经达到了最高程度。让·雅克·卢梭是一个说法语的瑞士新教徒,他从家里逃跑后曾做过好几年的奴隶、流氓甚至坏人,但他一直努力学习,最后成名的原因是 38 岁时写了一篇获奖文章。这篇文章的观点是,艺术和科学并不能使人类进步,反而破坏了人类,他认为财产制度和贸易存在着罪恶,并赞赏野蛮生活的纯洁,我们由此可以看出他思想中存在了无政府主义的萌芽,不过,他的工作不仅仅是想提出一种新的经济福音。他在《社会契约论》中提出了人民至上主义,由此奠定了革命的基

卢梭

础，他还创作了一部关于教育的小说《爱弥儿》以及《埃罗伊斯短篇小说集》，但《埃罗伊斯短篇小说集》中的故事不健全，充满了辩论、热烈和野性气息，而且缺乏创造力。不过，这些并不是所有的作品，他还作了一部《忏悔录》，他在书中承认自己曾经怯弱、残忍、没有理性，而且怀疑自己是否捏造或夸张了曾经的低贱。

卢梭具有非凡的表现力和不可动摇的信仰，尽管有些信仰显得很可笑。如果二错不能变成一正，我们就应该知道他所辩护的事和反对的事情。每个人都明白，文化是人为的，充满了不平等，尤其是18世纪的法国。虽然卢梭过分夸大了自己的事情，但他能提醒我们注意一些最起码的事情，比如自然；政府内部的基本工作；简单坦诚的教育；第六感的重要性；以及被禁止的习惯等等，而且这些事情常常被我们所忽略。卢梭在思想家中不能算非常聪明，但他具备诚实、善意、深刻的特性，对于约翰逊博士的论述，他这样解释："地狱是善意构成的。"不管怎样，人们认为卢梭是浪漫派文学的主要倡导者，他赞成这种病态倾向，而且还造成了疯狂的法国革命。

卢梭和伏尔泰属于同代人，但前者更为年轻。如果伏尔泰称得上是"天生我才"的幽默家，那么卢梭则是情感美学家，他用感伤的方式对抗着现存的社会制度，但同时也充当了一场政治运动——法国大革命的预言家，他激昂详细地阐述了革命的动机和目的。当然，法国大革命并不是他或其他人引发的，但不可否认的是，美国革命的预言家们也借鉴了他的思想，比如杰斐逊，这个事实不容反驳。如果将卢梭的部分思想运用于当代社会，显然已经落伍了，但另一部分依然保持着强大的生命力。如果从经济学的角度看他的《社会契约论》，这些哲学思想永远存在争议。卢梭向往古希腊和古罗马，并持有"人性本善"的观点，他认为人们堕落的原因是社会制度不合理，从而扭曲了人性，因此他主张"回归自然"。由于他有"人性本善"这一思想作为基础，又通过《爱弥儿》表明自己的教育思想：应该给孩子自由，不要用过来人的知识和阅历去干涉他们，应该让他们任意发展自己的思想和行为。卢梭还创立了优美感伤的小说类别，比如著作《新爱洛绮斯》中的善良人性和美好自然相辅相成、和谐优美，但遗憾的是，他后来创作的小说中具有沉闷、可怜的虚伪，最终连累了这个艺术成果，成为平庸之作。卢梭于晚年创作了自传体《忏悔录》，它最主要的价值是：在最低限度上告诉了世人作者所具备的性格和品质。

二、诗 歌

法国的抒情诗人为诗歌创造了各式各样的体裁，使它成为纯粹的技巧，从而置感情和诗意于不顾。诗歌由于过度关注形式而束缚了思想，这是法国诗歌的局限，但同时也成为它的独创之处。

15世纪之前，法国的抒情诗人为诗歌创造了各式各样的体裁，使它成为纯粹的技巧，从而置感情和诗意于不顾，但这种情形也有一些好处，因为15世纪涌现了天才诗人，查理·德·奥尔良、弗朗科斯·维隆和克雷蒙·马鲁就是其中最出色的三个人。

查理的歌声并不新奇，反而充满了真实。虽然诗歌的形式和内容都带着浓厚的中世纪贵族气息，感情也不够强烈，但都是肺腑之言，依然具有感染力。他对女人的殷勤显得非常自然，“春”之歌也是真诚的。尽管他不是著名的历史人物，但曾经当过英国人的俘虏，而且在不列颠海岸抒发了对法国的乡愁，因此人们不会很快忘记这个诗人。

弗朗科斯·维隆则和查理形成了鲜明的对比，他的时代更晚，也更伟大。维隆是个浪荡子弟，不仅做过流浪汉，还当过小偷，除了进过几次监狱之外，他的脖子还多次被套上绞刑架的绳索，由于他具有一些诗人的特性，于是他的保护人将他送进了学校。有一次他杀了人，最后被定为强盗罪，于是他用诗歌忏悔了自己的欺骗行为，这首诗就是著名的《绞刑架之歌》。维隆的一生非常卑贱，但他留下的诗作表现了不同凡响的描写能力和卓越的技巧，而且语言也极具情感，体现了他的多愁善感，这里列出一句维隆的译文，“去年的雪在哪里呢？”近年来，他的作品开始流行，也许因为他在看待事物方面和我们有着相同的观念和喜欢具体的嗜好；另外还因为他的作品真实，巧妙，有声有色地表现了诗艺；还有，由于不能实现某些事情或一些昙花一现的短促事物表现出的情感烦恼。中古时代的诗歌注重体裁和概况，但维隆表现了自己的个性和特点，和那些虚构而抽象的前人相比,他的诗艺有了极大的进步。尽管维隆在文学史上的地位很重要,但他今天得到的盛誉已经超过了他应得的,原因在于他的材料和态度引起了我们的关注。其实,我们对他所知甚少,他在前代宫廷诗人所创的诗歌形式中融入了自己的人格,从而让这些诗歌形式充满了“前无古人,后无来者”的生命力。

直到 19 世纪,我们才从法国诗歌中看到维隆的其他哀怨作品。另外,近代的英国诗人为他的诗歌形式和精神所倾倒,史蒂文生在《对人和书籍的亲切研究》中极为仁慈地批评了维隆,而且他以维隆的一生作为题材创作了《宿夜》,这是一篇带有空想意味的短篇小说。史蒂文生还写了一篇很有价值的论文,是关于查理·德·奥尔良的。

《绞刑架上之歌》插图

我们综览中世纪的法国诗歌时发现了克雷蒙·马鲁,他是维隆的继承人及编纂者,这名诗人富于近代风味,并将我们带入了 16 世纪。他的优秀诗作具备的魅力在于轻快的感受,尽管这种诗很单纯,但它犹如布料上精湛的刺绣,写起来并不容易。他的显著特点有精致轻松的形式和日常生活语言的运用等多方面,这些独特之处还出现在奥斯汀·朵希生的作品中——他是 19 世纪的英国诗人。近代有一些人喜欢自然精巧但不伟大的诗歌,他们都喜欢马鲁的作品。

接着,出现了模仿古典、净化法语的新诗人,马鲁便隐匿于他们的“影子”之中。这些强有力的新诗人是文艺复兴导致的后果,他们从古典作品和意大利文学中汲取养料,并向法国输入了意大利的短诗。他们致力于脱离法国诗歌、使法国标准化的事业,并竭尽全力将法语推到希腊语的高度,最后可以说成功了,至少人为地巩固了法语的地位,法国诗歌也脱离了现实生活的重要部分。他们创造的法国古典诗一直延续到 19 世纪,当“自由诗”出现后才取代了它。他们还仿照七个希腊诗人的做法自称为“七耀星”，其中最重要的两个人是约翰希谟·德·柏雷和皮耳·法·龙沙。虽然他们的作品并没有流传两个世纪，但对法国诗歌的形式起到了决定性的作用，而且，他们的作品流传到英国，推动了英国的文艺复兴运动。约翰希谟·德·柏雷的作品《罗马的古迹》曾由斯宾塞翻译过，很明显，伊丽莎白时代的诗人对他们非常熟悉。这些诗人极其注重诗的修饰，明显表现出盲从法国诗歌的形式主义，不过，他们也具备真挚的情感，如果有人认为法国诗歌平淡、流于形式，那么他应该阅读一下约翰希谟·德·柏雷的《子犬墓地》，这首诗从风格和寓意上看，十分类似19世纪的诗。虽然16世纪的诗仿古气息浓厚，显得不太自然，但它表现的情感更胜于20世纪之后的冷淡无情的理性诗歌，诗人兼批评家马雷布为理性的法国诗歌做出了特殊的贡献。当我们阅读他那毫无生气的诗时，简直无法想像他究竟产生了什么伟大的影响。近代人只有通过冰冷的玻璃才能感受到查理·德·奥尔良、维隆和马鲁的温暖。

通过这些法国诗歌的概述，我们多少可以了解一些近代诗歌。实际上，人为的努力造就了诗的韵律和音节，但诗歌同时也是自然造就的结果，如果人们单纯的目的就是为了歌唱，那么歌唱者就可以对诗艺一窍不通，因此，诗歌应该从源头上一分为二，也就是自然、通俗的诗歌和艺术、文学的诗歌。而且，即便是文学味极浓的诗歌，也不能缺乏生命的自然律动，最完美的诗歌应该综合了“自然”和“艺术”两方面的因素，但这两个概念都不清晰。最容易出现的毛病是：过分关注诗歌形式，最后付出的惨重代价是束缚了思想。法国诗歌就曾经出现过这种情况，编纂《牛津法国诗选》的作者说：“追求形式的热情……这个幽灵在诗的背后骑着帕加萨斯呢。”这个原因解释了为什么那些语言精美的法国诗歌不能打动我们。

近代最伟大的英国诗歌几乎都具有严谨的结构、优美的形式、自然流畅的韵律、质朴真诚的语言等特点（这些作品是欧洲批评家会一致确认的，不会局限于所谓的“语言上的爱国主义”）。但丁就巧妙地结合了普通的俗语和复杂的诗歌，但我们发现，但丁之后的诗人们又出现了同样的弊端。18世纪的英国诗歌也或多或少地受了法国诗歌的影响，开始注重形式多于内容，直到18世纪末才恢复原有的自由，并在此后150年之间始终保持着，所以，不论谁创作的“自由诗”多么美妙，多么令人震惊，它在英国都不算新鲜。而法国的民谣即便处于歌德率领的古典时代也从来没有丢失过优良传统。歌德借用了荷马和维吉尔的六步韵句，并成为整个欧洲了解古典主义最深刻的人，他的具有法国风格的抒情诗将两种艺术——丰富的内容和神圣的音乐结合在一起。俄语和匈牙利语中也存在着同样的结合，但是，如果想让我们承认这个事实，只能依靠信仰或权威，因为我们很容易听到世界上的“新娘”的声音，却很难听到母语这个“男性”的声音。人们都认为用母语创作的诗歌最自然、最优美，如果由真正的诗人来歌唱它，就更加相得益彰了。我们对文学产生兴趣的原因有两点：一是因为它具有趣味性；二是因为有某些外界力量引发我们的兴趣。这两者在一定程度上存在着差别，如果它们的区别并不十分明显，那我们可以这么说，英国诗代表了英国的音乐，而且，因为英国没有出现一流的音乐家，所以音乐变得既通俗又具有文学艺术气息；也可以说，德国诗歌能达到辉煌的高度是由于凭借了音乐的力量，但它依然具有通俗的形式和风格，即便是那些精雕细琢的诗人创作的诗歌，也仍然在大众艺术的范围之内。但是，法国诗歌不是如此，它们多半是精美考究的艺术作品。虽然法国诗人的思想很积极，也勇于创新表现手法，但他们害怕失去平衡，对继承前人的风格抱着很虔诚的思想，因此不能不说是个局限，但同时也成了它的独创之处。

三、戏剧

法国戏剧中的喜剧光芒四射，虽然它和法国诗歌一样出现了注重形式、束缚思想的倾向。

法国短剧的来源是讽刺现实生活的流行滑稽戏，以及教会发展的有关神异、道德的剧本，另外，后人模仿了塞内卡的悲剧，忒勒斯和柏拉图的拉丁文作品，因为这些作品非常著名，这些因素造成了很大的影响。由于塞内卡具有学者的名望，因此直到文艺复兴，他才巩固了自己的势力。亚里士多德曾经指出，一部剧本必须具备时间、地点和动作这三个要素，我们不仅要认可这个规定，还应该严格地执行它。时间因素代表了动作在24小时之内的所有表现，地点因素代表了不得变动景象，既然观察方式如此简单，那么动作就不如时间、地点那么容易了，而悲剧要表现的仅仅是高尚的人格和伟大的事情，于是古典派悲剧的故事逐渐演变成惯例的、修饰的、描述的形态，而不是以动作表演为主。直到现在，法国戏剧仍然存在着流于形式主义的倾向。不过，法国人天生就有这种舞台技术，即使他们处于这种受限制的环境，依然能够创作出许多作品。

整个欧洲的戏剧都有两个源头，法国戏剧也不例外：一是来源于希腊文学和拉丁文学，二是出自民间。大众戏剧取材于道德说教、圣经故事、古怪神秘的事情以及善意的笑话，表演方式是单纯的对话。这些中世纪的戏剧没有引起16——17世纪的法国作家们的兴趣，他们关注的是那些对古典剧进行的移植和改编。

皮埃尔·高乃依（1606年——1684年）的一生几乎横跨了整个17世纪，他是法国最早的悲剧诗人，为推动法国戏剧的发展作出了显著的贡献。他流传的剧本共有三十多部，有一些在当时就取得了“立竿见影”的成功，还有一些作品至今活跃在法国舞台上。他描写的高贵人物和反射诗最为成功，整齐圆滑的作品使他可以并列于希腊悲剧家。希腊悲剧家用自己的方式创作的作品能让我们浮想联翩,并对那种境界产生留恋,但高乃依采取的方式是人为的、强迫的依从。他用紫色填满了演说的空间,但独立的紫色无法发生改变,而他由于工作的限制,很难用一般的颜色去改变最深的颜色。据说路德的书几乎可以等同于战斗,高乃依的言词则更加适当,没有什么偏激,采用有力或快乐的表情使他的诗产生了同样的动作和效果。如果他没有受到主观规则的约束,就可以利用强有力的语言来变换背景,从而达到一种富有音韵的文学效果,就像莎士比亚一样,但他没有这样做。尽管高乃依创作的戏剧中有 8 部取材于古代题材,但他绝没有照搬古典戏剧。最流行的《头目》取材于意大利,它的主人公是个西班牙队长,一半是真实的,另一半则是传说,我们曾经在中世纪的浪漫传奇中见到他。当时,高乃依的作品惹了很大的麻烦,很多诗人和批评家都开始攻击他,其中也包括黎塞留,但是,这种攻击没有收到任何效果,因为民众喜欢他的戏剧,如今,高乃依的剧本已经被翻译成欧洲所有的语言。我个人的观点是,这部作品对古典戏剧形式产生了或好或坏的影响并非一个大问题,而且戏剧的活力并不是文体,而是文体所表现的浪漫传奇的主题。我还认为,众多伟大的、能够打动我们的戏剧和故事都是以它们本身具有的精神力量走出了评论。高乃依创作的戏剧有场景、有动作,结构条理清晰,人物性格有始有终地发展,这些天赋足以将他打造成一个天才悲剧家。他深刻地研究了人性,尤其是人的内心冲突,他如同莎士比亚,始终保持着诗人高度的技巧和品位,更重要的是,他使诗变得自然,等同于人们的口头言语,我们能从《辛拉》、《贺拉斯》和《罗多格》多部作品中听到优美的曲调。他的作品中也存在一些平淡乏味的,用现在的眼光来看,他的一些作品并不太重要,但当时的法国大众早已赞不绝口了。高乃依的古典戏剧之后出现了更热情、更具色彩的浪漫主义戏剧,以及贴近生活的现实主义戏剧,但是如今,很多古典戏剧都已经谢幕了,但高乃依的出色著作依然存在着永恒的价值,虽然他的作品并不是全部值得一提。

法国的另一位悲剧大家是拉辛(1639 年——1699 年),他继承了高乃依的风格,并成为高乃依的年轻对手。卡莱尔说天才也分为阴阳,那么拉辛更接近前者,他的模仿能力超越了创造能力。拉辛是国王的宠臣,很多情况下,他们的主人公凭借世俗的特性和智慧享誉文学界,他也是其中的一个,他不迎合世俗的偏见,不巴结当时有权有势的人,很多法国弥尔顿也采取了和拉辛一样的做法,所以他们毫无名望。虽然拉辛是个著名的悲剧家,但他最著名的作品反而是喜剧《讼棍》,它模仿阿里斯托芬的《黄蜂》,这首诗讽刺了一个喜欢诉讼的人。他的悲剧都与“叹息和悲愤”有关,即爱情和奇观。高乃依的诗句虽然不完整但感人，拉辛则和他不同，他的诗句都很严谨，并经过了精心修饰，缺乏雄壮的气魄和严正的道德，但是，拉辛明白自己的长处所在，因为他有自知之明，也自然完整地观察过生命，因此确实出版了一些有道德和知识价值的剧本，他的《安德洛玛克》和《弗德尔》具有希腊、罗马风格；《比斯尹》和《亚他利维》则具有圣经风格。他以优秀的文体赢得了世人的称誉，法国人认为他的文体热情感性，我们则认为有些冷漠，但是“冷漠”背后隐藏着拉辛神秘的心灵和他充分了解的人性，即使我们阅读的是非常冷漠平庸的翻译，也能够觉察到这一点。拉辛创作的人物不是希腊人、希伯来人，甚至不是法国人，而是我们所有的人，就如同莎士比亚和易卜生的作品中的人物。拉辛致力于形式和言辞的完美，他在五六篇最长的戏剧中实现了这一理想，这些作品有完整的结构和优雅的语法，在高乃依之后、克罗台尔之前的时间段，没有一个法国诗人比他做得更好。拉辛目光锐利，是一个批评家，他恰到好处地在剧本《希立坦尼》的序文中表明了自己的文学观点和创作理想，他说，戏剧不需要过度复杂的故事情节。对于古典戏剧来说，这种全面的观点合乎常理，因为戏剧是依靠人物的兴趣、热情和内心变化一步步进入终点的，虽然后来的浪漫主义者批判了这种说法，近代的戏剧家也对它弃之如敝履。有些人总是将拉辛和高乃依相比，这种平常的做法实际上没有什么意义，因为它好比琼生和莎士比亚或者丁尼生和勃郎宁，两者之间没有什么关系。如果非要找出他们之间的联系，那就是拉辛是个经过后天严格训练的天才，高乃依则是个强劲有力、独立自主的天才。

拉辛

如果一个英国读者想了解法国悲剧的奥妙，必须下一番苦功才行；但如果想接受法国喜剧的启迪，那么即便是最无知的人也能够明白，因为它是光辉四射的。莫里哀(1622 年——1673 年)和高乃依、拉辛属于同时代的人，他不仅是文学史上当之无愧的喜剧大家，而且占据了崇高的地位。虽然他生活在 17 世纪的法国，但是，如果我们说他如同拉伯雷、阿那托尔、英国的莎士比亚及菲尔丁、西班牙的塞万提斯和美国的马克·吐温，都是没有受到时间、国界限制的人，也应该是顺其自然的事。

莫里哀就像传说中的莎士比亚，他做过演员，也做过剧场主，而且他的剧本能同时阅读和上演，另外，莫里哀走向戏剧创作道路的原因在于他结识了拉辛、拉·封丹以及文学名人布瓦罗，对于这些，法国的演艺界非常清楚。莫里哀天才地发展了喜剧，而不是像当时的悲剧那样对待它，长久以来，人们已经习惯将滑稽戏、讽刺喜剧以及其他喜剧当成娱乐消遣品了。他利用了法国大众自己发展的题材，并投其所好，创作的作品适合他们的思想，虽然他的最初目的是娱乐，但他最卓越的就是他所表现的道德，积极的而非消极的道德。他取笑所有道德败坏的事情以及愚蠢的行为，还有虚伪、迂腐、无知、奸诈、矫揉造作，偶尔也会提及坦白和常见的优点。据说他有时会流露出悲观思想，因为他没有明确地说：生命的目标不是坟墓。他在《伪君子》一书中攻击了虚伪的宗教，因此普通基督徒认为他具有自由思想。他从来不提及高尚的正义，但由于生命是真挚热诚的，所以他蔑视浅陋的败德，并描绘出人类的愚笨让他们观看。莫里哀向狂妄自大、夸夸其谈、伪善贪婪等等罪恶投掷出自己的“匕首和标枪”，也不放过细小的愚蠢、无能和过错，这些有毒的“匕首和标枪”免不了树立敌人，因此他被称为道德家、哲学家和社会改革家。莫里哀非常明白，刻画戏剧人物就如同画一幅“人物素描”，必须切近生活和简洁准确，线条必须紧凑，所以，他创作的人物都太典型化，太概念化，伪君子伪善到极点，吝啬鬼也吝啬到极点，这就给翻译带来了困难，往往难以传神地表达出戏剧中机敏的对话。我个人认为，莫里哀最注重的是刻画生动有趣的场面，比如恶棍塔迪夫和狄更斯的派克斯尼夫是一丘之貉；《中产阶级的绅士》中的嘉丹和辛克莱·刘易斯塑造的巴比特是难兄难弟。有人说所谓喜剧不过是笑剧，的确如此，莫里哀的很多作品是笑剧，而且至今仍流露出幽默和滑稽，不过这些深刻的杰作批评的是人生这部笑剧。

莫里哀

拉·封丹和莫里哀是好朋友，他的作品也非常富有喜剧精神。当时，进入我们视野的人类穿的是同伴——野兽和禽类的“衣服”，民间故事中的动物也和人一样，他们的“言谈举止”就如同佐厄尔·C·赫黎斯的《利玛伯父》中的描述。最近，作家肯迪斯·格雷谟在《柳中之风》中凭借小动物的形象描绘了他们两腿直立的可爱兄弟们。这些动物故事不管是否影射了

《贺拉斯》中的一个场面

人性，但注定是可以流行的，直到世界上所有的孩子都长大为止，拉·封丹的《寓言》则是此类故事中写得最好的，这个古老的故事描述了一个从《伊索寓言》追溯到人类相信动物会说话的时代，拉·封丹用欢快的韵文取代了散文的寓言，并用细微的挖苦刻画了人性。至今仍然没有出现比他更受欢迎的法国诗人，因为孩子们喜欢倾听其中的故事，大人们喜欢回味其中精巧的韵文和诠释人性的辛辣语言。

在亚里士多德之后、阿诺之前最著名的天才批评家就是巴罗，他通晓古今、傲视群雄，并凌驾于上述所有剧作家和诗人之上。巴罗凭着直觉发现了拉辛包含的美学趣味和莫里哀具备的天赋，天才贺拉斯和亚力山大·普柏也和他类似，普柏的《批评论》、《卷发遇劫记》建立在巴罗的基础上，巴罗的《诗艺》的基础则来自于贺拉斯的《诗艺》，我们是通过翻译才发现了他们的价值。巴罗用自己的双腿牢牢地站在地上，这一点和普柏一样，

拉·封丹

虽然他有些书生意气、有些狭隘，但依然不失为一个心胸宽广、目光敏锐、坦率且强有力的人物。我没有从他的诗中发现特别之处，我认为比戈提尔的《艺术》中包含智慧和优美之处和巴罗的《诗学》相比，无疑相差了很远；至于其他的作品，对于我这个来自异国的人来说，那个世界无法了解。另外，他还说：

“将阳光下所有耀眼的，
全部交给意大利吧！
这在天上的阳光之下依然发光的疯狂的事业！”

诗中所指的是17世纪意大利诗歌存在的弊端，但我们不知道他是否阅读或读懂过但丁，因为不论是从时间上，还是从地理上来看，这名诗歌评论家实在是个“乡下人”。

现在，我们耳边似乎依然回荡着18世纪的三个喜剧家的笑声。首先出现的是勒萨日，我们曾经提到过这个幽默小说大家，他的《透卡莱》因其辛辣的手法占据了喜剧史上一定的地位。勒萨日之后的天才人物是奇异的马里弗，因为他无法进入井然秩序的法国作家的队伍之中。虽然他的小说《马利安》还带着古风余韵，但已经向近代的现实主义前进了一大步；他的戏剧十分优美，充满了机智，而且具有一些不屈不挠的独创性，《恋爱和命运的游戏》尤其表现了这一点。马里弗厌烦重复别人的故事，也不喜欢冗长无比的形容词和名词，最后干脆将一些古老严格的短语分解了，因此他成为文学界颇具创独性的人物之一。马里弗在所有的法国批评家眼里总是个受欢迎的宠儿，哪怕他们正在批评他，他还为法语提供了一个特指他的文体的新名词——“马里弗式文章”，因为他的文体过度追求隐藏的寓意而显得虚幻怪异。

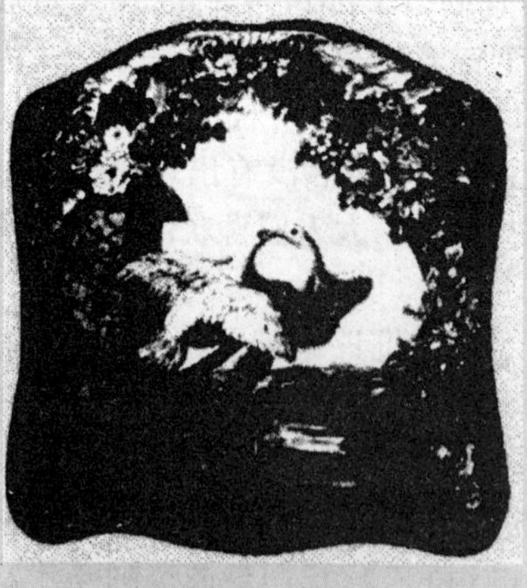

《寓言》插图

虽然卢梭对当时做作的风气及浅薄的思想无比痛恨，但依然出现了一个十分轻浮的人，他就是博马舍。他的父亲是个钟表匠，于是他利用自己的大胆聪明，采取各种堕落的方法变得发达起来，并努力维持这个高雅的地位，不过，他很蔑视法国皇帝，并在自己的行动上体现了这一点。博马舍为了讥讽尊贵的法国统治阶级，特意创作了两部作品《塞维利亚理发师》和《费加罗的婚礼》，博马舍在书中聪明地表现了贵族阶级的蠢笨及不合时宜，就连贵族阶级本身也不得已地发笑，这两部作品的意义就如同《唐·吉诃德》，是特意为西班牙武士的喜好浪漫创作的。毫无疑问，这两部喜剧的流行给法国大革命造成了很大的影响，一些人认为，它们体现了伟大的喜剧力量；另一些人则认为，博马舍之所以能成功，完全是因为找准了投机取巧的时机。不过，人们只能说博马舍聪明，他无疑比那些因贪婪而受损失的人更聪明，除此之外，他再没有什么可以评论的了，因为他的道德不具备任何优点，仅仅是个懦夫和恶人而已。

马里弗在国外几乎默默无闻，即便是在法国，他的天赋也没能让他成为傲视群雄的人物，继他之后的剧作家博马舍则用自己的著作《塞维利亚理发师》和《费加罗的婚礼》给全世界带去了欢笑，费加罗已经成为喜剧画廊的不朽人物之一，而且，它们给世人带来的欢笑或许比包括《查理的伯母》在内的所有戏剧都要多吧。如果再加上莫扎特和罗西尼的音乐，喜剧效果则达到了登峰造极的地步，如果作家们能在天堂里相遇的话，我倒希望博马舍能和薛立敦讨论一下戏剧问题，看看能否创作出有关呆头呆脑的神或人的作品。

THE STORY OF THE LITERATURE

第 9 章

古典时代之前的德国文学

我不能也不想取消前言，因为干有违良心的事既不安全，也不明智。我站在这里，不知道干别的什么。神啊，帮助我吧！阿门！（路德）

在历史上，多才多艺的作家并不少见，但同时具备政治、文学两方面才能的人首推马丁·路德。片面地分析人的性格或者与生活完全脱节的文学作品，都是不应该出现的。我不太清楚路德凭借自己的文学才华大显身手，最终在宗教、政治领域取得了多大的成就；也不太明白这个德国的民族英雄为德语作出了多大的贡献，因为他推动了从撒克逊分化出来的德语的发展，而构成近代德国文学的基础就是德语。路德非常勇敢，或许在他的本国人和其他人看来，他已勇敢到了极点，因为他居然置教皇于不顾而擅取权力。一些人认为，宗教改革仅仅是让北欧民族摆脱了拉丁文化的非自然控制，恢复到原来的标准，但是，基督教并非德国的产物，因此路德所能做到的不过是让自己的伟大作品更接近德语，结果他成功了，并取得了巨大的效果。一部流行书籍肯定会强烈地影响语言，而且更重要的是，最高宗教权威是德文而不是拉丁文，这是一种独立宣言，它同时舍弃了政治上和文化上的依赖性，它的力量更甚于托马斯·杰斐逊的公文。

1546 年，马丁·路德逝世，此后的 200 左右，德国几乎没有出现强大生命力的文学。宗教神秘者约瑟·柏美（1575 年——1624 年）曾经产生过一定的影响，但德国被“30 年战争”分裂之后，18 世纪之前再也没有出现著名的人物。

我们仅仅是对文学史实有兴趣。如果想在文学史上找出一个像路德这样，对母语或其他相关语言以及文学作出奠基性贡献的人，那么只有“惟一”的但丁，他在意大利文学史上率先运用了多斯加纳语进行创作，并形成了独特的语言风格。如果从文学的角度来看，路德翻译《圣经》则为他奠定了权威的文学地位。德国于16世纪发起的宗教改革是一次激烈的斗争运动，不过它并不是完全反抗教会的罪恶和宣传神学。在这之前，《圣经》是古拉丁语，只有一些有知识的学者和僧侣能看懂。路德从改革中意识到，如果想形成强大的号召力，惟一的办法就是翻译《圣经》的全部内容，让本国的普通民众能了解基督教，即使一些人买不起或者无法直接阅读《圣经》，也能通过别人的诵读听懂、明白《圣经》的意思，他的目的和英国的《圣经》译者不谋而合。即使后来的德国散文和哲学著作日渐复杂晦涩，以至于纯粹的德国人也觉得费解，路德的共同德语依然在德国散文中占据着主要地位。事实上，路德并不想成为文学家和艺术家，他创作是为了服务自己的真实目的——战斗，据说他曾将墨水瓶扔向恶魔，虽然这个传说不一定是真实的，但如果从象征意义来看则一点不假，只不过他是用笔墨作战，并非真的投掷墨水瓶。

路德

路德译《圣经》封面

当时，不管是上至王公，还是下至农夫，所有的德国人都粗通音乐，路德也不例外，而且，他还以纯熟的弹奏弦乐器的技艺远近闻名。15世纪时，赞美歌再次兴盛起来，这些赞美歌的歌词、曲调都雷同于英国的赞美歌（英国的很多乐谱就是经由德国传来的）。由于路德从小就生活在这种氛围之中，因此他不仅能独自完成歌词和曲谱，还创作出了德国历史上最具力度的赞美歌，最著名的《坚固的堡垒是我的神》文笔简洁、气势磅礴，也许英文无法完美地译出它的神韵，就连卡莱尔——德国人最崇拜的天才——也很难把握这些诗歌的意蕴。“没有神，人就无能为力”是路德的诗句，卡莱尔则将它翻译成“用人的腕力，我们什么都做不成”，这不仅错误地翻译了路德的意思，而且英文水平也非常拙劣。这件事仅仅是我们简略的文学史概述中的细微琐事，但它同时反映了文学的另一个重要问题——翻译是一项极其艰难的工作。

路德于16世纪进行的宗教改革并没有席卷德国的所有知识层面，工匠、商人、神职人员和骑士等公民大众中依然存在多种“歌咏师”形式的民间组织，于是现代诗就此开始繁荣。当时，歌咏师的身份无比重要，如果想获得此称号，候补人员必须创作独特的歌词和旋律，以此证明自己有胜任的能力，那种殊荣丝毫不亚于骑士封号和如今的大学教授。12至13世纪“爱情诗人”的传统被这些歌咏师们承继了，他们创作了情感真挚的诗歌，瓦格纳的歌剧融合了诗歌和喜剧，它体现的也正是歌咏师的艺术。路德的同时代人汉斯·萨克斯是歌咏师中最著名的诗人，他同时也是路德的崇拜者。萨克斯出生于纽伦堡，是个鞋匠，不过，当时的鞋匠并不比绅士及学者的地位低贱，因为这个阶段是德国有史以来最民主的时代。尽管依然存在着君主阶级与平民阶级之间悬殊的地位鸿沟，但工匠从前是出卖劳动的奴隶，现在则成了独立的手工业者，并能成为拥有公民权的公会成员。托马斯·德克是伊丽莎白时代的剧作家，他创作的喜剧《鞋店的节日》活泼、风趣，讲述的主要故事和一个在15世纪当了伦敦市市长的鞋匠有关，或许这个故事确实反映了当时社会的真实情况，但故事主人公经历的事情可能是虚构的。萨克斯除了参加

路德烧毁教皇敕令

有奖的比赛之外，还写了很多其他文章，不过他最好的作品并非Mastersongs，反而是和忽略工会规则有关的文章。虽然萨克斯的教育程度不高，但他很爱学习，并在学徒期间曾经四处旅行，就像普通的游行匠人一样，所以，他不仅增长了见识，还学习了其他国家的语言。因此，萨克斯是一个文学家，同时也是一个歌唱情歌的人，他表现出的德国平民和工匠情绪就如同他的本来面目，不过见识更广博、技艺更精湛。

萨克斯从宗教改革一开始就拥护它。一般情况下，这场宗教改革被当作一种宗教运动，但它不仅影响了宗教信仰及其习惯，还影响了其他事情，比如德国文学，因为它使马丁·路德翻译了《圣经》，并创作出很多广泛流行的赞美诗。萨克斯的作品颇丰，尤其是诗歌和散文的数量极多，其中的多数作品已成为德国文学史上不朽的名著。另外，千百个出身于平民、市民或工匠的训练有素的歌手，积极热情地投入了歌曲创作之中，不会创作的民众则被诗的声音团团包围了，一眨眼的工夫，吟诵歌唱巴赫、舒曼、席勒或萨克斯等人的诗歌成了一种时尚潮流。这种流行的大众艺术极大地影响了德国各阶层的儿童，他们学习音乐和诗歌，这两者已经成了生活中不可或缺的一部分，这种风尚为后来产生伟大的音乐家、诗人奠定了公众艺术基础。可以说，这场“歌咏师”运动具有划时代的历史意义，它对发展德国文学起到的推动作用凌驾于任何作家的著作之上。

胡滕(1488 年——1523 年)的家庭是个没落贵族，他出生于富尔达附近，1499 年进入富尔达修道院开始学习；1505 年进入科隆大学学习哲学，接着转到爱尔福特大学；1507 年至 1510 年之间，先后辗转于奥得河畔的法兰克福大学、莱比锡大学、格赖夫斯瓦尔德大学和罗斯托克大学，并结识了各地的人文主义者；1511 年发表诗作《致德国诗人》，主要介绍当时德国出名的人文主义者；1512 年春，进入意大利的帕维亚大学攻读法学；1514 年为梅因茨选帝侯——阿尔布雷西特二世效劳，并在此与著名的人文主义者埃拉斯穆斯相交；1515 至 1517 年重返意大利，继续在罗马和博洛尼亚攻读法学，回国后因不满教皇及其对待德国的政策而受到通缉；1520 年躲避于骑士济金根的住处；1521 年参加济金根发动的骑士起义，

胡滕的画像

失败后逃往瑞士。

胡滕始终坚持反对罗马天主教廷，是个不折不扣的人文主义者。当时出现了一些反对教皇掠夺、反对小诸侯割据的斗争，他对这些斗争产生了巨大的影响。1521 年，胡滕将拉丁文创作的《对话集》翻译成德文，这部作品的形式短小活泼，有点仿古又有点创新的，在德国文学史上独树一帜，文章不仅揭露了天主教僧侣和小诸侯的腐败，还痛斥了罗马教廷剥削、压榨德国人民的丑恶行径，同时赞扬讴歌了人民的觉醒和斗争。此外，《蒙昧者书简》的第二部揭露并控诉了天主教徒的堕落以及经院哲学是伪科学，在欧洲产生了影响。

17 世纪，英国和法国的文坛光彩夺目、群星闪耀，但欧洲中部始终被黑暗包围着，德国的 30 年国内战争直到 1648 年仍没结束，德国处于战火蹂躏之中，处于一片废墟之中。这场旷日持久的战争不仅使成年人意志消沉，还夺走了大批年轻人的生命，有谁知道，多少才华横溢的青年还未施展抱负就牺牲了？而且，欧洲文艺复兴运动的明灯也没能照亮一片漆黑的德国，它所产生的结果仅仅是出现了单调乏味的仿古主义文学，以及不加思考地模仿邻国文学，不过，即使处于最黑暗的年代，德国的思想依然没有消亡，这一点令人庆幸。“30 年国内战争”结束时，德国最早的哲学家——伟大的布尼兹诞生了，他的理性主义哲学席卷了 18 世纪的德国，并广泛影响了法国的哲学家，18 至 19 世纪之间，德国终于开始出现一些伟大的天才。虽然德国的文学没有烟消云散，但它在复兴前的百年之间极其黯淡无光。

THE STORY OF THE LITERATURE

第10章

19世纪以前的西班牙和葡萄牙文学

啊！无与伦比的著者啊！啊，幸福的堂·吉诃德先生啊！啊，著名的达辛尼亚！啊！滑稽的桑丘·潘沙啊！为了人类的欢乐和开心，你们穿越无边的时空，若即若离地生活吧。（塞万提斯）

一、综述

西班牙的文学在欧洲国家之中成熟较早，因为它的大众很早就表现出了文学倾向，并产生过类型迥然不同的文学作品。

西班牙的大众从它还属于罗马的一个行省时就已经表现出了文学倾向，从用拉丁文写作的人数中就可以观察到这一点。虽然塞内卡、琉坎、昆提利安和马尔希阿尔的作品属于拉丁古文学，但他们都是西班牙人；此外，还有一位哈德安皇帝也是西班牙人，虽然用艺术的眼光看，他有些文人的气质。从英国的阿尔弗雷德大帝翻译了西班牙人奥罗西阿斯的拉丁文著作《宇宙史》可以看出，西班牙人在接受基督教及罗马帝国分裂之后才开始从事文学创作的。

罗马人的继承者是哥特人，他们征服了西班牙，尽管他们没有留下什么文学作品，但给西班牙的语言刻下了很多遗迹。巴斯克人是西班牙的另一种土著人，虽然他们经受了多次侵略，依然能够继续生存，并完整地保存了自己的语言，而且，就是这些不起眼的山民在隆斯佛击败了罗兰的后方卫队。从表面上看，这些事情似乎不能影响西班牙的语言和文学，但它有助于法国将他们最伟大的英雄诗间接地输送给西班牙。在西班牙的民族发展中，摩尔人占据了极其重要的地位，他们是接受了阿拉伯文化的伊斯兰教徒，8 世纪进入西班牙，并维持他们的地位直到 15 世纪，他们对西班牙的影响普遍而彻底，因此我们只能感觉它的存在，而不能追根溯源。摩尔人过后接踵而至的是希伯莱人，西班牙地处中欧国家的最西部，于是和他们逐渐亲近，并极大地受到了东方的影响。

虽然西班牙具有多种地方性的拉丁土语，但文学语言的基础是卡斯提尔语，就如同伦敦土语发展成了文学上的英语、巴黎土语发展成了法语、塔斯康土语发展成了意大利语。由于西班牙人对议论宗教和英雄业绩表现出了特殊的热情，所以最早的西班牙文作品都和这两件事有关。有一部关于宗教的神秘短剧，它讲述了的内容和基督诞生有关，主要角色是300个东方智者。实际上，这种体裁在欧洲各国非常普遍，但西班牙的译文比法文原作更生动、更具特色，我们由此可以看出西班牙人在短剧方面表现的特殊才能。

熙德塑像

有一首名叫《熙德》的诗谈论了英雄，这部作品摹仿了《罗兰之歌》。诗中所描述的英雄似乎是真实的人，可能逝世于1100年，即罗兰逝世后的300多年。历史学家评价他是一个残忍、具有反叛性的领袖，就像他们批评的100年后的狮心理查，如果我们能明白当时的标准与现在不同，那么他们两人都不像评价的那么邪恶。不管卡斯提尔的首领罗德利凯斯·提阿斯·庇法尔是否存在，总而言之，那些赞扬他的伟大事业的诗和散文都将他描述成一个爱国、勇敢、慷慨大方的人。他不仅是西班牙的斗士，还是反对摩尔人的基督教徒，他不断地打败那些各地的非基督教徒，并派遣军队攻占他们的城市，并释放那些俘虏。由于他对待俘虏很仁慈，以至于他们离开时竟痛哭流涕，不住地为他祝福。同时，他提出用西班牙王的权力反对教皇的主张，并低声下气地忍受国王不公平的猜忌。很明显，熙德是一个完美的理想人物，但他是一个不太表现残忍的时代的产物，同时比罗兰更有个性。

熙德的成就以西班牙的知觉和信仰作为基础，因此他不仅要表现西班牙的民族观，还应体现这个民族所具的卓越特性。他忍受了国王强加于身的种种不公，但无人能摆脱他的复仇，也无人能伤害他。他将两个女儿嫁给卡尔隆公爵，结果受到卡尔隆的虐待，熙德于是为女儿报了仇，然后让她们改嫁给国王的儿子，不过历史学家声称，熙德的两个女儿和妻子都是特意为他设立的。另外还有一件事可以表明熙德对自己的个人荣誉有极端敏锐的感觉，并珍视它。据说一个有名的专横贵族杀死了熙德的父亲，于是他引诱了这名好斗之徒，并将其杀死，这不仅表示了他的品性和英国侠客罗宾汉一样，还说明了一个下层人民可以制服专横的贵族，是一种平民政治的意识，不过很明显，这个故事是后来附加的。这件事还引发了一个结果，就是这位被杀之人的女儿向国王请愿，国王为了显示自己是类似于所罗门一样的人，于是将她嫁给另一位熙德，或许，这种事情只有在文学中才会更真实。

显而易见，熙德是一个不折不扣的西班牙人，这些故事不仅表现出他十分珍视自己的名誉，而且顽强不屈，可以看作当时的典型人物。有很多故事讲述了他和他的部下或者凶恶的党徒，这些生动的描写显示出熙德好战而灵活，他的一生总是在不停地进行成功的战斗，甚至去世后仍不停止，据说他的尸体一直系在马背上拖着，把那些摩尔人吓坏了，以为这个万能无敌者又回来了。尽管熙德这个人物有一定的历史根据，但短歌、叙事诗以及编年史中的他完全成了一个理想人物。这个西班牙的故事最初仅仅改变了《罗兰之歌》的法国背景和人物而已，但它已经具备了独特的生机和活力，远远超出了摹本的标准。虽然这部小说的最初目的是为了颂扬民族荣誉，但它已经充分表现出民族的成功和特征。

西班牙的早期文学作者都是无名氏，因为最初或者最重要的人物并非作者，而是一位国王阿尔封索智者，人们给他的称号是“el Sabio”，这个词的意思是有学问而非有智慧，他著名的原因是他对任何知识都有兴趣，并赞助学术和文学，促进了二者的发展。阿尔封索智者（1221 年——1284 年）于 1252 年登上卡斯提尔王位，他的政治生涯没有任何成就，有些人认为他是一个狂妄自大的蠢货，非常鄙视他，尤其是托马斯·卡莱尔，但无论如何，他对文学的发展起到了促进作用。他用通俗的语言编纂或翻译了一些重要的拉丁文书籍，比如公文一般是用拉丁文写的，于是他用西班牙文翻译出来，就如同英国的阿尔弗雷德王。有一部法律论文、多种歌曲、年鉴和一部卡斯提尔文的《圣经》能和他的名字联系在一起，最后一项则比较稀奇，因为西班牙一直是拥护牧师权威的国家，不过它在中世纪的所有欧洲国家中显示出一种潜伏的独立性，并具有自由的宗教思想。但不管怎样，将《圣经》翻译成卡斯提尔语并不会比拉丁文更容易了解，因为西班牙的大部分民众都是目不识丁的。由于环境的改变，所以 3 世纪之后翻译成德文和英文的《圣经》发挥了极大的效力，虽然阿尔封索智者没能使《圣经》产生同样的影响，但他对国家作出的实际贡献是让土语变得尊贵起来，统一并促进了文学创作。有这样一种说法：他认为，如果上帝创世时他能在场就好了，还能给上帝提出一种忠告。这种话可能是个玩笑，即便不是，也没有什么大不了，就像现代那些生于权贵之家，但不会作出败德之事的人，比如约翰·斯图亚特·密尔将自然称为“老泼妇”，并明确表示，想消除她的粗鲁、不文雅及不公平之处。

另外，阿尔封索智者的外甥胡安·曼纽埃尔亲王也是一个贵族作者，

他的作品更多地关注了道德问题和当权者的势力问题。他的做法让那些不承认制约了中世纪西班牙国王及贵族权力的人极为讶异，因为他关注统治者及上流阶级的责任超过了他们的权利。但不论是何种行政方式，理想政府的状态都极其相似，因为哪怕是最专制的国王，也会认为自己不过是人民的代理人而已。不过，胡安·曼纽埃尔对人民具有的知识和公正持悲观态度，他说，那些坚持正义的人所能得到的报酬仅仅是正义本身，因为大众不承认正义。尽管胡安·曼纽埃尔忙于战事和政治，依然创作了许多作品，但其中一些已经遗失了。

14 世纪的西班牙文学不仅有胡安·曼纽埃尔亲王的著作，还有另外一些自由启发的明证，比如胡安·鲁伊斯的《伊塔大教主》。也许有些人完全否认了他，并一致认为他的作品既没有表现开明，也没有表现自由，但无人敢说他对当权者表现出了奴隶般的尊敬。胡安·鲁伊斯的外表非常道德，他大谈虔敬，并声称自己的言论可以促进良善，但是，他又坦白地承认人类和自身的弱点，也许他本人具有这些弱点，因为他曾经坐过几年牢。他创作时模仿了法国寓言的风格——推崇灵魂，同时表示肉体能随意支配他，甚至认为牧师和修女是贪婪淫荡的，作品带有粗俗不敬和欢乐的意味，或许这些文字是一种愚蠢的诽谤，但他同时表示，狂热的西班牙在这段时间内不相信思想和言论的自由。

另一个具有政治权的文人是彼多·罗培斯·地·阿雅拉——卡斯提尔的大臣——他表现出了解放思想，当时的犹太作家唐·桑多也享有盛名，另外，希伯莱和摩尔传送过来的东方资料极度流行，因此，早期的西班牙文学是很自由的，它广泛承认并容纳了基督教的作者及犹太人和异教徒的作品。

我们已经了解到，熙德的故事源于法国北部的文学作品《罗兰之歌》，其实，法国南部的诗歌或者布洛温斯的作品也极大地影响了西班牙，特卢巴杜斯人的最初摹本中使用的是法语，后来却逐渐变成了本国语，尽管它的体裁和题目依然是法国式。我们能提前从巴塞罗那感知到这种影响，那里原先的语言是卡塔兰语，接着又传到了卡斯提尔。这些能够传播到卡斯提尔完全依靠着维尼拉侯爵，他是从事这项工作的先锋人物，但他同时得到了另一个侯爵桑提拉纳的帮助，据说他们的称呼没有得到官方的认可，仅仅是一般人的称呼，不过这两个侯爵的地位很尊贵。维尼拉研究的是哲学、科学及文学，由于当时科学和文学很肤浅，所以当他死后，一部分图书馆被焚毁了，我们也因此明白了正处于发展中的不自由主义，最后导致的结果是产生宗教裁判。到底那些被焚毁的书具有多少价值，我们已无法估量，但安·地·美纳认为这种行为极端粗暴，美纳的性格内向、拘谨，他不仅模仿了但丁的诗句风格，还模仿他的做法提出了关于自由及公正的主张。桑提拉纳则是一个有点迂腐而博学的人，他在西班牙的诗歌发展中介绍了意大利和普罗封斯的文化。

桑提拉纳和阿雅拉的外甥斐南多·培雷斯·地·古斯曼从事的创作是编年史和传记，此外，还有一个人的血统和文学成就同样出众，他就是当时著名的、地位重要的巴雷底斯公爵罗德力凯·曼利凯。由于曼利凯的儿子乔治作了一首关于他去世的诗，这首挽诗比格雷的更长，因此他的声誉能够长存，他在西班牙人心中的地位也等同于格雷在英文读者中的地位，后来的郎法罗将它翻译成了英文。我们可以从这一点看出，当时地位尊崇的贵族是怎样从事文学的。

非自由主义于 11 世纪开始日益增长，它也使西班牙成为一个王国，因为这个民族将所有的精力都投放在征服的事业，最后，它发展成一个大帝国，辽阔的疆域看不见日落。但它同时阻碍了文学的发展，只有早期的恩西纳的短剧，还有后来产生的一部 Amadis de Gaula，这是个非常著名的浪漫武侠故事。

人们的普遍观点是，一个葡萄牙人创作了这个浪漫故事，主人公是来自于威尔士的亚马底斯，大约在公元初年他开始了自己的冒险经历，公元 1500 年左右，这部作品被翻译成西班牙文，最后在欧洲各国非常受欢迎。但是，历史及地理学都没有证明这位英雄和他的经历的真实性。除了他具有的优秀本质之外，这个故事还有几个有趣的地方：第一，它可以说是最伟大的骑士浪漫故事，因此塞万提斯用妙不可言的谐趣文体使自己的作品更有趣；第二，一些人认为它是一个伟大的寓言，或者包含着隐寓的暗示，如同但丁的《新生活》、《神曲》以及中古时代的很多抒情诗。不过，这并不是一种确切的观点，它的真实表现在诗歌描述了一般的事情，所以，它的人物代表的是人类，并非个人；不真实的地方则是将它或但丁的《神曲》看作是寓言，用邪恶的角色表现恶劣罗马教会及其官吏的手段。编写这个故事的最初目的是为了娱乐，因此它的人物和情节和留伊斯·卡罗尔的故事一样，不过是比喻而已，其中大部分有趣的事情是虚构的。虽然但丁的作品包含着隐藏的意义，但它所体现的邪恶并非罗马教会，就像不是合众国政府或者不列颠帝国，而是各时代的人类思想、组织及社会的普遍弱点。故事中的主要趣味就是描述的奇异之处和夸张的偏见。如果说主人公同时代表了正义与邪恶、聪明与愚蠢、自由与专制，那么这种说法是不全面的。这个虚构的故事是为了满足当时大众的喜好，并遵循着当时的观念，因此，它无法准确而公平地描写人类的组织和个性，就像它无法准确而公正地描述历史一样。

16 世纪，意大利文学严重地影响了西班牙文学。胡安·普斯坎不仅引进了意大利的文体，还翻译了部分意大利的作品；他的朋友加桑拉苏·地·拉·未加虽然留下了一些具有欣赏价值的诗，但只有塞万提斯赏识他的才华，因为塞万提斯的观点是：人人都是著名的。尽管意大利学派遭到了其他作者的讥讽和攻击，但它依然保持了势力，比如，葡萄牙作家用于创作的常用语是西班牙文，其中大部分摹仿了当时流行的意大利文体。乔治·地·蒙泰马约尔的做法向写实主义迈了一大步——他将家诗翻译成了西班牙文。

1482 年，格林那达失陷，摩尔人也受到了十分强烈的影响，他们的通俗叙事诗开始流行，摩尔人不仅朗诵和格林那达相关的作品，还以死刑来对待那些违反者。拜伦曾经翻译过一首西班牙文中的诗，听说反响还很大，不过阿拉伯文中也有这首诗。格林那达的提埃哥·赫达多·地·门多萨是一个具有文学性的政治家，他写了一些优雅的诗句，还创作了一部讲述摩尔人反叛的书，因为他亲眼目睹了反叛的经过，他在书中高度赞扬摩尔人的特性和文化。因此，当西班牙和摩尔人接触后，西班牙文学从摩尔文中获取了许多短歌和恋诗，特性和知识方面也受到了一定的影响，至于其他的色彩、描写和材料也是他们所赐。

美洲的发现也影响了 16 世纪的西班牙文学，由于哥伦布可以提供信札作为证明，所以一些人甚至将他也划分为西班牙的著作家，虽然此事难以辨别真假，但它无疑极大地影响了西班牙及欧洲文学。首次将新世界的冒险经历作为文学素材的人是阿隆佐·地·埃尔西拉，他在智利生活了八年，曾和当地土著发生过战斗，他在诗中讲述了自己的经历，同时称赞那些为国战斗的土著勇气可嘉。此外，牧师胡安·地·卡斯泰尔雅诺斯也创作了一首长诗，内容是关于各种早年的发现及许多其他的有类似经历的可敬探险者或征服者。

16 世纪的宗教极端狂热，受到震荡的国家包括西班牙和欧洲各国，由于西班牙当时的宗教审判所十分发达，于是宗教自由表示，在此受到的约束超过了其他任何地方。雷翁的露斯牧师是一名奥加斯丁僧侣，他和萨拉曼加大学有一定的关系，他留下的诗歌作品大部分都是和宗教有关的，另外还有很多圣歌，他还翻译了部分圣经。他的作品在当时颇受关注，但不幸的是，他与自己的宗教上司不和，因为他和当时的许多宗教作家一样，作品都具有某些邪教特征。其中和他有同样嫌疑的人是：热衷于神秘主义的格林纳达路斯，在冥想诗中议论思想和微妙情绪的胡安·地·拉·克雷斯，以及权势和声名都超越他们的圣泰·德丽萨。尽管圣泰·德丽萨是一名修女，但她的思想并不仅限于修道院，她表现出了自身具有的丰富经验和内心的崇高信仰。她同时属于正统派和改革派，因为她肆无忌惮地批评修女的制度和自己的职责。她显得十分神秘和现实，这种种矛盾的迹象表明了她的伟大思想和能力。她的热心并非因为狭隘的思想，而是因为一种博大的胸怀和深切自省后得到的结果，由于这种热心精神经常表现得不太集中，因此可以说她具有一种崇高的信念和博爱之情。另外，她的名声远播到西班牙之外，英文中也时常翻译、阐释、讨论她的作品。

二、骑士小说

由于西班牙15——16世纪当时具有的特定历史条件，于是产生了很多描写游侠骑士的小说。中世纪的西班牙人民曾经反抗过摩尔人的统治，在这场光复运动中曾经涌现了一个由骑士、小贵族组成的特殊集团，他们成为解放斗争中的主力军。后来，西班牙兴盛称霸欧美，这些骑士就变成了西班牙人心中的理想英雄，这些情况体现在文学创作中就是骑士小说的盛行。骑士小说来源于法国北部的英雄史诗和英国的骑士故事，但他们的不同之处在于：史诗中的主人公往往是献身于祖国或宗教，他们的目的十分崇高，骑士小说则是主人公为了自己的个人事业而孤身战斗，甚至有时是为了单纯的冒险；史诗是根据真实的历史和地理环境展开故事情节，骑士小说则纯属编造；史诗中的主人公几乎与爱情隔离了，妇女的地位是次要的，骑士小说中的主人公则可以为美人赴汤蹈火；史诗中的主人公常常是粗犷豪放的英雄形象，骑士小说中的英雄则表现得温文尔雅。

骑士小说中的主人公往往被刻画成英勇善战、举世无敌、路见不平、拔刀相助的游侠骑士，而促使他们出生入死、屡建奇功的动力统统来自于爱情，故事情节经常是这样：骑士为了获得贵妇的垂青，于是经历各种惊险神奇的遭遇，最后将那些宿敌，善于使用魔法妖术的敌人歼灭得一干二净，凯旋归来后赢得了骑士的最高荣誉，进而成为国君或朝廷中的显要人物，接着一一为他的朋友和侍从分封赏赐，最后和贵妇人或者远方公主缔结姻缘。这些骑士小说的中心主题反映的是封建骑士阶层理想中的生活，也就是在捍卫爱情、荣誉或宗教的过程中所表现的勇于冒险的游侠精神。另外，骑士小说也极为突出地反映了西班牙的民族自信心、虔诚的宗教信仰和十字军的冒险精神。

1321年左右，西班牙出现了最早的骑士小说，直到15世纪末16世纪初，具有民族特色的骑士文学才形成高潮。当时广泛流传的骑士小说是：1508 年的《阿马迪斯·德·高拉》、1510 年的《埃斯普兰迪安的英雄事迹》、1511 年的《帕尔梅林·德·奥利瓦》及 1512 年的《骑士西法尔》等。

圣伊格纳西奥·德·洛约拉是西班牙耶稣会的创始人，他曾在作品中多次提到“耶稣最初的骑士事业”。当时有很多骑士小说将耶稣、大使或者圣徒作为小说的主人公，并讲述他们的事迹，比如 1552 年出版的佩德罗·艾尔南德斯·德·比力温布拉莱斯创作的小说《太阳骑士》。根据统计，1508 年至 1550 年之间，平均每年都会出版一部新的骑士小说，总共有 60 多部，发行了 300 版。在骑士文学的鼎盛时期，也就是 15 世纪末 16 世纪初，骑士小说流传之广达到了无人不读的地步，不管是王公贵族，还是平民百姓。

《阿马迪斯·德·高拉》插图

不过，骑士小说的篇幅冗长、叙述复杂、语言拖沓，而且人物性格、外貌大同小异，内容主题也反复出现雷同，因此其具有的艺术价值并不高。随着骑士制度的日渐衰败，骑士小说也慢慢销声匿迹了。

三、塞万提斯及其他西班牙小说家

伟大的作家、幸运的唐·吉诃德、出色的达茜妮亚和滑稽的桑丘·潘丘生活得多么自在，他们给我们带来了数不胜数的欢乐啊！

西班牙人的骑士风度、西班牙式的夸张、美妙的风俗及矫正这些的言行都极富滑稽意味。在西班牙的文学家中，密格尔·地·塞万提斯·萨阿莫德拉(1547 年—1166 年)无疑是最伟大的。塞万提斯出身于贫苦的人家，由于我们没有找到他上过大学的证据，因此，他接受的教育极有可能不充分。他曾经参加部队，并参加了 1571 年的拉多战争，在战争中受到的伤有一处使他的左手残废了。接着他返回了西班牙，结果在船上被摩尔人俘虏了，只得在阿尔及尔人中间过了 5 年囚徒生活。他被释放后便回到了西班牙，开始了创作生涯，但这些虚构的故事和诗歌剧本都没有取得成功，只好再次找了一份在政府部门参与组建大舰队的工作，后来由于别人盗用了他保存的公款，又丢掉了这份工作。这时，塞万提斯已经 50 岁了，生命历程中已感受了很多的艰苦和失望，1605 年，塞万提斯是 58 岁，他出版了《唐·吉诃德》的第一集，该书很快开始流行，也许这本书在 10 年前就已经写好了。1614 年，塞万提斯继续创作续集，这时出现了一部续集的冒名顶替之作，于是他加紧工作，立刻完成了该书，当他签完题辞之后就去世了，在冒险和贫穷中结束了自己的一生。

塞万提斯不仅创作了《唐·吉诃德》，还有很多的作品，如果不是这名杰作的作者所作，它们是否能流传至今是一件值得怀疑事，而且，由于塞万提斯对于创作十分尽心，因此这些作品并非没有优点，但这些优点常常是短暂的，无法给人留下深刻的印象。毋庸置疑，塞万提斯的全部成功就是《唐·吉诃德》，这部小说向来都是最流行的书之一。它的主人公是一个读过很多武侠小说、最后对现实失去清醒认识的贫穷的乡下绅士，他其实

塞万提斯

唐·吉诃德和他的随从

是个浮华的人，他带着厨房里的器皿和其他一些可笑的东西打算动身去杀富济贫、解救被掳走的女郎。他骑着一只患有关节炎的瘦马做了许多浪漫英雄曾做过的事情。《唐·吉诃德》具备了这种精神，它回避了当时谴责政治和宗教缺陷的所有论述，因此，一些聪明的解释者无法说出令人信服的意见。另外，人们对塞万提斯成功的理由是众说纷纭，赞赏他的人认为，他创造了一种令人震惊的人生比喻；反对他的人则认为，他用嘲笑骑士们的高尚思想的做法获得了俗鄙的欢心和盛名，为此，纳斯钦责备了他，拜伦也表示出惋惜之情。一些专业鉴定家谦虚地讨论塞万提斯的这部作品，他们认为，他有优点，但缺乏美感，同时还指出了其他各种缺点，但大部分和他的态度有关，并非和事实有关。文学家仔细研究了他的一生，我们能从这些研究中得到很多关于他一生经历的最佳知识，但在那些赞扬、非难塞万提斯，或者专门分析他的作品的人眼里，这些也无法成为这部杰作取得成功的理由。

其实，《唐·吉何德》之所以流行，最好的解释就是它反映了实际生活中的经验。《唐·吉诃德》就是塞万提斯，塞万提斯在风车上工作了好几年，他企图用平凡的虚构的诗、短剧和浪漫故事创造出神奇，当他到了50岁左右，就开始调转头去嘲笑自己和骑士。据说《唐·吉河德》的

前半部分都是在监狱中创作的,也许,监狱是最能让人们区分现实生活和虚构世界的地方。毫无疑问,塞万提斯有很多嘲笑自己的高尚理想的机会,或者他下意识地想嘲笑那个自觉无法达到的文学风尚,因为他的生活经验证明了这些理想都是愚蠢的,他自身的经历就是真实的资料。虽然《唐·吉诃德》有很多虚构的内容,但并非全部虚构,其中有一些他亲眼目睹的事物、经验及读到的东西,然后通过想像编纂出了《唐·吉诃德》中的各种情节。很明显,他描写下层人民比描写上层的知识显贵更得心应手,后者多半是他从书中才能见到的人物,我们由此也可以明白他一生的状况——他的一生总是处于艰难和粗俗之中,所以他只能从书中见识富贵荣华。也许塞万提斯没有多大学问,但他是个文人,因此书籍在他的一生中占了很大的比重。《唐·吉诃德》表现出的是善良和一种博大的同情心,塞万提斯所经历的失望和迷茫并没有毁灭它们。

塞万提斯描写的日常生活非常真实。拉丁民族也能够准确地认识现实世界,尤其是西班牙人,因此,维拉斯科可以用真实的生活描写人物,塞万提斯也具备相同的能力。他彻底改变了理想的阿马底斯,让我们觉得他是一个真正的理发匠或农民。《唐·吉诃德》不仅具有作者的个人经验,还有西班牙和人类共有的特性,这些人虽然缺少浪漫人物的装饰,但他们都属于人类,虽然具备人类的某些缺点,却更胜于纸上的优点。

《唐·吉诃德》还具备一种存在于浮华浪漫事情之中的幽默,这几乎是不可能的,因为存在于轻浮空气中的幽默会使人觉得过于物质化。虽然西班牙人严肃、守礼节,但他们也懂得幽默,《唐·吉诃德》就是一个很好的、伟大的证据。他撕开了虚伪的面具,还有掩饰真实生活的矫揉造作,揭露出那些隐藏的、可笑的事情。尽管他讥笑人类的愚蠢、自私和吝啬,但他不会责备斯威夫特和朱威那尔,这也体现了幽默的特征——虽然明白人类的可怜,但不会用蔑视的态度对待他们。《唐·吉诃德》也极大地影响了小说的文体,并使文学从幻想迈向实际,不过,塞万提斯最伟大的成就在于,使这个现实世界更令人信服,引人注目的程度超过了那个完美的、他希望能取而代之的世界。

虽然具有不同天赋的人才根本不存在可比性,但即便是拉伯雷,也难以抗衡《唐·吉诃德》所取得的成就,它无疑是文学史上最伟大的喜剧。这么说的原因在于,拉伯雷塑造的讽刺剧主人公行为非常荒诞,塞万提斯则运用出色的想像力在讽刺剧中塑造了绝对忠实于社会生活的人物。唐·吉诃德非常古怪可笑,当他阅读了大量的骑士传奇之后突然异想天开,决心出去冒险，就像传奇故事中的骑士那样。于是，他在冒险途中将风车当作巨人，将安静的客栈当作城堡，而他那个滑稽、随和、坦率的仆从桑丘·潘丘则随时指出他在冒险中犯下的错误，预言即将到来的厄运。塞万提斯本人和读者多半会同情这个喜欢做梦的唐·吉诃德，他愚蠢、可笑，但又很善良，是个举止出格、不合常规的老头子。整部作品交织着喜剧、梦和现实，令人捧腹不已。塞万提斯创作唐·吉诃德的原因主要是为了揭露那些让他出现反常行为的社会原因，并表现出对它的憎恶，他在该书的末尾说明了自己的主要目的：揭露并唾弃过时的、充满腐朽和罪恶的骑士制度。

如果说塞万提斯仅仅只有以上的创作动机，那么唐·吉诃德已经远远超过了他设定的目标。骑士制度最后自然消亡了，骑士传奇也消失了一大半，而塞万提斯创作的故事依然寓意丰富、多姿多彩，就像生活一样，那些讽刺戏剧或诗文的感染力、生命力远远不如唐·吉诃德。如果人们对浪漫情调一无所知，甚至持有不以为然或轻视的态度，那么他们就能从塞万提斯的故事中得到快乐。塞万提斯的出发点原本是“嘲讽”这条狭窄的小路，谁知竟然无意中进入了宽阔、充满人情味的大道。塞万提斯用父辈般的慈爱对待那两个自己塑造的傻子，而不是用伤感的心情写他们。

第一部《唐·吉诃德》出版之后，一些无耻之徒伪造了它的续篇，塞万提斯对此十分愤慨，于是他创作了真正的第二部。这部作品的优美程度更胜于第一部，在续篇创作史上是非常罕见的事情。在第二部中，塞万提斯虚拟了一个人物西德·哈麦特，声称这部作品来源于此人真实可靠的记录，开篇引用的话就是针对了虚构的第一部。如果说这是塞万提斯

唐·吉诃德大战风车

唐·吉诃德大战绵羊

在称赞自己，那么他确实配得上这种说法。跨越历史的杰作《唐·吉诃德》描述了唐·吉诃德及其忠实的随从，还有旅途中遇到的形形色色的人物，塞万提斯通过对他们的描写，真实地体现了西班牙的现实生活。这些人不仅仅存在于西班牙，他们身上也有我们的影子，因此具有划时代的意义。直到现在，我们周围依然存在着狂放的骑士和古怪的哲学家。即使没有《唐·吉诃德》，那么塞万提斯也可以仅凭戏剧和故事小说在文学史上享有较高声誉，就像乔叟没有《坎特伯雷故事集》也能名垂青史一样。不过，如果作家创作了惊世之作，则完全可以凭其安享盛名，至于其他的所有作品也可以置之不理了。《唐·吉诃德》已被翻译成欧洲各国语言，其中最完美、最标准的版本是拉伯雷作品的译者莫托克斯翻译的。

马泰厄·阿雷曼和塞万提斯、罗培·德·维迦属于同时代人，他从俗艳的小说和流氓传奇中开拓出了一种新的文学天地，后来他似乎移居到了新发现的美洲。这种小说最初是写给文学爱好者的，尽管阿雷曼开始提倡它，但普通读者知道这并非他所首创。在17世纪的西班牙，阿雷曼的《人类生活遥望塔》及其续集受欢迎的程度超过了《唐·吉诃德》。这部作品反对了枯燥的武侠小说所表现出的虚假和夸张美德的做法，英国早已从初期的翻译中知道了它。法国的拉塞治也倡议这种文体，他曾经从文森特·埃斯波那斯的 Marcos de Obregon 中挪用了一些资料。此外，还有其他的艳俗小说作者，不过阿曼在其中最为著名，这种俗艳小说就是现代小说的前身，摩尔人的历史也为发展小说体裁做出了贡献。1600年左右，契西斯·培雷斯·德·伊塔是个非常活跃的人物，他的作品中很早就出现了这种体裁，后来法国的拉斐德夫人模仿了他的风格。也就是说，笛福出现之前就已经埋下了现代小说的种子。

西班牙曾经出现过自由思想的萌芽,但我们并不习惯这些思想,胡安·德·马里亚利曾用拉丁文写过一篇论文,里面有死刑对国王也适用的思想。一开始,这种说法并未引起批评,不过,当法国亨利四世被杀时,人们便归咎于马里亚利,因为当时的国王代表了法律,所以他的学说具备破坏性,没有考虑利害关系,于是绞刑官员烧毁了他的书籍。马里亚利的思想就如同现在挑衅习俗、法律的个人主义者及无政府主义者。他还用拉丁文创作了一部西班牙历史,后来将它们翻译成西班牙文,或者说重新编写。这部书以独特的思想而著称,讲述的事实也非常确切,并以有趣的叙述方式说明、渲染了每件事的动机、起因、人性和潜伏的势力。

16 世纪末期,似乎起源于意大利的夸饰文体在欧洲各地非常盛行,它的言辞表现出高贵,并使用了复杂而巧妙的隐喻法,属于一种注重形式而非意义的文体。不过,由于西班牙人具有喜爱仪容态度的天性,很容易走向文学夸饰的极端,因此,西班牙对于夸饰文体的流行也要负部分责任。据说有一部历史叫《王子们的日规》,玛丽女皇执政时,有一个圣方济僧侣凯发拉将它翻译成英文,然后流传到英国。路斯·德·阿哥泰·贡哥拉伊是西班牙最擅长言辞和比喻的人,他最初创作诗歌,这些诗以智慧闻名,而且诗中包含的愉悦的文字和思想也很著名。但是,他用复杂的、矫揉造作的格局完成了这部历史,这种文体是西班牙几世纪以来使用的,从此,冗长复杂而夸张的文章就以“贡哥拉伊派”作为代名词。

西班牙的政治和文化在塞万提斯时代一直处于鼎盛时期。塞万提斯逝世后,诞生了维拉斯克——他是最早的西班牙画家,这个繁盛时期一直延续到了 17 世纪。当塞万提斯 41 岁时,也就是 1588 年,爆发了“阿马达事件”——英国舰队打败了西班牙的无敌舰队,于是西班牙政治从此结束了颠峰局面。罗培·德·维迦(1562 年——1635 年)和塞万提斯相对呼应,他曾经尝试过各种文体的文学,而且所有的尝试都是流行的、成功的,他在变化多端的一生中表现出了十分特殊和统一的成功。他参加过大舰队的战争和决斗,曾经进过监狱,也经历过爱情,最终从事了牧师的工作。但是,罗培的经历没有让他像塞万提斯那样谦卑,他表现出了非凡的能力——强有力的言辞及没有穷尽的想像力。他总共创作了一千多部剧本,保留了其中的四百多部,此外还有多种其他的文学创作。他的特点就是丰富的虚构,能熟练运用言辞和体裁,他和塞万提斯不同,他不描述现实生活,仅仅是一个美术鉴赏家,而非美术家。不过,在当时,他依靠自己的摹仿力和技术赢得了比塞万提斯更令人尊敬的地位。

阿尔封索智者为了表示西班牙短剧和教会的关系很密切，曾经提到过自己对西班牙短剧制订的规则。法国很早就出现了俗人们讽刺的、令人发噱的作品，不过，西班牙文学上的短剧多半和宗教有关，并非与英雄有关。胡安·德拉·恩西拉（1468 年——1534 年）曾被当作舞台剧的首位作者，他的作品已经不再显得幼稚。他在世时就出现了一部叫做 Celestina 的无名之作，听说曾影响了小说和舞台剧，若是将它用于表演则太长了，因为每个译本都包含了 16——22 幕。不过，短剧也属于一种会话体，主要用日常人物和普通背景来反映人类生活，这也是小说和剧院的主要目的。塞万提斯、罗培·德·维迦及一些不太出名的作者也曾为剧院创作，因此西班牙的短剧发展得非常卓越。其中有罗培·德·维迦的一种短剧体裁“外衣与剑”，它的特色就是具备有趣生动的事件及安排巧妙的情节。

在 17 世纪的西班牙文坛，罗普·德·惠格具有君主一般的权威，他原来是个西班牙水手，后来变成了西班牙戏剧的创始人，同时也是西班牙文学的骄傲之一。虽然他或多或少地影响了伊丽莎白时代的戏剧，但他的作品除了本国文学，对其他国家没有丝毫实质性的价值，至少对英语文学来说是这样。不过，惠格本人非常了不起，据说他创作的戏剧作品不止千篇，尽管数目有所夸大，但几乎没有一个西班牙人能全部读完他的戏剧作品。除了戏剧之外，他还写过很多其他文体的作品，但我们找不出一部能表现他特色的、有价值的作品，也许是因为作品太多吧。关于他的故事暂且就说到这里，不过，我们无法不由衷地佩服这个在 24 个小时之内写出三幕戏剧的天才。他的目的是迎合舞台的需要，并非描写人生，因此人物时常显得矛盾而不真实，使用的也是人造背景，就像现在的传奇剧一样，但他使剧院成为表情的媒介，并将剧本的结构变得更精巧。

罗普·德·惠格的忠实继承人是卡尔德隆（1600 年——1681 年），他是 17 世纪活跃于西班牙所有剧场的人，虽然他当时的名气不如罗培·德·维迦那样大，但他的声誉远播，并持续了很长时间。浪漫派的作家和批评家对他都非常重视，赞赏他的深刻的思想和情感，这些赞扬有些是对的，但愚钝的人无法明白。他创作的宗教剧本是 Autos，其他作品则多半类似于“外衣与剑”之类的短剧。“外衣与剑”的短剧中包含一个重要因素——个人的神圣尊严，他塑造的人物经常不顾及最严肃的法律、血统，甚至姻亲等亲密关系，就是为了捍卫自己的声名，或者尽到自己的责任。新教主义及浪漫派运动的特色就是这种个人尊荣至上的论调，有些人不承认卡尔德隆有新教主义的倾向,但是,虽然他身为一个牧师,身为一个虔诚的天主教徒,但他认为个人有权决定自己的义务,这种思想和新教主义的观点——个人有权决定自己的信心——毫无两样。伟大的新教领袖宣扬,每个人都应该选择一种自己注重的信仰,否则就是受到惩罚,但尽管如此,他们依然偏重于自由和个人责任。卡尔德隆的特色在于:他提倡尊重当时及现代盛行的全部信仰,并谈论神秘主义,以精妙的思想来打动人。因此,称呼他为诗人比戏剧家更为贴切。当时的西班牙流行一种实质是宗教剧的"Auto"剧,它类似于英国和法国的奇迹剧,演员们衣着神奇,但又不是奇装异服,他们匆匆忙忙地在街道上奔走,并接受国王或僧侣的盛情接待,"Auto"剧的目的是采用象征的人物来证明信仰的玄妙。卡尔德隆是公认的写Auto剧的大师,是这种短剧文体的第一位,最后,那些讲述深奥超凡事物的人也十分佩服他。莎士比亚说:"梦的资料来源于我们自身,我们微小的生命周围包着睡眠。"卡尔德隆经常企图验证这句话,他认为,物质世界表现的是虚空,不可窥视的精神世界表现的则是真实。当时,这种哲学思想在西方不如东方那么普遍,只要有人想表现它,都能获得一种钻研深奥理论的声名,只不过卡尔德隆获取了最高的荣誉。他为我们展开了关于生存基本力的偶然一瞥,而且提供的心理学图解准确可信。当时,有些人热衷于浪漫派,于是让莎士比亚通过波罗尼阿斯的嘴总结了这种哲学的一部分,他说:"最重要的是你自身是真的,只有这样,任何人也不会是假的,就如同日夜循环一样"。他还创作过和《大魔术师》相仿的浪漫主义荒诞剧,浪漫主义时期的德、英两国诗人还因此赞扬过他,我们可以举出一些伟大的诗人:歌德、雪莱、塞万提斯以及《鲁拜集》的作者、半个世纪后的诗人菲茨杰拉德,西班牙至今依然关注它。它能成为大歌剧极好的素材,但是,如果想将它上升到大悲剧的高度,必须依靠诗人和音乐家的努力,卡尔德隆做到了这一点,高乃依和雨果也同样做到了。

卡尔德隆过后,西班牙的文学和短剧开始衰落,尽管很多人摹仿他的风格创作了许多关于宗教的作品,舞台上使用的也是一种轻松的调子,但都无法进入一流的行列。这期间出版了一些以西班牙为主角的历史著作,其中一些完整地记载了重要的历史事件,比如人所共知的墨西哥的被征服。在西班牙的短剧创作中,提尔索·地·摩利那(1571年——1648年)是一个重要人物,尽管他的一生和著作都来历不明。除了多数其他作品之外,据说著名的不道德的《唐·胡安》所借鉴的剧本也是由他创作的。《唐·胡安》讲述了一个放荡子弟戏谑地邀请一个死人石像去聚餐,结果这石像将他的主人背到了阴间，这部作品和《浮士德》一样获得了第一流的文学地位。而且莫里哀也将它作为一个剧本的主角，拜伦介绍给英文读者的最著名的讽刺诗主人公或许就是提尔索的角色。另外，还有一位用意大利文写作的作家摩利纳斯（1627 年——1697 年）将一些影响带到了西班牙境外，因为他主张的观点是一种所谓“寂静主义”，它认为我们不必用热心的态度，而是用消极的态度认可上帝的安排，也不必产生获取报酬的想法。

四、葡萄牙文学

虽然拥有强大海军力量的葡萄牙是一个从西班牙划分出去的小国，但这个属于欧洲各种语言中最小的语种之一的葡萄牙语并没有因此埋没其伟大叙事诗散发出的绚烂光彩。

葡萄牙位于西班牙半岛的最末端，它是一个从西班牙划分出去的小国，现在则和西班牙比邻相依，16 世纪的葡萄牙拥有强大的海军力量。葡萄牙诗人卡蒙斯曾经驾着小船漂泊海上，他通过自己的水手经历感受到了麦哲伦的痛苦和磨难——麦哲伦是最初绕过好望角，发现并开通印度新航线的人，他于 1524 年逝世了，这一年正好也是卡蒙斯出生的时间。于是卡蒙斯以麦哲伦为主角，以他凶狠的海盗般的历险为题材创作了非凡的叙事诗《留希尔德》，如果哥伦布是个诗人，那么这个题材对他实在是极其合适。《留希尔德》这个名称来自葡萄牙的传说，它叙述的不仅仅是麦哲伦的故事，也不仅仅是葡萄牙人的故事，而是一部征服异邦、发现新航线的海战史诗，是继《奥德赛》之后最雄浑壮丽的作品。葡萄牙语虽然属于欧洲所有语言中最小的语种之一，但它并没有因此埋没卡蒙斯的伟大叙事诗所散发出的绚烂光彩。

一般人的看法是，1524 年或者 1525 年卡蒙斯出生于里斯本的一个小贵族家庭。他的船长父亲死于印度的果阿，从此母亲独自将他抚养成人。卡蒙斯勤奋好学，并对历史、文学产生了浓厚的兴趣，尤其是希腊和拉丁的古典文学，他曾经进入科英布拉大学学习。大约在 1543 年，卡蒙斯返回里斯本，经常出入宫廷，并为几个贵族担任家庭教师，在这期间，他写了大量的抒情诗和微歌，或许还有 3 部喜剧；1549 年，他和王后的女侍谈恋爱，最后被驱逐出了里斯本，接着在驻北非摩洛哥的军队中服兵役，结果在战斗中导致右眼失明；1551 年秋天再次返回里斯本；1552 年 6 月，为了给朋友帮忙而责怪官员，于是进了监狱；1553 年 3 月获释后又前往印度的葡萄

《卢济塔尼亚人之歌》插图

牙军队服役,在此期间创作出了史诗《卢济塔尼亚人之歌》。由于在写诗的过程中讥讽了果阿的某些葡萄牙贵族,于是总督将他逐出果阿派往澳门、马六甲、莫桑比克等地,直到1570年春天才回到里斯本。1572年,他终于出版了《卢济塔尼亚人之歌》,这份诗稿他在颠沛流离的生活中保存了20年。尽管国王连续为他颁发年金,但卡蒙斯的生活依然是贫病交加。

在葡萄牙的文学史上,卡蒙斯是一名重要诗人,塞万提斯盛赞他是“葡萄牙的珍宝”,罗培·德·维迦等人也给予他高度的评价。

史诗《卢济塔尼亚人之歌》长达9000多行,总共分为10章,描绘了航海家达·伽马远航印度的故事,它是卡蒙斯的主要著作。史诗讲述了葡萄牙的历史,并赞扬了卢济塔尼亚人——也就是葡萄牙人——的智慧及不畏艰险的精神。作品内容讲述的是天上诸神干预人世间的生活,模仿了希腊和罗马的古典史诗。作者用写实的手法描绘了水手的生活、他们和大自然的斗争,以及海上的情形,包括优美的景色及风暴,至于那些非洲、印度各国的社会情况,则是在想像中描绘完成的。

史诗开篇描写的是对塔古斯河水中仙女的祈求,还有给国王塞巴斯蒂安的献词,然后开始叙述以前从未有人航行的大海上出现了达·伽马率领的船队。天上诸神聚集在奥林匹斯山商议,维纳斯和阿瑞斯的想法是愿意帮助他们;巴克科斯表示出反对意见,要阻挠这些卢济塔尼亚人;尼普顿则十分妒忌。结果船队到达莫桑比克时,遇到了蒙巴萨人的突然袭击,脱险后到达梅林德,国王盛情款待了他们,接着达·伽马告诉国王卢济塔尼亚人的由来、建立葡萄牙的历史、历史上的英雄人物及发生的重大事件。当达·伽马的船队离开梅林德之后,巴克科斯唆使尼普顿掀起了一场风暴,企图让他们遭受灭顶之灾。卢济塔尼亚人顽强地与惊涛骇浪搏斗,由于得到了维纳斯的帮助,终于到达了加莱克特。在船队的归国途中,维纳斯始终保护着他们,并在海中创造了一个可以让船队养精蓄锐的风景秀丽、物产富饶的小岛。岛上的仙女告诉葡萄牙人宇宙是如何构造的,并对以后的葡萄牙作出了预言，最后将他们送回里斯本。

56年前，达·伽马开辟了东印度航线，卡蒙斯沿着这条航线用了10余年才到达葡萄牙在海外的殖民地，因此这部作品并不缺乏现实基础，但它同时也具备了浓厚的浪漫主义色彩，在葡萄牙的文艺复兴时期，它无疑是最杰出的作品。

卡蒙斯

卡蒙斯的其他作品具备了各种各样的形式，比如十四行诗、牧歌诗、挽诗、颂诗等等，包括了从传统的"雷同迪亚"至文艺复兴时期的新体裁，作品内容多半是爱情诗，也有一些诗抗议了社会的不公平现象。

19世纪理查·伯登翻译的《留希尔德》是最优秀的译本。理查·伯登不仅是个文学家，同时也是旅行家和冒险家，和卡蒙斯有些类似。西班牙人攻占里斯本之后就开始推行卡斯提尔语，让它成了官方正式语言，卡蒙斯的作品则鼓励人民反抗西班牙的侵略，维持民族独立，同时也有一种保护本民族语言的作用，它激励人民起来反抗西班牙侵略者，维护本民族独立。也许文学之笔具备的力量不如剑，但它在一定程度上掌握了国家的命运。

THE STORY OF THE LITERATURE

第11章

19世纪以前的英国文学

在伟大的诗人中，乔叟是将今日看作与昨日一样优美的第一人。（罗威尔）

一、英国文学的源流

尽管英国的伦敦方言直到14世纪才成为文学语言，但英国文学随着英国的扩张，以及集中体现的巨大文化成就，它得到了飞速的发展。

英语属于条顿语系的一种，5世纪从德国低地传入后开始流行，由于日耳曼人的介入，英国被征服后就开始和法国密切接触，于是产生了极大的变化。古英语或者盎格鲁一撒克逊语是条顿族使用的语言，它经过了很多变化，完全有别于近代英语，但是毫无疑问，它是英语的鼻祖。

有许多韵文、散文是从盎格鲁一撒克逊时期传下来的，尽管不能说全是异教徒的作品，但其中一些作品赞扬了异教。基督教之前篇幅最长、价值最高的诗就是《贝奥武甫》，里面讲述的英雄叫贝奥武甫，他似乎出生于瑞典南部，据说他参加的战争发生于历史上记载的6世纪早期，因此作品背景不在英国，它之所以成为条顿族最早的叙事诗是因为诗中添加了各种事情。诗中讲述了贝奥武甫杀死恐怖巨人格累德尔的过程，并潜入深不可测的湖中杀死了恶魔的母亲，后来又出现了一条龙来扰乱国家，于是他也将它杀了。总之，他的各种冒险表现出北方强健的体魄和野蛮，同时也体现了很多道德上的特征。

另外，《沃达斯特》和《德尔》也是反映异教时代的诗。前者讲述了一个游历过许多国家的“大旅行家”的故事，他见识过的国王宫殿非常多，比如匈奴王阿提拉，而且他们还赏赐了礼物。这个故事显而易见是虚构的。

在盎格鲁一撒克逊的诗中，欢乐的主题并不常见，多半和失掉家庭或恋人有关，但它们想表达的真正意思也不明确。《漂泊者》对丧失的心爱君主表示了哀悼；《海员》不仅叙述了大海的危险和劳苦，也赞扬了人类的勇气和毅力；《女郎的悲哀》与其说描写了一个女人与爱人分离时的忧伤，不如说描写的是两个侍从与君王；《毁掉的城堡》哀悼一座已经毁灭的城市；《情人的书信》则是一名求婚者写给女郎的书信。此外，还有许多关于发展

的著作艺术的论文。

盎格鲁—撒克逊人创作的诗也有部分和战争有关。大约三百多行的《马尔敦战役》是写实的，充满了悲观情绪；《布卢南堡战役》则与《马尔敦战役》不同，它表现并宣扬了盎格鲁—撒克逊民族的尚武精神，确定的事实不如飘忽不定的情感多。尽管《盎格鲁—撒克逊编年史》是一部散文，但它依然收录了这两首诗。

盎格鲁—撒克逊的抒情诗中有一首叫《谜语集》，它表现了所有上古人用隐语考验个人智慧的习俗，参孙曾经在圣经中做过，不过条顿族人酷爱此道。谜语集是一部包含所有事物的隐喻描写集，其中有家畜、野兽、牛角、盾、力和自然物等等。虽然这些事物零散而混杂，创作者也普遍持有基督教的态度，但他们依然用旺盛的斗志和动人的理想描述这些能鼓舞他们体力及强烈热情的事物。

我们所熟悉的盎格鲁—撒克逊诗人是金内沃尔夫，他的签名十分符合现在保存的诗《基督》和《圣朱理安传》等。这些诗的许多材料类似于谜语集。有人认为他和8世纪的林得斯斐恩主教是一个人，但这仅仅是一种推测。

其他的诗还有适合教授的，里面包含着很多警句，比如一首讲述灵魂与肉体对话的诗。《长生鸟》讲述了一只一千多年前的奇鸟，浴火之后反而得到重生，不过作品中的美妙之处或许并非来自盎格鲁—撒克逊，而是来源于拉丁文的原本。

散文方面则有每个寺院都会保存的善本《盎格鲁—撒克逊编年史》。该书的起始十分简单，最后发展成最有力的散文，而且只要谈到异教，就会说到12世纪的彼得堡寺院的情形。早期的重要文章全部是用拉丁文写的，阿尔德黑姆、阿尔琴和比德将罗马和希腊的学术介绍给国民大众，他们使用的都是拉丁文，比德是其中比较重要的人。他写的《大使的教会史》之中有许多简洁有力的句子，它也是前面曾经讲过的卡蒙斯的材料来源。其中最著名的作品讲述的是，当时的一个贵族比喻人生是一只麻雀，它在暴风雨的冬天飞进一间有火的温暖房间，暂时躲避风雨之后就又飞回了寒冷的天空，从此消失得一干二净。这个比喻在英语文学中几乎没有超越它的。

阿尔弗雷德大帝（848年—901年）鼓励发展盎格鲁—撒克逊散文，他不仅以查理大帝作为教育子民的榜样，还采取了更直接的方法。他成年后开始研究拉丁文，并亲自翻译了奥罗西阿斯的《宇宙史》、比德的《教会史》、格列高里大帝的《牧师规律》以及普伊喜阿斯的《哲学的慰籍》。阿尔弗雷德曾经统治过英国的萨克森部落，他对从事文学活动比自己的事业更热情，因此他在位的时期是盎格鲁—撒克逊的黄金时代，人们认为，普通人更容易接受他的精采。

阿尔弗雷德过后，英国散文就开始衰落了。不过因为受到了宗教的影响，于是出现了一些教育人民改进的讲经集，也可以说是讲道。其中最出色的作家是阿尔夫利克和沃尔斯坦，阿尔夫利克是一个教会的神甫，也是一个学者，并非平民作家；沃尔斯坦是约克的大主教，和阿尔夫利克相比，他更多地宣扬了自己的思想。在他们之后出现的是丹麦王，接着是日尔曼王，从此盎格鲁—撒克逊语就不再成为文学用语了，因为随着日耳曼人的侵略，它已变成一种受人藐视的语言。接受教育的人使用拉丁语，开化者使用法语，因此法国的很多诗和小说是由生长或居住在英国的作家写的。

有些诗的产生是因为顺应了人民的嗜好。罗宾霍得反对教会和政治专权，他是一个拥护下层社会的人，他利用所有的浪漫环境及朋友的事情编撰故事，比如马利安女郎、小约翰和苦行僧等等。他的斯堪的纳维亚传奇和法国的武侠诗写出了《赫夫洛克及丹麦人》、《角》、《汉普敦之白维思》和《瓦维克之盖》等故事，他认为有财有势的人都很阴险残忍，同时在作品中表现了一种大众的粗陋和下层社会的信心。

《猫头鹰与夜莺》讲述了两只小鸟互相争执谁更善于歌唱。他在形式上摹仿了法国体裁，这部作品十分隐喻，猫头鹰或许意味着经验，夜莺则意味着年轻漂亮。它并非特别重要，仅仅是为了说明英国已经懂得朴实地描述，并开始运用艺术技巧。

英语在 14 世纪分裂出了多种方言，不仅取代了言谈中的法语，著作上也出现了同样的情形，散文中则多半用于翻译。由于威克里夫（1324 年——1384 年）得到了他人的帮助，于是翻译了《圣经》，并以拉丁语、英语宣传宗教改革观念，于是他获得了“第一个清教徒”的称号。另外，一部叫《约翰·孟第维尔爵士旅行记》的译作虚构了一个到东方游历的英国人，他在那里见到了许多稀奇古怪的事情，这部作品在英国颇为流行，极大地影响了英语的发展。不过，根据我们推测，它可能是一个法国人根据真实和虚构的旅行家的事迹，还有民间的、文学的野史改编而成的。

英语在诗歌方面使用了头韵而不用尾韵，也就是开头的某种音节和同辅音或同主音的字相同，这种风格来自于盎格鲁—撒克逊。英格兰威廉似乎比乔叟大 10 岁，他就采用这种形式创作了一部《埠头的农夫》，诗中充满了比喻和幻想。还有盎格鲁—撒克逊诗歌具有的严峻，同时也表现出不信任那些日耳曼时代的流行作品的权威。但其叙述方式不免有些牵强。

《加汪爵士及绿衣武士》和《一颗明珠》是另外一些无名作者的作品。前者讲述的故事是，一个巨人来到亚塔尔宫廷自愿被人砍头，但条件是杀他的人一年之后接受他的一击。加汪答应了他，但是当加汪砍下巨人的头之后，巨人轻松地重新安上头骑马走了，并叮嘱加汪不要忘记自己的诺言。加汪寻找了很久，总算按时来到约定的地方，有一位老人和他的妻子款待了他。老人的妻子勾引加汪遭到了拒绝，但他接受了她的腰带。当巨人用斧头击打加汪时，他仅仅受了点轻伤，这是惩罚他接受了腰带，以此来说明纯洁是最好的护身符。《一颗明珠》则是一部寓言，讲述的是一个关于天堂的幻想，诗人在天堂看见了他丢失的明珠——他的小女儿，当她被荣光环绕时，他再次失去了她。虽然这部作品是盎格鲁一撒克逊的句子，但它已经显示出能够应付细致的事情，并体现了优美、变化和力度，严密的措辞在体裁上也说明了英国的知识已经具备了创造著作的文学能力，之前的文字则仅仅是让后人将它发展成一种完备的工具。

这些诗并非是“纯粹的英语”创作的，而是各地的方言。“纯粹的英语”也就是伦敦语，伦敦不仅有宫廷、伟大的法院以及最高级的国立教育机构，它同时也是商业中心，当那些久负盛名而流传的文学作品用这种言语创作时，它就成了文明人和教育者的标准。乔叟对此作出了最后的、最准确的贡献，他使东密特兰语成为英国文学语言，在开始叙述之前，我们应该讨论一下用这种言语进行创作的人，比如高瓦和乔叟。

二、伊丽莎白时代以前的文学

16世纪初的英国文学所充当的角色就是伊丽莎白时代文学的报幕员。

尽管乔叟之前出现的英国文学的创作动机是艺术，但其中大半部分应该说是历史著作，而不能称为艺术作品。我们只有在感兴趣的时候才会谈论它们，平时则很少愉悦地阅读它们。这时出现了一个快乐而伟大的诗人乔叟，他好像荒原上的一棵椰子树，也像灌木丛中的大青松，似乎是从天而降的——这一点无法解释。乔叟接受的是法国式教育，如同17世纪的绅士们一样，因为宫廷里的国王理查二世说着法语，有点看不起英语。乔叟翻译了部分法国作品，又毫无顾忌地借鉴了意大利的有价值的东西，他的著作《坎特伯雷故事集》就是一条主线贯穿许多题材的故事集。这些故事由一群前往坎特伯雷朝圣的人讲述，与其说他们是在进行虔诚的朝圣，不如说是在进行节日远游。每个故事都十分优美，但更优美的应该是勾勒朝圣者们的序言。这些来自四面八方的人性格迥异且富于变化，但序言仅用寥寥数语就将这些骑士、牧师、僧侣、院长和其他人物刻画得栩栩如生，他们给我们展现了一幅14世纪的英国全景图。或许其他文学作品中刻画的人物再没有比它更简洁鲜明的了。另外，他们的故事从严肃的悲剧到欢乐的喜剧应有尽有，并各有品位。

乔叟

即便乔叟不依靠《坎特伯雷故事集》，他也能仅凭着自己的诗歌占据英国文学史上的显赫地位。他取材于薄迦丘的《弗罗斯苔拉》创作了妙趣横生的长诗《特罗勒斯与克丽希德》，后来的莎士比亚也写过同样题材，不过，不管薄迦丘、乔叟还是莎士比亚，这个故事都不是最重要的。《伯爵夫人的书》是乔叟创作的最优美的短诗，它是一篇风格严谨轻快、取材广泛的随笔，主要和作者的读书体会及其思想有关。他的散文，特别是翻译的波伊西斯的作品至少具有考古价值。在乔叟时代及此前的一千多年，波伊西斯在思想界享有卓著的声誉，不过，因为现在的我们没有读过他的作品，因此也说不上有什么敬意。

由于乔叟在那个荒凉的时代显得如此超凡出众，因此常常使我们忘记另外两个艺术家——高瓦和朗格兰，其实，他们的思想和语言完全可以媲美乔叟。

当时颇受尊敬的高瓦是一名优秀的传统作家，他创作时能同时使用拉丁语、法语及英语，不过，他的作品《恋人自由》虽然不乏佳句，但因为其沉闷枯燥且流于形式，所以除了专业学者之外，很少有人愿意读它。乔叟在《特罗勒斯与克丽希德》的最后一章中写道：

啊！高尚的高瓦，我谨以此书献给你。

他以此作为送给高瓦的一份特殊礼物，乔叟了解和他同时代的高瓦，因此我们也应该承认他的评价。但高瓦的绚丽色彩被时间无情地消磨掉了，现在的人们已经不会对他感兴趣，因为他不注重诗歌的音乐性。但是，

《坎特伯雷故事集》插图

尽管那些沉湎于英国诗歌的读者对高瓦的诗歌视若无睹，也不免要回味一番沃德或其他学者精选出的两三首诗。

我们无法了解朗格兰的生平，但这个神奇的诗人显然比高瓦更有精神，他创作的作品《农夫皮尔斯》极具独创性，因此我们可以推断作者肯定是个强健之人。诗歌的内容是有关天堂、地狱和生活的寓言，结构非常松散，而且从用韵上看，它缺少乔叟那种温文尔雅的风范，但总的来说，这首诗是一部佳作，它虚幻有趣，充满了真挚的情感。

英国诗歌在乔叟之后的一个世纪内几乎没有什么发展，主要的原因是诗人中没有出现一流的天才，其次是当时的诗人还没有摆脱语言的束缚。当时的语言不再是乔叟的风格，同时莎士比亚的风格又没形成，因此写诗还得从头学起。

不过，虽然 15 世纪的诗歌不发达，但它是民谣的辉煌时代，一些流传于世的英格兰、苏格兰民谣佳作多半是用 17 世纪的英语完成的。民谣和风靡中世纪的叙事诗、浪漫传奇之间的联系非常明显，不同的仅仅是它的篇幅较小。民谣的最初文本是伯西主教的一折本，18 世纪托马斯·伯西的作品《古代英诗拾遗》就是取材于此。另外，从广意上说，民谣还包括了很多模仿之作，其中有斯文朋的一些作品，还有柯勒律治的《古舟子吟》和王尔德的《累丁狱之歌》，尽管它们的趣味性不同于口传的民谣。后世诗人们的创作很少没有受到民谣的影响。

我们之所以对 16 世纪初的诗人产生兴趣，是因为他们所充当的角色就是伊丽莎白时代文学的报幕员。为英国诗开创良好传统的人是维亚特，他模仿并翻译了彼特拉克的短诗；尽管萨里的作品十分平庸，但他翻译的《伊尼德》将最初的无韵诗引进了英国文学，这些无韵诗就是后来莎士比亚、弥尔顿创作的十步诗；加斯科也是先驱者之一，他创作的《钢铁之杯》开英国讽刺诗之先河；萨克维也是比较重要的诗人，其作品《县长的镜子》描述了诸王之死，它被称为乔叟与斯宾塞之间最优美的诗。不过，虽然这些开拓者不乏惊人之作，但他们不能称为大诗人，若干年后才出现像乔叟一样的大诗人。

15 世纪及 16 世纪初叶的英国散文和诗歌相比，显得更不成熟，但当时也出现了几个不朽的散文大师，其中有托马斯·马洛里。他的《亚塔尔之死》以其古色古香的文体引起了我们的兴趣，它是德国浪漫传奇的翻版，内容既能独立成章，也能合而为一。

由于早期英国文学受益于翻译和改编的外国文学作品，因此逐渐变得丰富起来。最早的翻译家就是卡克斯登，他同时也是“印刷术之父”——

发明了英国最早的印刷机。卡克斯登不仅了解乔叟对英语优雅化所作的贡献，同时他也身体力行，翻译了20部作品，并在自己的印刷机上印了50多本，为英国散文注入了永久的活力。马洛里的《亚塔尔之死》也是他印刷发行的书籍之一。

托马斯·莫尔

当马洛里沉醉于自己的翻译事业时，托马斯·莫尔诞生了，他用拉丁文创造了杰作《乌托邦》。当他逝世后，这部作品不仅被译成英文及欧洲其他主要语言，同时占据了英国文学中极其重要的地位，标题已经成为理想社会的代名词。

克兰迈是坎特伯雷新教的第一任大主教，如果他的著作没有雄辩强劲的文体，恐怕很难流传于世，因为普通人很少会对关于宗教的文章和书籍感兴趣。克兰迈的韵律具有极强的现代感，因此可以说他是个超时代的艺术家，他不仅是宗教改革史上的重要人物，也是散文方面的先锋人物，当然是在伊丽莎白王朝之前。

本节结束之前，我们还要谈谈伊丽莎白的家庭教师阿斯凯，从狭义上看，可以说是他开辟了伊丽莎白王朝。他的《校长先生》是一部重要著作，因为它最早讨论了英国的教育问题，尽管其中的很多观点值得磋商，但一些片段放射出永久的活力。阿斯凯并非艺术家，而是典型的学者，还带着一些玄学家的味道。我们可以举例表明他的心胸气度，就是他认为能带给人们真诚快乐的《亚塔尔之死》有伤风化。

三、莎士比亚以前的英国戏剧

如果所有诗人手中的笔都表达了其主人的思想，和充溢着他们心灵、头脑的种种乐趣，以及对被赞赏的事情的沉思；倘若从其不朽的诗之花，提炼出圣洁的精髓；如果这些造就了一个诗的时代，并且凝结成美的精华，那么，在他们不知疲倦的头脑里，至少残留着一种思想，一种美，一种惊异，那是任何言辞都无法把握的吧。（马洛）

英国戏剧往往来源于日常生活和文学作品，莎士比亚最初就是取材于中世纪的奇迹剧，这些所谓的奇迹剧仅仅是和亚伯拉罕、凯撒、基督诞生等故事有关的一些对话。在教会中演出的奇迹剧表现得非常庄严壮观，但演员们——牧师和平民——喜欢加入一些世俗思想，甚至是喜剧因素，因此后来的教会禁演这种不太严肃的奇迹剧，但平民爱看，只好在公共场所演出。这类戏剧还有一个名称叫“神秘剧”，但它其实和主题的神圣毫无关系，“神秘”这个词在德国、英国还包含着“职业”的意思，因为演戏也是一种职业。戏剧对话和演员都是从这时产生的。道德剧的出现比奇迹剧稍晚，其中的人物非常抽象，并带有寓意，有些道德剧也具备真正的文学性，比如几年前重新出现在现代舞台上的《埃惠丽》。

那些最早的英国戏剧剧本已经初具近代戏剧的形式，它们总是由古典大师创作的，比如牛津大学的优达尔写的喜剧《妥伊斯》，其英国式的幽默僵硬而轻快，但同时明显地具有古典戏剧的色彩，这说明英国戏剧曾经借鉴过古典戏剧。约翰·斯蒂尔毕业于剑桥大学，后来做了母校的校长，他写的《迈伽登的针》是一部滑稽而廉价的笑剧，它表现出的粗俗的滑稽具有典型的英国趣味，但在当时的英国人看来，其中的古风古韵非常新鲜奇特。英国最早的悲剧是辛迪加式的《柯尔布达克》，据说其中的某一部分是萨克维尔写的，他是早期的抒情诗人及叙事诗人。虽然这部作品始终充斥

伊丽莎白时代的走廊，便于于阅读和表演。

着令人烦闷的韵文，但它对戏剧的形式及动作，还有塑造人物性格产生了一定的进步意义。

以上这些戏剧作品都是探索之作，在伊丽莎白女王执政初期，别的戏剧也是同样如此，马洛出现之前的戏剧也显得幼稚、枯燥无味。其实，在马洛崭露头角之前，他周围活跃着剧作家李力、皮尔、格林、洛奇、纳士和基德。这些人当时拥有“大学才子”的称号，他们同时是抒情诗人，小册子及随笔的作者。不过，除了马洛，他们并没有重要的价值，因为辉煌的伊丽莎白王朝淹没了他们的成就。

当李力的创作从风格夸张的散文转为浪漫的戏剧时，就出现了短处日减、长处日增的现象。《艾狄米温》和《同世界的女人》即使不能成为永久的想像，也能成为不朽的空想，而且显而易见，莎士比亚非常熟悉它们，琼生将李力与基德、马洛并列不无道理；皮尔的艺术颠峰出现在《巴里斯的牢讯》和《大卫和贝特耐勃》两剧中，前者是包含优美田园诗的宫廷客串剧，后者则真实描写了包含许多诗意的圣经故事；格林的出色戏剧《僧侣培根和僧那》讲述的故事是违背情理的游戏和恋爱，马洛的《浮士德》也存在类似的主题，但形式更好。格林创作的小册子比戏剧更有意思，尤其是《百万英镑买来的四便士小智慧》，其中一些言论很不客气地评价了莎士比亚；洛奇作为抒情诗人、小册子的作者比戏剧家更重要，纳士则仅仅是偶然碰一下戏剧而已；基德的作品《西班牙悲剧》表现了最早的血的悲剧，也就是说，它是一部骚动不安的传奇剧。

英国最早的大悲剧诗人就是马洛，他不仅使上面的人显得渺小，而且也不因为莎士比亚、弥尔顿等人而掩盖了自己的才华。尽管马洛的一生只有短短的29年，但他始终傲然挺立，并取得了辉煌的成就。他创作的4部剧作全部描述的是人类的野心和对权力的贪欲。他最著名的作品《浮士德》取材于古代传说中的浮士德的故事，主人公为了获取权力，心甘情愿地将灵魂出卖给化身为魔术师的魔鬼，但他同时又是一个挣脱所有的世间羁绊，追求永恒真理的诗人。作品中不乏夸张之处，也不乏精彩之作，这些诗篇是英语中最壮丽雄伟的，就连莎士比亚也难以超越其中的无韵诗，比如当麦菲斯力叫唤特罗得赫时，浮士德说出的名句：

这就是那张使船舶沉没，
使云塔焚毁的脸蛋吗？
"闭月羞花"的海伦啊，
请给我一个吻，
好使我永恒不朽。

虽然马洛的杰作是《浮士德》，但另外三部作品也同样优美、同样有个性。《帖木尔大帝》中的主人公是拜伦式的英雄，气势辉煌壮观，有很多可以称之为琼生评价的"马洛伟大的篇章"。华丽无比的语言打破了章法，挑战了诗歌世界，并凌驾于它，如果继续发展，不免流于戏剧矫饰，但马洛能自如地使用自己的力量。恐怖残忍的《马耳他的犹太人》堪称血的悲剧的典范，但它同时集中体现了马洛的缺点，他完全忽视了人物性格，也许是因为青春的热情蒙蔽了冷静的智慧。当《爱德华二世》中的真实历史和现实因素出现时，他就有点抵挡不住，只能被迫屈服了，最后，作品中缺少了他常有的壮丽风格。不过，如果仅从戏剧性和人情味的角度来看，它也可以说是他的最佳作品。

另外，马洛也是伟大的抒情兼叙事诗人。即便是仅仅依靠《希罗和林特》，也可以让人们永远记住他，因为其中有一句人尽皆知的话：

相爱的人，有谁不是一见钟情的？

但并不是所有的人都知道这也出自马洛的笔下。虽然创造无韵诗或者英国悲剧的人并不是马洛，也不是其他什么人，但正如斯文朋所说"正是马洛发现并开拓了我们所有诗歌的王国，正是马洛为莎士比亚开辟并铺平了道路。"这番话颇有见地。

四、莎士比亚

最美妙的莎士比亚，空想之子。(弥尔顿)

1623年，莎士比亚戏剧集出版了最早的二折本，它是英国文学中举足轻重的书籍。关于这部戏剧集及其作者，英国文学史中存在着一个非常重要而有趣的不解之谜——莎士比亚究竟是什么人？由于篇幅所限，我们只能说个大概。就像我们对其他天才了解不多一样，我们对莎士比亚生平的了解也非常有限。传说中的传记是这样写的：1564年，莎士比亚出生于斯特拉夫镇；18岁结婚，妻子是哈撒维；20岁左右到伦敦当了一名演员；30岁左右集作者、剧场经理、老板于一身，并以诗人、戏剧家的身份闻名于世；45岁左右隐居故里，直到1616年逝世。19世纪中叶，终于有人提出一个疑问：莎士比亚没有接受高等教育，也没有足够的学习机会，他怎么能写出这些极富学识和文学修养的戏剧呢？不过，对于这个疑问，只有一个没有公认的答案：莎士比亚不过是培根的别名。研究培根的学者认为，来自于斯特拉夫镇的演员绝不可能写出这些剧本，培根则能做到这一点；研究莎士比亚的学者则坚信，从培根创作的散文来看，他无法写出那些戏剧和诗歌，但莎士比亚能够做到，而且已经做到了。

莎士比亚

我们无法在此探讨这些无休止的说法，还是让学者们去研究吧，我们只要拥有他的短诗和戏剧就可以了。这些作品从整体上可以说是英国诗中的最高成就。理解下面引用的短诗并不困难，关键之处是，这些体会是我们每个人都曾感受过的,但只有真正的诗人才懂得如何将它表达出来。

时乖运舛,遭人白眼,
只能为被唾弃的自身慨叹,
呼天抢地也是枉然,不能打动那茫茫苍天,
我只能反省自己,诅咒厄运。
我渴望心中长驻理想,
拥有美好的姿容和永恒的友情也是我的希望,
还有别人拥有的才华和本领,
帮助我踏上我自己的人生旅程;
种种烦恼和苦衷践踏着我的魂灵。
但一想到你,我的心境,
就像云雀一般,在朦胧黎明,
从幽暗的大地腾起,高唱着冲向天国的大门;
你的爱是取之不尽,
显贵王侯也妒嫉我这拥有福份。

当我们回想莎士比亚的戏剧历史时,会发现一个令人感慨的事实——至今活跃在舞台上的莎士比亚戏剧的数量已经超过了同一时代其他剧作家的戏剧总和。经历了300年的风雨,尽管莎剧在某个时代并不十分盛行,但它从未遭受过冷落,它不仅吸引了广大的观众,也始终是那些胸怀大志的演员企慕的目标。19世纪涌现出了一大批表演艺术家,比如普士、欧文等,他们都是以演莎剧出名的,我们在过去的时代中欣赏了《哈姆雷特》、《仲夏夜之梦》、《威尼斯商人》、《罗密欧与朱丽叶》、《错误的喜剧》、《凯撒》、《第十二夜》、《查理二世》及《亨利五世》等等成功的演出。而且德国不断地将莎剧搬上舞台,取得了令人欣喜的成果,或许是因为:壮美宏伟的莎剧满足了观众的愿望。剧场在莎士比亚时代显得极其重要,因为当时的书籍不如今天这样容易得到,因此剧场实际上是传达思想的媒介。

优美的结构和感人的故事是多数莎剧的基本特点,不论是意大利故事、英国编年史,还是波罗达的《传记》,只要能够运用,他就全部拿来当作素材。他的优点是用母语的“血肉”充实了改编故事的“骨骼”,让它们变成“血肉之躯”,虽然这种做法不免有抄袭之嫌,但他用高明的处理手段掩饰了这一点。莎士比亚塑造的人物形象、使用的词汇,以及诗和语言表现出的幽默感,都淋漓尽致地显示了他有具有的天赋,即便是最差的戏剧,我们也认为其中的优美之处表现了莎士比亚风格。但我们应该记住,这种诗体并不是由莎士比亚的个人天才所独创,因此,从某种程度上说,它得益

莎士比亚作品《哈姆雷特》中的场景

于当时丰厚的诗歌土壤。而且，有其他几个诗人写过不下于他的诗。莎士比亚毕竟是人而不是神，他也常常写出很多枯燥、乏味、散漫的平庸之处，因此，对于那些怀疑是否由他所作的剧本，不能依据作品的优劣来评定其作者。

我们之所以觉得莎士比亚写出的某些段落精彩绝伦，往往是因为我们早已知道它是莎士比亚的作品。不过话说回来，那些独特的语言艺术又有谁具备呢？时间不能让它们褪色，引用也无法使其凋零。

我曾经说过，那些优伶，
哪个不是精灵的化身，
终究要飘散在虚无的空中？
那高高的楼阁，
那雄伟的寺院，
还有大地和上面的一切，
同样要化为虚无，
如同幻影在眼前消逝，
不留下一点痕迹。
我们可怜的生命，
只不过是梦中的游魂，
始于梦又终于梦。

这段话是《暴风雨》中的普洛斯所说的：

她的死期已到，
这话语屡屡在耳边回响。
无数个明日过去，
时光匆匆，
何曾停住？
过去的日子掌灯为痴人照路，
将他们送上死亡的归程。

事实上，如果仅仅考虑塑造人物和描写场面的语言，完整的《哈姆雷特》的剧本应该是莎剧中最卓著的作品，但现代舞台采用的往往是删改过的剧本。

如果将莎士比亚笔下类型复杂繁琐的人物和他的思想范围做个比较，后者无疑是极其博大的；如果说其他诗人也能圆满地讲述某件事情，那么莎士比亚则能处理所有的事情。莎士比亚能表现出所有人的思想状况和情感变化，不管是国王、村夫、可爱的无赖福斯塔夫、机敏的鲍西娅、工于心计的麦克白夫人，还是落寞寡欢的哈姆雷特，他甚至不放过可笑的蠢笨和可怕的苦恼。当某个场景开始暗示思想时，诗人和戏剧家就全部溜之大吉了，让这个思想表现出各种不同的风貌，也许这也造成了他的剧本被现今舞台删节的部分原因。比如杀害国王的麦克白在恐惧中不停地说：

啊！好像什么地方又传来呼号，
睡不着了，麦克白瞪着睡眼呢！

这首关于睡眼的抒情诗中包含了 6 个隐喻，但莎士比亚竟然让麦克白走了进去，确实太难为麦克白了。琼生曾经说过：应该将莎士比亚的戏剧删掉一千行，也许他另有所指，并非是针对如此壮丽的诗吧。不过后来也正是琼生高度地赞扬了莎士比亚。

他不仅属于一个时代，他属于所有的时代。

五、弥尔顿

弥尔顿啊,你现在活着该多好。(华兹华斯)

我们现在认为弥尔顿不仅是继莎士比亚之后的重要诗人,也是他所处时代的巨人。弥尔顿总共经历了17世纪的四分之三,因此他的传记和其他诗人的传记相比,无疑更加重要,也更能引起人们的兴趣,因为它紧紧联系着主人公生活的时代历史。虽然每个诗人都会受到其时代的影响,成为时代产物,但并没有几个诗人真正投入社会实践活动当中,可以说,17世纪的思想历史就建立在弥尔顿的精神基础之上。弥尔顿的思想境界处于伊丽莎白时代,他在青年时代就是一名早慧的诗人、优秀的学者,其最早面世的作品是1632年出版的颂诗,它附在莎士比亚的二折本中。此外,他还创作了其他的优美短诗,比如《愉快的人》、《悲伤的人》及《列斯达恩》等,如果这时他不幸身亡,同样能占有英国抒情诗的一席之地。由于弥尔顿在1632年爆发的国内战争中支持反叛的一方,因此随后的20多年他将主要精力投放在小册子的创作上,不免违背了缪斯的精神,而且,他在担任克伦威尔的外国语秘书时工作十分繁忙,从某种意义上说导致了他的失明。王朝复辟后,他罪责难逃,本应被送上绞刑架,但由于朋友们的鼎力相助和宿敌的手下留情,他才幸免于难,接着选择了隐居,这时他开始潜心创作《失乐园》、《复乐园》和《参孙》。他的一生契合了同世纪的三个历史阶段,也就是伊丽莎白时代末期、共和国时期及王朝复辟时期。

弥尔顿早期创作的诗丝毫没有幼稚的痕迹,他踏入文坛之时就已经显示自己是个出色的抒情诗人。他于21岁创作了雄伟壮丽、气势磅礴的《基督降生的晨礼赞》,这部作品预示着诞生了一个伟大的叙事诗人,在这些同类题材的叙事诗中。《愉快的人》充满了生活的喜悦:

晴朗的假日,
老老少少结伴游玩,

待到日将落山，

去品尝麦酒的甘甜。

弥尔顿作为一名清教徒，早年提出的主张是自由的思想和艺术，但从这里可以看出，清教徒的精神并没有和世俗欢乐势同水火，他十分喜欢剧场。

跳上热火朝天的舞台，

穿上琼生博学之鞋。

赞美故乡美丽的山林，

用'幻想之子'莎士比亚的诗行。

在17世纪其他的诗人和弥尔顿眼里，宗教是严肃的欢乐，并非严肃的苦难。另外，弥尔顿还是个热爱艺术的钢琴家，我们通过下面这些《悲哀的人》中的诗句回忆起来。

在苦修庵的庭院，

我徘徊、缱绻。

沐浴在那幽幽的微光，

品赏那饰着故事画的门窗，

还有那巍峨的圆柱

和那高高的房梁。

那里有朗诵的功课，

和明朗的圣歌。

优美的音乐，

伴随着悠扬的合唱，

悠然飘入我的耳中，

使我融入无穷的快乐。

弥尔顿

《列斯达恩》是英国文学中的三大哀歌之一——另外两首哀歌是雪莱的《阿多尼斯》和丁尼生的《怀念》——它是弥尔顿早年诗作中悼念挚友的最感人的诗篇。假面剧《科马西》显示出诗人和伊丽莎白时代的戏剧紧密相连，弥尔顿于晚年创作了《参孙》，这部作品将他非凡的戏剧才能显露无疑，如果他出生得更早一些，肯定是一名剧作家。

英语中仅有的具有古典趣味的叙事诗就是《失乐园》，它取材于圣经中的《失乐园》，如果说它类似于但丁的《神曲》，倒不如说它和原作更相似。这个故事在《创世纪》中仅有几句话，但弥尔顿将其演绎成规模宏大的12篇无韵诗，极其完美的语言被奉为诗歌艺术的典范，虽然其结构、表达方式及众多的隐喻明显带有异教色彩。权威人士爱略特·诺顿认为前两卷

《失乐园》插图

的《失乐园》已经非常清楚明白地传达了所有的思想，他这种观点不免失之偏颇，因为事实上，我们无法忽略第三卷，虽然有些地方表明诗人只凭借才气，缺少内省的精神；虽然有些语句显得单调乏味，但“雄壮的文体”始终贯穿着全诗。

弥尔顿向世人告别的最后杰作是《参孙》，他将自己遭受的失明的痛苦全部深切地寄托在参孙身上，全剧结束时的语调镇静而悲凉：

静下心来吧，一切热情都已化成了火焰。

谁会留下如此壮丽的“告别演说”呢？

弥尔顿不仅是当时重要的散文家和小册子作者，他还是一名雄辩家。那个盛行唇枪舌战的年代遗留下来的某些争论已经无法引起人们的兴趣，有些甚至被劣质作品玷污了，但直到今天，弥尔顿的某些论文和演讲辞依然闪耀着不朽的光芒。比如《论出版自由》中说：“如果说，杀人者杀戮的是有理性的生物，是神的影子；那么，毁坏有价值书籍的人，便直接扼杀了理性本身，即神本身了。”这无疑是人类信仰和永久自由的一种宣言，无怪乎华兹华斯用“灵魂悠悠永伴星辰”来形容弥尔顿，这种说法看来不无道理。

尽管弥尔顿在激烈的斗争中消磨了人生中最宝贵的20年，但他凭着卓著的才华在英国文学的诗坛上屹然挺立。

六、17 世纪的英国散文

大创造是一种神秘，人类的创造尤其如此。回顾往昔，默想先人，是合宜的。（托马斯·布劳温）

当一种风格开始代代相传时，诗能保持清新的风格，而不必受到时间的限制；散文则极易丧失其活力，最后变得陈腐不堪或不合时宜，这就是二者之间的一大差别。如果近代的诗人模仿弥尔顿的风格写一篇优美的短诗，那它就如同刚出炉的面包，散发着浓郁的香味；反之，如果出入国会或其他大会的人尝试模仿弥尔顿的文体口若悬河地演讲，那他就是个不折不扣的傻瓜。

英国散文作家约翰·班扬（1628 年——1688 年）出生于一个农村的劳动人民家庭，他的父亲是个补锅匠，因此班扬从未接受过学校的正规教育，很早就子承父业了。他在内战时期的 1644 年至 1646 年加入了议会军队，从而开始接触清教徒运动及社会各阶层的人，由此影响了他后来的宗教信仰和文学创作。1648 年或 1649 年，一贫如洗的他娶了一个清教徒的女儿，妻子带来两本宗教书籍当作嫁妆，从此他加入了浸礼会，成为一名传教士。一些正规传教士被他的传教活动激怒了，他们宣称班扬“企图像补锅那样修补人们的灵魂”。复辟战争结束之后，政府下令：禁止不信仰国教的人自由传教，但班扬依然我行我素，因此于

约翰·班扬

1660年进了监狱，直到1672年才被释放。1676年再次入狱坐了6个月牢，获释后继续担任浸礼会牧师，并外出传教，同时也继续以补锅为生，坚持写作。

班扬首次创作的重要作品是1666年的自传《罪人受恩记》，他在狱中完成了这部作品，书中主要讲述了他信教的过程。他的代表作同样是在狱中完成的，就是1678年的《天路历程》，这部讽刺小说和中世纪的讽喻文学一脉相承，比如兰格伦的《农夫彼得之梦》。作者描绘自己在梦中看见了一个名叫基督徒的人背着沉重的包袱，他徘徊不定，不知道何去何从。这时，传福音者指点他，必须离开故乡“毁灭的城市”前往“天国的城市”，于是基督徒开始了人生旅程。他首先挣脱出“绝望的泥潭”，途经“名利场”，翻越“困难山”，走过“安逸平原”之后终于来到黑乎乎的“死亡河”，河的对岸就是“天国的城市”。班扬栩栩如生地描写了路途中的各种艰险，很明显，这些地名带有浓厚的讽刺意味。除了宗教寓意，基督徒经历的过程也象征了人类追求美好的未来。对于那些英国乡村公路上的人物和情景，比如“无神论者”、“年轻的愚昧无知”、“世故的聪明人先生”、“马屁先生”、“爱钱先生”以及喋喋不休的“话匣子”等等，他们既是有血有肉的活人，又代表了某种抽象的概念，因此班扬采用了现实主义手法来描写他们，生动具体地描述了他们的动作和语言，可以将班扬当作英国现实主义小说的先驱人物。由于《天路历程》近似于普通的布经讲道，因此它属于宗教文学，但是它同时也属于民间文学，因为基督徒和魔王阿波里昂之间的战争来源于民间故事，甚至可以追溯到中世纪的骑士传奇故事。此外，它吸收了英文《圣经》的简洁明确、生动有力等许多特点，在故事情节、细节描写和人物塑造等方面极大地影响了后来英国小说的发展。《天路历程》被翻译成100多种文字及方言，是世界名著之一。

1684年的第二部《天路历程》讲述的故事是克里斯蒂亚纳——基督徒的妻子——和她的四个孩子前往“天国的城市”；1680年的《恶人先生的生平和死亡》是一部对话体的现实主义小说，它描述了英国下层社会的生活；1682年的《神圣战争》也是一部宗教讽喻小说，这些都是班扬的重要作品。

托马斯·布劳温的作品《医学》和《骨壶埋藏》极有品位，语言绚丽奇特，称得上是妙语连珠。他那些关于生死的冥想语句深邃而不失刻板迂腐，比如“我们称死亡为睡眠，它杀死我们，并麻醉我们的灵魂”，这句话透露出了他超越现实的心声。事实上，他所有的作品都没有流露丝毫的身处动荡时代的阴影。托马斯·布劳温不仅拥有出众的口才、内敛的精神，还具有哲学

托马斯·布劳温

家的气质,而且他有别于弥尔顿及许多同时代人,就是从不参与教会和政府之间的斗争。

纳柯米·泰罗和托马斯·弗勒极具文学天赋,但他们没有得到相应的声誉,因为他们多半用说教的方式写文章。不管广大读者的信仰如何,也不管他们如何喜欢听教士唠叨,他们总是不喜欢阅读说教作品的。不过,泰罗的作品《神圣的生活》、《神圣的死》已经超越了宗教,文学意味更浓;兰姆和柯勒律治对弗勒的《英国伟人史》,以及他在《神圣及渎神诸形态》中表现出的才华推崇备至。

这个时代最伟大的思想家是托马斯·霍布斯,同时他也是培根之后、洛克之前最伟大的思想家。霍布斯的多数作品都和专业哲学领域有关,他也缺乏那种用文学形式描述哲学思想的艺术才能,不过,他最初以同情、理解的口吻,用英文创作的《丽维阿》属于文学作品,这本书关于国家和共同社会,它的中心思想是:至高无上的国家是吞噬个人的怪物"丽维阿"。它并不说明国家和政府应该如何,而是准确无误地描述了事实应该存在的国家和政府,它唤起了人们的同情或反感,后代的政治哲学几乎全部受到了它的影响。不能说霍布斯的文体十分优美,但其风格刚健明晰,可读性极强,这个特点多少和其毕生研究修昔底德有关。

尽管17世纪的很多散文作家的文体各有千秋,不乏雄辩和优美,兰姆、柯勒律治及19世纪的其他作家或多或少能够从中受益,如果我们能学会当然更好,但不应该生搬硬套。令人高兴的是,同一世纪末期出现了文学家德莱登,他的散文无论是布局结构,还是运用韵律和词句都值得我们学习借鉴。

七、18 世纪的英国散文

当代最伟大的人非斯威夫特莫属。(卡莱尔)

18 世纪的英国文学应该属于散文时代,这并非因为诗歌极其拙劣,而是散文太优美了。在 18 世纪初叶,斯威夫特是最著名的散文巨匠,在孩子们眼里,他创作的《格列佛游记》是一本爱不释手的经典读物。格列佛的冒险经历给他们带来了巨大的欢乐,其中有矮小得使格列佛成为巨人的丽丽伯特人,还有让格列佛变成矮人的巨人。但成年读者心中非常清楚,格列佛的船上装满了辛辣的讽刺,它严厉地批评、抨击了人类,比如智马国中的马变成了人,"雅虎"这些人则成为低贱的奴仆。在英国文学或其他国家的文学中,没有一部作品像它那样具有强烈的讽刺力量,但是,书中没有疾言利色,也没有流露出愤怒的讨伐声,冷嘲热讽在心平气和的掩盖下慢慢渗透出来,如果滑稽味过于浓厚,才会稍微露出愚弄的痕迹。

斯威夫特

斯威夫特在讽刺中也带着些许微笑,但他没有笑出声。他终生未婚,没有顺利地在教会中得到提拔,以及傲视众生的态度——当然他有权这么做——都使他的一生非常不幸。他带着强烈的愤怒冷眼旁观人类的愚昧,接着进行无情地揭露和批判,但不能武断地说他"无情",因为他厌恶人类的原因不仅仅是个人的不平,他冷酷的表层之下隐藏着深深的怜悯和同情,而且对朋友责无旁贷、一往情深,他曾说

《格列佛游记》插图

过最喜欢托穆、狄克和哈立。为了这些表面轻蔑、内心热爱的人类，他愿意拿起笔加入战斗，尤其是为了爱尔兰的正义事业。他在《温和的建议》中虚构了"吞吃小孩"的故事，以此来抨击英国人的残忍和罪恶；《桶的故事》则有力地讽刺了罗马教、英国国教和加尔文的三派教，尽管它的内容不及《格列佛游记》那么有趣，但它代表了斯威夫特的最高成就。作家本人在晚年时说"写这本书的时候，我是多么有才能啊！"这句话非常有道理。

至今依然没有出现令人满意的斯威夫特传记，也许永远都不会出现了。斯威夫特的作品具有非常浓烈的个人色彩，他的性格和作品紧密相连，即便是个人色彩最淡的《格列佛游记》和《桶的故事》，也没有一个作家比得上。因此，和一般文学家的传记相比，他的传记更有研究和探讨的价值，而且研究得越深，就越能理解他的人格，越能感受冷漠外表下的宽容仁慈，以及忍受生活巨大痛苦的顽强毅力。事实上，他真正厌恶憎恨的是人类的虚伪，并非人类自身。他非常正直，这种品格直接影响了他的文风，因此他的风格简单质朴，没有矫揉造作，从"天然去雕饰"的角度看恐怕无人能及，虽然他的审美趣味不如那些作品更具诗意的作家。

丹尼尔·笛福毕生都对争论有兴趣，他凭借自己的力量使许多主题已经过时的小册子保持了生命力，不过，我们如今回想起他，并非因为他是个小册子作家，而是他创作了《鲁滨逊漂游记》。只要一说到它，我们就会想起它为我们的青少年时代带去了很多欢乐，当我们成年后了解了它的技巧就更喜欢了，或许《鲁滨逊漂游记》是一部被广泛阅读的英文作品。一

笛福

般的小说多半描写了人类处于现实社会中的故事，但《鲁滨逊漂游记》描写的是孤独者的奋斗历程，笛福把巧妙地融合了奇妙的幻想和现实的因素，主人公的英雄气魄及自力更生的精神让我们钦佩不已，据说这部作品是根据森尔柯夫的生平经历改编而成的。尽管《大疫年日记》的趣味性比《鲁滨逊漂游记》稍差一些，但同样引人入胜，这本书给我们留下的印象是：笛福的体验似乎痛切之极。事实上，病疫流行的时候笛福不过是个孩子，按照时间和经验推断，对于那些恐怖的情形，他应该知道得并不多。《辛格顿船长》让人们产生了置身美洲的感觉；《骑兵的回忆》则与历史无二，不用说那些对历史不熟悉的普通读者，就是专家们也被蒙骗了，但是，这些次要的作品都被高高矗立的《鲁滨逊漂游记》所投射的阴影遮住了光芒。笛福是伟大的、最早的现实主义小说家，他所关注的仅仅是冒险活动，人物的外表和行动是真实的，但笛福几乎从不涉及他们的灵魂。

塞英尔·理查逊则是最早关注人物内心，尤其是女性内心思想的小说家。在他出现之前的一个世纪，剧作家也曾经探索并刻画了人物性格，诗歌方面描写多彩人生的起码应追溯到乔叟，圆满处理所有小说素材的应

《鲁滨逊漂流记》插图

该是薄伽丘。如果要寻求英国小说起始的年代话,那么它应该开始于18世纪,鼻祖正是理查逊,他用书信体创作的《克拉里莎》是英国最早的感伤主义小说,同时也是篇幅最长的英语小说之一,文中没有丝毫的幽默趣味。故事情节简单之极,就是讲述放荡子弟迫害贫穷的、纯洁的姑娘,它的主要趣味并非故事情节,而是着重刻画女人的情感世界。他惟妙惟肖地刻画了克拉里莎这个人物以及其悲哀的故事,在英国、法国和德国风靡一时,极大地影响了现代小说,拜伦、司各特之前的英国作家中没有人像他那样同时博得了国内外的巨大声誉。理查逊早期创作的作品《帕米拉》并非特别出色,它不过是感伤的道德说教,比现在的普通剧本强不了多少,不过因为以下两个事实,它就显得十分重要了。首先,它的成功促使理查逊继续从事创作并最终写出杰作;其次,英国最大的小说家亨利·菲尔丁在它的影响下产生了创作喜剧小说的意识。《帕米拉》的内容讲述了贫穷的姑娘拒绝接受主人的预付款,主人为了回报这一德行便与她结婚了,小说关注了女性的道德品质以及对贞操的坚守,因此,这部小说从故事情节及其在小说史上的价值来看,还是值得一读的。

菲尔丁在《约瑟·安德鲁传》中完全没有依据《帕米拉》的情节,他为高雅夫人安排的恋爱对象是善良青年,他最初的想法就是和理查逊开个玩笑,如果仅仅是这样,我们所看到的不过是一部喜剧或仿作罢了。但是菲尔丁背离了自己的初衷,而且越走越远,最后变成了一部关于个性和风俗的现实小说,作者和我们关注的与其说是约瑟,不如说对斯立普斯夫人和牧师亚当斯更有兴趣。菲尔丁从这部作品中发现自己具有艺术才能,于是在《汤姆·琼斯》中进一步地发挥了它。

亨利·菲尔丁

我们总是喜欢用“伟大”呀,“最大”来评价自己赞赏的作品,这些词不免缺乏判断力,不过要评价《汤姆·琼斯》这部150年来始终令小说家们钦佩羡慕的作品及其具备的所有长处,我们实在找不出其他更合适的词语。其实,菲尔丁就是那个为英国小说定型的人,18世纪提供了

《汤姆·琼斯》插图

充分的自由让他表达自己的思想，后来的时代就禁止了这种自由。萨克雷曾经无比惋惜地说："自从《汤姆·琼斯》的作者下葬之后，我们的小说家没有人能够享有随心所欲描写人生的权利。"菲尔丁非常明显地影响了《汤姆·琼斯》之后的大部分英国幽默小说，他塑造的人物属于18世纪的英国，同时也属于现在和未来。

18世纪不仅是一个散文时代，也是一个幽默时代。几乎每个作家都具有幽默的本性，或许在他们看来，幽默就是人生的真谛，当然，只有理查逊除外。头号幽默家的称号无疑属于斯摩莱特，虽然他的艺术造诣没有到达菲尔丁的高度，但他同样能敏锐地观察人生。他曾经做过海军外科医生的助手，这段军旅生涯使他非常熟悉英国水手的性格，他最初描写他们时用了非常粗俗的幽默，而且文风泼辣，其他的航海作家如库琅、马尔维尔及康拉德等都比不上他。斯摩莱特对陆地生活也不陌生，他的杰作《克里克》的背景就是苏格兰及英格兰内地，并不在海上，也许，《兰登》等作品难免会让那些口味淡的读者倒胃口，其实这些作品同样充满了活力和风趣。司各特和狄更斯都极度欣赏他，而且后者描写真实而奇特的一些人物技巧还得益于斯摩莱特。

斯泰恩的幽默则表现得壮观而怪异。或许，风格轻松愉快的杰作之一《香苔》是世界上最狂放的著作，从表面上看，它的结构十分凌乱、不协调，一个素材转到另一个素材，非常随意松散，但斯泰恩清楚自己做的事情，散漫的结构中始终贯穿着一条清晰的主线，就是香苔的父亲和心地善良的感伤老人——托比伯父——那种坚韧不拔的性格。《感伤旅程》具有半自传体的形式，它的文体没有《香苔》那么变化多端，如果从哀伤的情调和幽默的角度来说，它应该表现出了斯泰恩的最高成就。

18 世纪后期，在英国文化生活中处于中心位置的人是约翰生，他是当时文学批评标准的创始人和实践的先驱者。由于一个半世纪以来出现了不同的文学批评标准和美学原则，这些拉开了他和我们之间的距离，现在的人已经不像当时的人们那样对他顶礼膜拜了。约翰生的人格伟大，是个出色的辩论家，但并非是个一流的艺术家，可以说，他是一个没有留下重要著作的惟一的重要文学家。虽然他的作品《词典》中的词语释义很有独创性，但总的来说不能算是艺术品，仅仅只能作为见证他勤勉和学识的历史，序言中记述了他高尚的人格；小说《拉塞勒斯》则十分枯燥乏味；模仿《旁观者》所作的论文确实是真实的，但缺乏一个巨匠的品位，甚至没有他最擅长的愉快谈话的气氛；《诗人传》主要描述了部分小诗人的生平，价值不高，仅仅表明了作者及其时代的一些趣味性，另外，他的诗作更是乏善可陈，但是，这些都无法阻碍他成为一名了不起的人，他应该值得当代的有识之士敬重。

哥尔斯密的作品中除了那些为了糊口而敷衍塞责的之外，其他所有的作品都能说明他是个艺术家。能够著称于世的《威克菲尔德牧师传》依靠的就是幽默地描写人物性格及浪漫的情调。在 18 世纪的小说中，除了《鲁滨逊漂游记》之外，它是最受欢迎的作品，或许只有马克·吐温一个人不喜欢这部小说，他的理由是，少年摩西在集市受骗的一段描写无趣而可悲，不过，作者本人非常了解那种隐藏于人间喜剧之后的悲哀。不只英国人喜欢这部作品，萨克雷对哥尔斯密的评价是“带着优秀的故事打进欧洲的城镇乡村”，歌德则说“哥尔斯密冷嘲热讽仁慈而高尚。他对一切错误和缺陷的态度是仁慈而公正”。

哥尔斯密创作的《屈身求爱》和谢立丹的《情敌》、《造谣学校》一样充满生命力，是当代无与伦比的作品，它活跃于舞台已经有一个半世纪了。它是哥尔斯密两部戏剧中较好的一部，在剧场看演出也好，在家里读剧本也好，它都能带给人们欢乐。哥尔斯密具有诗人的气质和讲故事的天分，也有写通俗论文的才能，散文集《世界公民》以其辛辣的讽刺有力地吸引了读者。另外，他的小诗集中也不乏优美的“花朵”，《荒村》值得整篇引用，尽管带着一些普柏的风格，但毕竟已经变成了哥尔斯密自己的东西。

哥尔斯密在《复仇》中巧妙地指责了友人，其中的两句话是：

为世人而生，却有无赖般狭窄的心胸，
不乏为人类的意识却失于党派的纷争。

这里暗指了演讲家、政治家埃德曼·柏克。如果用一个恰当的说法来形容他，就是将文学的趣味变成了热衷政治。或许在今天看来，那些演讲和小册子的主题已经微不足道了，但当时表现的问题非常重要，美国人对演说《与美国讲和》尤其感兴趣。尽管随着时间的流逝，英国政治家已经用不屑一顾的态度来对待其中的真知灼见，但这丝毫无损它的雄辩和论理，柏克总是用极大的热情维护自己的观点，哪怕是错误的观念，他的措辞也让人感觉到真诚。

爱德华·吉本和柏克是同时代人，他们也同样的傲慢、善于雄辩，尽管两人有着不同的趣味。吉本用英文创作的《罗马帝国衰亡史》是一幅最壮丽的历史画卷，后世的历史学家不断作出修正和补充，但是，吉本具有的开阔视野、组织整理材料的能力，尤其是让历史变成文学的天赋让那些历史学家们自愧不如。

如果说吉本的文章是文学艺术品，那么大卫·休谟的作品《人性记》则处于优美和谈不上优美但具有重要的内容而生出活力的两种文章之间，它属于促进人类思想发展的书籍。它不仅指出了苏格兰、英格兰哲学发展的新方向，而且从某种意义上说，它也是德国哲学思想的滥觞，包括康德在内。尽管休漠在后来的著作中进一步发展了它的思想，但并没有很高的超越。

18 世纪有不少古典散文名著重印了多次。其实 18 世纪的散文和我们的距离并不大，因为 19 世纪的散文基本上延续了它的风格，后世的英国作家已经越来越意识到“奥古斯汀时代”的价值，因为它不仅产生了斯威夫特和菲尔丁等巨匠，还给后人留下了数目众多的壮丽诗篇。

八、18世纪的英国诗歌

诗应该从声音和意义两方面去表现。德莱登说:“音乐,是不明了的诗。”所以提及普柏的优点时,必须说到其韵律的曲调。(约翰逊)

英国的天才诗人们已经不停地歌唱了一个世纪,这些歌声即使是出自巨匠普柏的歌喉,即使他的对句不乏天才和品位,但读得过多不免产生单调乏味的感觉。除了莎士比亚,普柏是写格言最多的英国诗人,这虽然能够说明他的勤奋和智慧,并带来好运,但并非他个人天才的显露,因为仅凭他个人是无法创作出这种警世之句。他在《卷发遇劫记》中创造了令人捧腹大笑的喜剧效果;在《愚人记》中显示的辛辣讽刺;还有在书信和《批评论》中闪烁的智慧光芒,都说明他已经达到了艺术的最高境界。虽然他的哲学和美学思想在当时已经不稀奇了,但他用独特的语言叙述出来之后,就为自己的观点“真正的智慧在于表达人们想说却一直无法巧妙说出的东西”提供了有力的证据。如果存在一种仅仅表达诗歌的明晰而不考虑抒情性和思想性的诗人,那么普柏就是首当其冲的人。很多人模仿了他的风格,但几乎没有一个成功,人们记住的只有两个人——马太·普赖厄和约翰·盖伊。普赖厄开创了所谓的“世态诗”,他创作的诗格调轻快,仅次于普柏,他擅长讽刺,其恋爱诗因为充满激情而富有诱惑力,《献于上流社会的孩子》属于完美之作。人们能记住盖伊则是因为他的即兴之作和《特力味亚》,后者仔细观察了都市附近的社会生活,还有充满快乐的《乞丐的歌剧》,在大约两世纪之后的现代舞台上它又

普柏

《乞丐的歌剧》中的一个场面

重新复活了,并取得了巨大成功。盖伊就像同时代最优秀的诗人,比如普赖厄和普柏,能够用自己的素材即兴写出言辞庄重的作品,但他们的天赋范围并不包括17世纪和19世纪最有气魄的抒情诗。

尽管威廉·柯林斯力量微弱,风格和普柏迥然不同,但他依然走上了诗歌舞台。他创作的诗并不多,其中的优秀作品具有浓厚的抒情味,似乎类似于济慈的某个友人,尽管他多少具备一些普柏的风格。人们总是习惯将他和格雷并列在一起,其实他的声誉应该更高。

格雷是一名精通建筑和音乐等艺术的学者,同时也是历史教授,他无比热爱自然风光,是当时少数热衷于浪漫主义复活——重新对古英格兰民谣、爱尔兰及威尔士的古代吉勒特文学产生兴趣——的人之一。他创作的诗并不多,几乎是为了自娱自乐或者为友人所写,按照狄更斯的说法"他是惟一携带一小卷诗迈入不朽诗人行列的诗人"。只要一说到格雷的《乡村墓地》,我们脑海中马上浮现了那些熟悉的歌词,每一句词都是完美的,整个结构布局也令人满意。

另外,威廉·柯柏的哀伤之作和詹姆士·汤普生的《四季》都倾注了诗人对大自然的挚爱。柯柏的《工作》诗风质朴自然,是当时出现的一种新诗

布莱克

歌风格，民谣《约翰·季尔品》及无与伦比的书信则将他的幽默才能显露无疑，英国最优秀的书信作者非他莫属，因为他懂得如何使微不足道的事情变得有趣，如何使重大之事显得平淡。

这时，乔治·克拉布给英国诗坛带来了新的影响，他在诗体小说《村镇厅堂的故事》中别具一格地运用了现实主义，描写的对象是现实人生，不同于虚幻的田园诗，从而给英国诗歌注入了新鲜血液。他的雄健真挚的风格和彭斯同样纯正，叙述能力也高人一筹，但美中不足的是对音韵缺乏敏感性，措辞也往往刻板、不自然、流于散文化。

18世纪末期威廉·布莱克和罗伯特·彭斯率先让我们产生了关注。他们的思想有些接近，都热爱人类，甚至是小动物。布莱克不仅是个诗人，还是个画家和雕刻家，他用一种艺术影响了另一种艺术，他将写的诗和画的图用自创的方法刻在铜板上，然后将铜板印成书页，最后在书页上涂颜色。当他作为画家兼诗人日渐出名之后，就成了青年诗人崇拜的对象，他的《纯真之歌》、《经验之歌》收集了很多单纯、具备丰富想像的抒情诗。在此引用的诗作是他最负盛名的：

虎

虎啊虎，
在幽暗的森林里射出你如电的目光，
什么样的手造就了你，
永恒的凛凛威风？
在怎样遥远的国度，
你的双眼目光如火？
谁能展翅上天，谁能伸手取火？
什么样的力量，什么样的艺术，
才能铸就你的心锁？
当你的心脏开始奋搏，
何等的手足随之飞舞？
什么样的铁椎，什么样的铁索？

什么样的熔炉铸就你的头颅?
什么样的铁砧,什么样的臂膀,
竟能捆住它可怖的震怵?
待到星星投下眼泪般的光束,
把天空澄清洗过,
神夫可不是为他的造就而欣喜?
除了造羊,他是否也同样造就了你?
虎啊虎!
在黑夜的森林里目光灼灼。
哪一只手铸就了你,
永恒的威风楚楚?

罗伯特·彭斯生前是苏格兰公认的桂冠诗人,如今他依然保持着这个声誉。他的两大天赋是能够抓住读者并打动他们的心。尽管我们的种族和语系不同于苏格兰,但非常了解这个伟大的抒情诗人,只要加上一两个注解,世上所有说英语的人都能读懂他的作品。彭斯属于一个帝国和两三个共和国的共有财产,他将苏格兰的古老民谣进行改写后创作了《约翰·安德生》、《奥尔特兰森》及其他百余篇诗作,但仍然保留了原有的音节。另外他还进行了新的创作,比如《致鼠》、《致菊》、《农夫的土耀日》、《晚间》、《禅透的泰漠》和《快乐的乞丐》等等,虽然这些诗免不了要借鉴古老的诗歌,但其中包含的感触和幽默等艺术手段只能出自天才诗人的笔下。不过,当他尝试像现代英国诗人那样写诗时却失败了,因为内容和形式都显得生硬呆板。

来自北不列颠的热情强劲、哀悯欢乐的乐曲成了这个时代诗歌的结束曲,或者准确地说应该达到了高潮,这是值得庆祝的一件事。

九、英国浪漫主义诗歌的复活

在黎明中活着是至福，但在青春来说，就仿佛置身于天堂了！（华兹华斯）

柯勒律治和华兹华斯于 1798 年出版了《抒情歌谣集》，在英国诗歌的发展中，这新颖独特的一小本诗集被当作一座里程碑，其中收录了柯勒律治的杰作《古舟子吟》以及华兹华斯的最佳诗篇之一《亭登寺院》。事实上，其中包含的浪漫主义因素并不新鲜，序言中叙述的诗歌原则就连 100 年前的德莱登也能充分明白，它真正新颖的地方是为世界介绍了两个新诗人，两个了不起的新诗人。

尽管华兹华斯作品中有很多文笔拙劣、不忍卒读，但优秀的作品极富灵性。他崇拜大自然，信仰神灵，并认为星星和雏菊之间存在着一些感应，于是他经常将它们当作笔耕的题材。这里举出他的几句诗便于读者理解。

《孤独的割麦女》中的诗句：

他唱的是什么？
谁能对我说明？
是今日人生的不幸，
还是往日战场的风云？

《卡力斯海岸的黄昏》中的诗句：

详和而安闲的黄昏，
在这神圣的时刻，
敬神的尼姑般的寂静。

《永恒之启示》中的诗句：

瀑布在悬崖上吹着喇叭，
岁月不再使我忧伤困乏；
我听到它转过山涧的回声，

风——

从睡眼朦胧的旷野吹进我的衣襟。

爱默生的看法是，最后一首诗能够代表19世纪诗歌的最高成就。华兹华斯曾经立志：用诗歌的形式来探讨人类、社会和自然界的哲理，但始终没有实现。不过，他在《麦克尔》之类的作品中涉及了人类共同存在苦难命运的主题，就像彭斯、狄更斯那样。他描绘自然的诗技艺十分精湛，受到了人们的喜爱，后来的英国文学家在创作关于自然的散文或诗歌时几乎都受到了他的影响，简直可以称为"华兹华斯派"了。

《抒情歌谣集》曾公开声明自己的宗旨：华兹华斯将平凡变成非凡；柯勒律治使非凡具有可信度。柯勒律治创作的《古舟子吟》充满魔力，他出色地完成了自己的主张。虽然诗的结构和韵律基础都是英国的古代民谣，但奇特的措辞是诗人所独有的：

太阳沉沉了，星星浮出海面，
黑夜很快又到来；
依稀听见远方的风，
魔鬼的船儿就要疾行。

此外，柯勒律治还是个著名的批评家，他教导且讽刺了同代人。他所具有的那些奇特怪诞的天才充分体现在没有完成的《克拉斯达伯》和梦中片断《忽必烈汗》中：

那从苍翠的山峰上流下的
神奇的溪水上，
横卧着杉树一丛！
荒凉寂静的旷野，
神圣而又纯洁，带有些许魔幻，
就像曾有一个女人
在这里的残月下，
笑笑地找寻失魂的爱人。

或许司各特的天赋不如柯勒律治，但他为普及新诗作出了突出的贡献。人们喜爱他的小说更胜于他的诗歌，他的独特之处是，擅长用韵文描写情节紧凑的故事，《最后的吟游诗人之歌》、《玛米恩》及《湖上夫人》都获得了巨大的成功，有些读者不理解柯勒律治、雪莱的神秘主义，对于他们来说，这些故事应该值得一读。

尽管拜伦（1788年——1824年）是司各特的竞争对手，但他同时也承继了司各特的风格。仿佛一夜之间，拜伦就成了英国乃至全欧洲无人不知

拜 伦

的人物，按他自己的说法就是，当发表了《恰尔德·哈罗德游记》的前两部之后，他在某天早上醒来突然发现自己出名了。这部华丽生动的作品讲述了主人公在欧洲大陆的所见所闻及冒险经历。拜伦曾经自夸写诗的才能是“天赐之才”，依靠着天赋、顺着感情快速成章，如此写出的诗极为优美，可以说是浑然天成，的确让人感到不解，诗歌的长处在于作者投入了巨大的热情、显示出的天才以及具有的恢宏气势。拜伦在独立战争爆发时奔赴战场为希腊而战，结果不幸染上热病，逝世时年仅36岁，也许在他眼中，战死沙场才是动荡的一生中的高潮。他在短暂的人生中创作了戏剧、抒情诗、《查》跋，《希永的囚徒》等故事以及许多其他作品。他的代表作是最后的长篇，生前没有完稿的《唐璜》，这部作品尽其可能地包容了拜伦几乎所有的思想，并探讨了人性和哲学问题，其中的风景描写也极具个性，全诗风格亦庄亦谐。拜伦的声誉超过了欧洲所有的诗人，就连莎士比亚也落后于他，不过，他在英国的地位逐渐增高只是近50年间的事。

拜伦的影响直接有力而经久不息，因为他的思想明晰，便于人们理解，而且容易翻译成外国文字。他的力量和精巧的同代人雪莱相比，确实显得生硬粗犷。

雪莱和拜伦一样也是其时代的产物，他梦想人们能够获得一个完全自由的未来世界，他逝世50年后，阿诺德称呼他是“梦幻的天使”，这个比喻再合适不过了。雪莱是个天使，一个歌唱着的天使，他愿化作自己赞扬的“云雀”和《西风颂》中的竖琴。30岁时，他就英年早逝了，或许是因为神灵无法忍受他不停地歌唱吧。人们阅读《伊斯兰的叛变》和《解放的普罗米修斯》中的很多优美抒情诗段时，或许没有意识到雪莱是带有一定的政治思想创作这些诗的；悼念济慈的《阿多尼斯》使他自己成为不朽的人物，反而不是济慈，只有一流的诗人才能写出这些诗：

人生
像一座玻璃宫殿

在阳光下折射出斑斓的彩虹。

空灵，梦幻般的雪莱，

身处人世，心存众星。

雪 莱

不过，济慈是属于世间的诗人，他创作的三篇颂诗《希腊古瓮颂》、《秋颂》和《夜莺颂》形式整齐、措辞精美，简直令人难以置信，他在色彩缤纷、春色永驻的大地上欢快地歌唱：

美就是永恒的快乐，

是悲哀的惋惜，

悲哀和美同在，

美的东西必定要毁灭。

喜悦将手按在嘴边，

随时都将会与我们永诀。

许多诗人和音乐家在孩提时代的情感就极其丰富，非常令人惊讶，济慈也同样如此，他一跃就进入成熟时期。只不过济慈未享天年，他 26 岁就告别了尘世，如果他继续活下去，艺术造诣会达到如何程度呢？没有完稿的《赫彼里昂》稍微提供了他的天才发展方面的暗示，当然，这仅仅是无用的推测而已。或许，济慈的英年还是一件好事，因为他描写的是毫无前途的青春年华。尽管如此，他的诗也可以用完美无缺来形容，阿诺德对他的概述是，济慈“与莎士比亚同在”。以下的诗句是《希腊古瓮颂》中的，它极其清楚地说明了作者已经羽翼丰满，是诗人中的诗人。

亨利·菲尔丁

啊，你古朴优雅的形体，姣好美丽的姿容，

还有那踏过草坪，穿越丛林，

大理石雕刻般的男女，

你沉默无言，使我忘却尘世，

带我走向永恒：啊，你这不染俗尘的牧人！

当岁月消蚀了人生的热情，

你依旧为别的事而忧心莫名，

不愿割舍的还有那给世人的友情，

“美即真，真即美”——这就是你

对生命旅途的述评；
这就是我们应该
体会到的永恒。

THE STORY OF THE LITERATURE

第12章

19世纪及以后的英国文学

人间的生活并不是小说的题材，而是埋藏着无数题材的贮藏盒；这些题材名目繁多；根据主题的不同，真正的艺术家也相应地变换手法和切入点。（史蒂文生）

一、19 世纪的英国小说

英国小说自从菲尔丁之后就开始呈现整体滑坡的趋势，直到 1814 年才重新焕发活力。

在 19 世纪的英国，曾经出现过的小说类型应有尽有，多数的小说家都能进行富于变化的创作，对于那些无穷无尽的生活素材，他们都能用熟练的手法恰到好处地表现出来，而且，这些作家们能够和平共处，没有互相排斥。因此从整体上来说，这个时期的英国小说还是引人注目的。

英国小说自从菲尔丁之后就开始呈现整体滑坡的趋势，虽然有一些尝试写小说的作家取得了或多或少的成功，直到 1814 年，司各特创作的第一卷的《威弗利》发表之后，小说才重新焕发了活力，很少有国家的读者不喜欢它。司各特的历史知识非常丰富，同时，他的想像力也从历史上的冒险经历及英雄传奇中孕育出来。他在《米德洛西恩监狱》中刻画的纯朴少女爱菲和珍妮的形象比刻画的女王玛丽 · 斯图亚特要光彩夺目得多，这是因为他深切地理解了平民百姓。《兰迈英尔的新嫁娘》中值得记忆的人物不仅有极具传奇色彩的雷兹沃德，还有老波尔特斯登。学识渊博的司各特将故事的结构和文体创作得浑然一体，不管是无法无天的孩子，还是束缚于文学评论的成人，都愿意阅读《威弗利》、《艾凡赫》、《洛布桑》、

司各特

《圣符》、《昆廷·达沃德》、《盖·曼纳令》等仅凭书名就可以使人浮想联翩的作品。

在欧洲的浪漫主义文学风起云涌的年代,司各特带着他的小说和诗歌享有了声望和财富,还具备代表荣誉的骑士头衔,由此可以看出,他是那个时代的中心人物。

简·奥斯汀

虽然简·奥斯汀和司各特属于同时代人,虽然她是当时小说领域中最伟大的小说家,但她在远离尘世喧嚣的乡村小镇过着宁静安逸的生活,直到她逝世也很少有人知道她的作品。她是首位描写中产阶级的悠闲生活的小说家,后来的英国小说中也出现了很多类似的优秀之作。司各特非常熟悉简·奥斯汀的作品,他对她的评价是:“那个年轻女人在刻画复杂微妙的东西及普通人的情感和性格时,所表现出的才能是我曾经见过的最令人惊奇的东西。如果是大声吼叫,我做得不会比其他人差,但在处理真实情感、使平凡事件和人物显得有趣这些方面,我实在做不到。”这已经成了文学史上的定论。

简·奥斯汀创作的6部小说是《诺桑觉寺》、《好事多磨》、《理智与情

《傲慢与偏见》插图

《理智与情感》插图

狄更斯

感》、《傲慢与偏见》、《曼斯菲尔德公园》和《爱玛》。她在《诺桑觉寺》中讽刺了那些和幽灵城堡有关的神秘故事，但她会用真诚、同情、容易被人接受的戏谑口吻去处理那些涉及青年人恋爱的问题。她的风格平易自然，蒂岑纪曾说过：“如果想学到没有被俗语及隐语污染的英语，我们应该求助于有教养的女人。”简·奥斯汀就是这样的女人。

查尔斯·狄更斯出生的时间几乎和简·奥斯汀发表《傲慢与偏见》、司各特发表《威弗利》的时间同步，继司各特之后，他成了英国最受欢迎的小说家。25岁的狄更斯凭借《匹克威克外传》一举成名，在这部小说中，能够找到他后来作品中的所有要素，比如可爱的动物、插科打诨、玩闹、忧伤的感情、戏剧化的动作和场面等等，一些描写已经达到了出神入化、炉火纯青的地步。他不仅赢得了读者的喜爱，同时也令批评家另眼相看。他在接二连三

狄更斯对一伙朋友朗读《圣诞歌声》

《大卫·科波菲尔》插图

的创作中塑造了人们理想中的人物,而且他创造的结构虽然冗长杂乱,但读者决不厌烦,他热爱生活,也热爱描写生活,他的天才在于那些非凡的创造力。另外,狄更斯欣赏并信任那些亲手塑造的人物形象,比如柏克斯昆夫、斯诺格拉斯、克特尔、萨克思、南希、赖尔、欣米丽等等,我们的父辈或祖父辈早已熟悉了他们,我们年轻人也不应该忘记。

据说狄更斯的人物画廊中缺少贵族人物,不如司各特、莎士比亚和萨克雷的作品中那么多,他确实不够了解上流社会,只有真实的平民世界和幻想的浪漫世界存在于他的思想。他的代表作《大卫·科波菲尔》也是同样如此,作品中不乏真实和传奇的因素,而且包含着急风骤雨式的场面,悲哀感伤的情绪以及过于滥用的言词,它浓缩了作者所有的优点和大部分缺点,但惊人的洞察力始终贯穿全文,即使最枯燥乏味的段落也没有令读者失望。他给恶棍画像时采用黑色,给美丽但可怜不幸的姑娘或者勇敢的少年画像时则采用白色,或者用它表现幸福的生活和大团圆的结局,就如同另一位著名小说家所说:“令我感激的是,《大卫·科波菲尔》的作者为我的孩子们带来了天真无邪的欢笑。”

萨克雷

尽管萨克雷声称自己创作的《名利场》没有主人公,但事实上就是蓓基·夏坡,当

这部作品面世之后，他才发现自己已经成了伟大而不朽的人物。萨克雷早年创作的滑稽和讽刺小品文，他和司各特一样，能够敏锐地感受到过去时代中具有戏剧色彩的浪漫传奇。《亨利·艾斯蒙德的历史》就是这样，它的情节令人激动，而且文中充斥着时代的气息。萨克雷在《潘丹尼斯的历史》和《纽可漠一家》中，带着类似于菲尔丁的不明显的正直，利用相关的上流社会知识以及比简·奥斯汀更宽广的视野，观察和研究了自己所描写的人类社会及人性，他用洞穿世事的锐利眼光关注着世间的变化。如果说萨克雷可以用长者的口吻驾轻就熟地描写潘丹、尼斯和纽可漠等人物，那么他就更能得心应手地刻画青年人物，比如大潘丹·尼斯，他塑造得活灵活现，好像曾经亲自和他们在伦敦俱乐部里结交过一样，还有极其优雅的老绅士纽可漠大佐。萨克雷热爱生活和人类，他是一个靠在椅子上悠然自得的长者，他和菲尔丁一样，同时拥有论文家和小说家的头衔，即使那些失之于散漫模糊的随意创作的文章也堪称妙作。

此外，还有两三名女作家为英国的小说作出了卓著的贡献，她们在小说方面的成就令人瞩目，因为小说关注的是人物性格，聪明女性在这方面的领悟力至少不下于男性。简·奥斯汀不过是个大姐，而且是个未婚的大姐，在她之前也出现过搞创作的女子，但多半都是以匿名的方式发表的，勃朗特家的三姐妹——夏绿蒂、艾米莉及安恩这也发生过同样的情形，她们的笔名分别是卡拉、葛丽丝和阿克登柏尔。艾米莉和夏绿蒂都是天才，尽管她们没有完全发挥自己的才能，但每个人都留下了一部杰作。艾米莉的《呼啸山庄》有一种特别的韵味，在英国的小说史上独树一帜，以凄凉的氛围与晦暗诗化的场景赢得了极度"孤僻"的地位；夏绿蒂的《简·爱》也别

夏绿蒂·勃朗特

艾米莉·勃朗特

乔治·爱略特

具一格，以一名出身贫寒、并不漂亮的女子简·爱作为女主人公，和世俗观念唱了一出反调，因为在英国小说中，其貌不扬的女人闯入浪漫的传奇是一件新鲜事，看来，普通女子也同样可以如愿以偿，《简·爱》能够一举成名并具有持久的声望或许也和它有部分原因。

知识面和兴趣都很广泛的乔治·爱略特可以说是英国文坛上最伟大的女人，她身上具备的男性的阳刚之气以及如今称为“心理分析”的才能都给她带来了极大的声誉，但她其实是一个典型的感性女子。她以刚强的手腕刻画了《亚当·比德》之中心地善良的亚当塞斯和作恶多端的多尼，但从不流露自己的态度；当她描写能够打动身边的男子的波伊塞夫人所具备的令人愉快的敏捷风趣和女人的微妙情感时，却清楚地表现了一个女性作家特有的情感，同样的情形也出现在描写海蒂·索勒尔的同情心上时。乔治·爱略特关注着自己塑造的人物命运，对于他们的生活及生活中的苦难，她感同身受，并毫不避讳地袒露自己的心声，就像狄更斯一样。我们能够从她那里获得的是，用戏谑、达观的态度勇敢地面对人生中的各种问题，这也是我们所能得到的最大收获。

维多利亚时代的小说家普遍具有正义感，他们还热心关注各种社会问题和人生命运，其中也包括查理·里特。他立志对监狱、疯人院及其他管理中的不公平现象和制度进行改革，其热心程度可以媲美狄更斯，但他们的不同之处在于，他的热情丝毫没有狄更斯的戏谑味道。里特的代表作《僧院古炉边》讲述了人文主义的鼻祖伊拉斯漠当年的经历，部分故事则直接来自于伊拉斯漠的《对话录》，并非取材于当代，它为我们展现了辉煌壮观的中世纪末期或者文艺复兴初期，具有极高的美学趣味。书中有很多场面惊心动魄、催人泪下，比如吉拉尔德初次见到孩子；孩子母亲垂死的悲惨状况，在其他作品中难以见到更优美、浪漫的历史传奇及更恢弘的15世纪图画。

安东尼·特洛拉普是一名重要的第二流天才，他的作品数量也是英国小说家中最多的，他在20年中以每年推出三四部小说的速度进行着写

特洛拉普

作。他没有一篇一流小说，也没有一篇处于二流之下，他不懂得借助灵感将平常的场面描绘得壮丽辉煌，而狄更斯、萨克雷、哈代甚至乔治·爱略特和查理·里特都具备这种能力。但是，令人惊讶的是他的整体艺术成就和技巧，他栩栩如生、惟妙惟肖地刻画了都会的书记员、国会议员、乡村牧师、打猎的地主，端庄贤淑的少女以及多嘴多舌的老太婆，这些人物不断地出现在各种不同的小说中。由于他的作品水平都差不多，因此选择其中的优秀之作是一件困难的事，他的作品有《巴哲斯德的塔》、《桑博士》、《萨德的最后记录》、《阿林登的小家庭》、《福兰梅的牧师公馆》等等。

读者一般认为小说——也包括其他文学形式——作者被分为三种：一、既能捕捉同代人的思想又能让后代人产生兴趣的作家，比如狄更斯和萨克雷；二、当时声誉很高，但在后世有所下降的作家。19 世纪著名的小说家不计其数，比如威廉·恩斯维斯的《温都尔域》、詹姆士的《黎塞留》、布尔维登的《庞贝城的末日》、柯林斯的《白衣女子》、奥利方特的《异教徒的会堂》、布拉克漠的《罗那顿》、克雷克的《约翰·哈黎德克斯绅士》、查理·利莫的《哈立·罗莱柯》和《查理阿玛尼》、查理·金斯黎的《海波萨》和《向西行》、政治家迪斯雷里的《维维安葛雷》和《昆宁兹比》、马里阿特大佐的《利奇船长》、《少尉候补》、《森伊希君》及《彼得·萨漠普尔》等等。人们现在依然欣赏他们，他们也不该被遗忘。

被世人划分为第三类的作家，即使是一些天才作家也总是要经过漫长的时间才能被人们所接受。狄更斯的《双城记》和乔治·爱略特的《亚当·比德》于 1859 年面世了，乔治·梅瑞笛斯的《理查德·法弗尔的考验》也于同年发表，当时仅有少数几个具有鉴别力的人知道英国文坛又出现了天才作家，比如乔治·爱略特和罗塞蒂，因此这部作品注定要被埋没很多年。而且乔治·梅瑞笛斯创作的作品都很凄惨，他的代表作《利己主义者》结局凄惨；《波森的一生》让人产生一种可悲的空虚的感觉；《理查德·法弗尔的

托马斯·哈代

考验》也是一部伤感的悲剧，虽然他也描写过一些鼓舞人心的场面，但是很难见到比《罗达·弗莱平》更有趣的故事，也没有出现比《哈立·里斯曼》更具冒险精神的作品。如果想彻底了解梅瑞笛斯，必须具备和他一样高的智慧，虽然这个要求对读者有些苛刻，但莎士比亚和其他天才人物的做法也是同样如此。

梅瑞笛斯于1904年逝世了，多数人也认为维多利亚王朝已经走到了尽头，但是托马、斯·哈代在1925年依然健在，和上个世纪的所有作家相比，他毫不逊色。1874年，哈代匿名发表了他的首部小说《远离尘嚣》，结果获得了成功，他的风格清晰透澈，故事情节发展得非常迅速。或许有些读者认为它是乔治·爱略特的作品，这种看法恰恰可以说明，哈代非常贴近维多利亚时代的小说家。哈代最著名的小说是《德伯家的苔丝》，这个故事既悲哀又残忍，悲哀是因为哈代用无尽的爱怜讲述了女主人公苔丝的遭遇，残忍则是因为他不断地让苔丝陷入无法解脱的困境。苔丝不仅是一个懦弱男子和一个邪恶男子的牺牲品，同时也是命运的牺牲品。《无名的裘德》是一部最有力度的小说，书中充满了浓厚的厌世主义意味。哈代笔下的自然十分具有美学趣味，由于他是一名专业的建筑师和绘图师，因此细致地描绘了自然的凄凉悲哀和盲目不定。他在去世前的25年开始进行诗歌创作，从此不再写小说了。

史蒂文生逝世于哈代的《无名的裘德》出版的前一年。乐观而勇敢的史蒂文生具有献身艺术的精神，他在19世纪的最后10年中不仅以精巧优美的文体赢得了同行们的一致好评，又以刺激性的故事博得了外行人的欢迎，比如《宝岛》和《诱拐》等。他的论文和书信浑然天成，似乎借助了某种魔力，如果读者不具备这种魔力，又想品评他的作品，那简直是不可能的。毫无疑问，《宝岛》和《罗滨逊漂游记》一样属于不朽的名著。

艺术家乔治·吉辛几乎和史蒂文生做着同样的事——用心磨炼自己的文体，不过他创作的《平民》和《漩涡》可以说是更值得“磨炼”的东西，仅仅凭借这两部作品，乔治·吉辛也足够跻身于英国著名小说家的行列。

现在，如果想对那些活跃于本世纪初年、至今依然健在的小说家作出一个评价，几乎是不可能的，因为必须有很多具备才华的作家才能组成英国小说界，美国也是同样如此。赫伯特·威尔斯说：“谁也无法确定我们当中是否有杰出的人才，但有一点非常清楚，那就是如今人们参加的竞争比以往任何时候都要激烈。”威尔斯也是一名优秀的小说家，他的这番话确实意味深长、颇有见地。如果50年后的人不知道以下的作家或作品，那么对他们来说，应该是一个极大的损失和过错，这些作品是吉卜林的长篇小说《吉姆爷》及短篇小说、阿诺德·本涅特的《老妇潭》、梅·辛克莱登的小说、约瑟夫·康拉德的浪漫故事以及萧伯纳的戏剧。

史蒂文生

二、19世纪的英国散文和哲学家

饶舌的笔者遗留给我们的东西却少得可怜！（查理·兰姆）

英国散文家查尔斯·兰姆非常具有独创性，虽然他的风格有一部分得益于17世纪的散文家，但他最终锤炼出了适合自己时代的丰富奇幻的文体。而且，他实际上并不仅仅是个散文家，他的作品百味丛生，既描写了“梦中儿女”般纤弱的感伤，也有戏谑陈旧的语言和文采飞扬的评论，同时还包括了《伊利亚》散文集、书信及其他文章。他不仅对古代诗人产生了极高的兴趣，还不时鉴赏同代友人——华兹华斯和柯勒律治等新诗人，很好的证明就是他对书籍的嗜好以及“温和的伊利亚”。

韩德的感召力和洞察力稍逊于兰姆。尽管他的随笔在文学史的长河中没有占据非常重要的地位，但以其健康自然的语言和通俗易懂的文体流传于世；尽管他的散文选集无法让全世界感到震惊，但一定能为世界诗歌的一隅增添光彩。

查尔斯·兰姆

尽管骚塞无法凭借诗作跨入伟大诗人的行列，但他的散文具有永恒的价值。不管《纳尔逊的一生》是否具有历史价值，它始终是一部极为出色的作品，骚塞在创作这部作品和其他较严肃的作品时非常认真地模仿了艾迪生的风格。他身上具备一种谐谑的气质，他在《博士》中极尽幽默之能事，妙语连珠,足以媲美斯泰茵的作品,虽然这部作品不太有名。勤奋好学、严谨的骚塞是个具有学者风度的作家,他在自己所处的时代里备受尊敬。

批评家兼学者威廉·赫兹里特是个傲气十足的人,他不仅能使敌人怒火冲天,也能使朋友离他而去。他的文章在喧嚣尘世的影响下变得更加热情洋溢,他的两部讲演稿——《莎士比亚戏剧中的人物》和《伊丽莎白王朝的戏剧文学》——经受了整整一个世纪的考验,完全可以称为力作。他系统、深入地研究了英国文学,并成为英国最早的重要的艺术评论家,在如今那些谈论他的批评思想的读者心中,他的地位已经达到了登峰造极的高度,如果有人想增加阅读的趣味性,想愉快地接触某些文学问题,那么就应该阅读赫兹里特的《时代的精神》、《论英国喜剧作家》及《桌边文谈》,因为这是最好的途径。

托马斯·迪茵出名的原因在于其学术论文以及自叙体《忏悔录》。他用朴实感人的手法描写了放荡弃儿的命运,条理清楚地分析了吸食鸦片的影响,而且他用诗的感觉解释了梦境,甚至在某种程度上契合了近代心理学的释梦方式。迪茵的散文风格和兰姆一样庄严稳重,仿佛重新回到了 17 世纪。迪茵的散文如实地反映了他的心情,有时候跌宕起伏,有时候呈现泡沫之状,有时候又反射出彩虹的光芒,这些无疑体现了他心潮澎湃的情绪。托马斯·马可里的思想则非常明澈,几乎很少有人不了解他,也很少有人不赞赏他的艺术功力。他创作的《英国史》能够让普通读者马上体会到它的清晰的理论,这一点也是批评家们公认的特点和价值所在,它同时也是英美两国人通晓的历史书籍,堪称传世之作。他的论文也具备同样的特点,尤其是那些和社会名流有关的作品,能够体现他最高成就的是《柴塔漠》和《赫斯汀》之类的论文,并非著名的《弥尔顿》。

慢慢出名的托马斯·卡莱尔用斯泰茵之后最奇怪的文体创作了《旧衣新裁》,它同时集中了德国哲学和苏格兰哲学,目的是为了给英国人留下一个全新的感觉,但是很遗憾,英国人对德国哲学的兴趣并不大,只有一小部分人喜欢它,其中包括美国的爱默生,事实上,这部作品在过去和现在都是伟大的。卡莱尔是 19 世纪中叶 40 年间出现的文坛巨匠,在英国小说及诗歌内外都是。散文体叙事诗《法国大革命》是他最初的成名作,它文采绚丽、具有戏剧效果,并非一部用评判口吻写成的历史。同样的,《过去和现在》表现了他在中世纪取得的研究成果,想像力使这部作品变得兴致盎然。崇拜英雄、伟人的卡莱尔在《论英雄和英雄崇拜》、《克伦威尔》中十分明确地表明:谁要求被拯救,谁就得屈服于高贵伟人的脚下。如果从好处评论他的文体和思想,应该说他似乎成了一个出色的希伯莱预言家,即

使充满了不可理喻的热情，依然闪现着微言妙语的光芒。他用衣裳来比喻人类的幻想，希望通过阐述人与自身精神之间的矛盾来把握其内涵的社会主义，但是它仅仅属于卡莱尔所处的那个特殊时代——充满苦闷和怀疑，没有终结——它具备的有关特征在现代社会更加明显。卡莱尔对人生的态度一开始是厌恶的否定，接着是漠不关心，然后趋于肯定，最终摆出了一个提出挑战的战斗者姿态，他用了足足40年时间来宣扬这种世界观。

卡莱尔

卡莱尔的学生约翰·罗斯金继承了他的思想，两人有不少相同的观点，比如深切厌恶当时政治、经济的残酷和腐败，以及严厉地苛求道德，而且他们都属于苏格兰系。不同的是，出生贫寒的卡莱尔终生过着穷愁潦倒的生活，罗斯金则出生于富商家庭，能够不受约束地四处游历。他接受的教育应有尽有，并受过良好的音乐美术的启蒙教育，他擅长绘画，是个手法熟练的图案家，同时他也是赫兹里特之后出现的最早的美术评论家。能够具体表现他视觉敏感的是散文《现代画家》、《建筑的七盏明灯》和《威尼斯的石头》，这3部作品写得色彩绚丽，表达出热爱各种形式的美的欢欣之情。他的美学观点是：美术必须朴实、诚挚、热情，因为美术和建筑体现的是一个民族的宗教和社会习俗，显而易见，他的美学原则建立在伦理的基础之上，如果从历史的角度看这个艺术观点，应该是真实的。

另外，罗斯金也开始慢慢关注社会问题，他在《给那最后的人》和《芝麻与百合》中清晰明了地阐明了自己的相关见解。他曾经将节省出的钱财施舍给别人，可以说，没有丝毫自私自利的想法，完全出于一种希望以此传播自己理想的热情。罗斯金不仅热忱地信仰着文化的民主主义，还希望人们能够通过艺术、宗教和文学的熏陶变得文明起来。罗斯金很早就开始和文艺接触，尽管50年之间有一些无休无止的问题缠绕了他，但他一直坚持着自己的文体——它清晰自然地阐述了社会、道德和经济的思想，它属于一种出于艺术热情、考究而雄辩的剖析文体。

阿诺德和罗斯金属于同时代人，但他关注的仅仅是少数人的文化，他的看法是只有一小部分人才具备接受文化教育的能力,观察人生的眼光几乎是趋炎附势的。不过,他对文学的看法却具有远大的目光,而且态度优雅,格调亦庄亦谐。他在《文化与无政府主义》和其他论文中表现出了拥护希腊的思想,反对基督教所代表的陈旧的希伯莱思想;而且在《文学与教理》中将《圣经》从神学者和广大读者手中抢夺过来了,不管多么严厉的批评也无法抹杀他创作的《记左勒特的文学》、《论荷马的翻译》以及济慈、华兹华斯等诗论中的精华。

19 世纪不断出现经济、宗教和科学的问题,卡莱尔、罗斯金、阿诺德等重要文学家以及一些小说家也加入了激烈的辩论中。他们或许不是文学家的辩论者或解说者,也不管各自的目的是什么,总之他们创作出的出色论文能够理所当然地占据英国文学史上的一席之地。

由于现在已经发生了很多事情,因此 19 世纪的大部分经济学说变成了字纸篓中的废纸,难逃厄运的还有约翰·穆勒的《政治经济学》。他的著作都是记述文和解说的典范,如果从解放现代女性的观点来看他的《好人的屈从》,其中的思想已经过时了,但他的说明文《自由》是一部不朽的杰作,今天再也没有人能写出比它更坦率、更迫切的作品。

19 世纪中叶,新教和天主教之间发生了论战,因此英国知识界受到了巨大的震动。虽然约翰·纽曼是维护罗马天主教的重要人物,但他的文章具备极高的文学价值,自传体《生命的自白》既朴实又精巧,说服力很强。毫无疑问,他是个艺术家,尽管他的热情具有一定的功利性,他曾经是个教师,在他创作的《一个大学的思想》中有一些关于英语作文的诙谐言辞,它们应该是所有教师、学生的必读之作。

达尔文

还有一个注重实践的思想家查理·达尔文,不过他将文学当作一种使用工具,不管《物种起源》和《人类的由来》具有多大的科学价值,也不管进化论将来如何发展,仅仅依靠他的文学功力就足以让作品保持活力。

托马斯·赫胥黎是一名生物学家,这一点毋庸置疑,他同时也是 19 世纪的科学家中最具文学家气质的人。他写了关于科学自由、信仰自由的论文，并发表演讲，这些都能让他在文学史上占有一席之地，这些文章内容并非普通的议论，而是讨论了追求自由及探索真理的人权。他靠着自己的文体和热情，将科学精神和文学修养融为一体，并有的放矢地阐述了自己的观点，世人的思想和见解受到了他的《人在自然界的位置》、《演讲与说教》的极大影响，这两部作品堪称科普读物的典范。

路易·史蒂文生和瓦尔特佩特将"远离尘嚣"的文学论文演绎得无以复加，而且佩特是文辞精炼方面的巨匠。尽管他的著述不多，但每一篇都经过了苦心思索，这些作品值得人们细细品味。他创作的《鉴赏录》是一部和兰姆、华兹华斯、柯勒律治等有关的论文集。当他逝世后，有一批英国青年立志于文学批评，与其说他们狂热地崇拜着阿诺德，还不如说他们是佩特的忠实学生。

THE STORY OF THE LITERATURE

第13章

19 世纪的法国文学

可以毫不夸张地说，法国浪漫派是19世纪最大的一个文学派别。（勃兰兑斯）

法国文学和其他欧洲大国相比起来，内容更为广泛，影响也更加巨大，因此，想对它做个概论是非常困难的。

法国文学的主要精髓似乎是从罗马引进的，它多半和理性的智慧有关，有点类似于拉丁作品，不过，它的活力也有部分不是出自罗马。法国人是高超的体裁能手，也精通用合适的语言来概括思想和情感，不论是美感、色彩、实际生活知识和人情，法国文学都远远凌驾于现代国家之上，它的缺点是，过于使物质和形式达到统一标准，不太懂得欣赏不规则及无理性的事物，同时也缺乏一种应变的能力。

一、19 世纪的法国散文和小说

在司各特的华丽与乏味的罗曼司之后，遗留着有待创造的是更美更完整的别的罗曼司。这就是兼戏剧与叙事诗、华丽与诗意、现实与理想、真实与宏大于一体的罗曼司。（雨果）

如果从时代和精神特征来看，法国浪漫主义文学非常类似英国的浪漫主义复兴，它们的思想都烙上了法国大革命的印记。不过，如果将二者做个比较，法国思想界稍逊一筹，当诗人们还在世时——济慈、雪莱等——法国人就对他们闻所未闻。直到后来，才出现能媲美司各特、拜伦的法国文学家，虽然思想家伏尔泰具有明确的、针砭时弊的才华，而且获取的声誉足以让后世瞩目，但他的无法为文学增光添彩。当时，活跃于文坛的是夏多勃利昂的宗教精神以及卢梭的伤感浪漫主义。

19 世纪初，夏多勃利昂发表了最具影响力的《基督教精神》，但是，英国两世纪前就出现了类似的体裁和感伤的情调，因此，他拥有的英国读者数量远远少于当年的法国读者。虽然夏多勃利昂曾经在英国生活了多年，很多作品也被译成了英文，但他在英国没有受到普遍的重视。他于晚年翻译了《失乐园》。他的文辞无法让近代的法国人感到欢愉，但他们心中十分清楚，夏多勃利昂是过渡时期的文坛巨匠。

终于，过渡期的末期就要过去了。仅仅几年时间，19 世纪初就涌现了巴尔扎克、雨果、亚历山大·仲马、乔治·桑等小说家以及批评家、散文家圣柏蒲。

著作颇丰的小说家荷利阿·巴尔扎克（1799 年——1850 年）无疑是最优秀的。他将其全部作品称为《人间喜剧》，由此可以明了他立下的志向——描绘一幅人生全景图。这个写实主义作家十分刻苦，他有力而真诚地刻画了人类的本性，他的创作中囊括了生活中方方面面的事，但是，他描写的内容仅仅是自身的感想，超出了实际经历的范围，他最终没有实现理想，50 岁就逝世了。人间喜剧已经超越了个人、国家和时代，他塑造的人物形象有很多引起了读者的强烈共鸣，不管是身处喧嚣都市或者穷乡僻壤，不管是身份高贵或者地位低微，几乎所有的人都可以从他创造的人身上看到自己、朋友、敌人的影子。他在书桌旁度过了人生的大半部分时间，那么令人费解的是，他如何抽得出时间去了解纷繁的世界，或许惟一的解释只能是，他是一名卓越的小说家，具备天赋和敏锐的洞察力，可以理解人物性格，然后用准确而精细的手法描述出来，虽然有时不免失之琐碎。这种敏锐的洞察力来自于渊博的知识和不曲不挠的勇气。有时候他为了生活不得不多写作品赚钱，但他极富良知，不愿随便对待自己的作品，总是不断推敲、斟酌，经常日以继夜地连续工作 16 个小时，为那些人物注入永恒的生命力，即使是冗长繁琐的部分。

巴尔扎克

《欧也妮·葛朗台》中老葛朗台像

巴尔扎克是第一个在小说中描写事业和金钱的小说家，《皮罗陀》中就反映出了他本人从事商业活动的经历，而且，他几乎在所

维克多·雨果

有的小说中都描写了某种罪恶，比如贪婪、吝啬、自私等等，他在梅瑞笛斯出现之前就已经多次描写过"利己主义者"。巴尔扎克具有博大的同情心和正义感，有时甚至失于苛刻，他对待人生从不悲观，这些都是他的伟大之处。他认为，结婚仅仅是人生的一个小插曲，人们应该一直生活到老年。巴尔扎克对场景和人生际遇的敏感性非常特殊，他描写的老人令人惊叹——即使处于悲惨痛苦的生活之中依然异想天开。他已经成为一尊高高的塑像，那些后世小说家如果要建造自己的小屋，只能从他的脚底下拾取鹅卵石。

巴尔扎克的友人维克多·雨果(1802年——1885年)是法国文坛上的另一个巨人，他不仅是诗人、剧作家和小说家，还是政论小册子的作者，享有极大的盛誉。他曾经有20年被流放到国外，但后来得意于政坛，这些都让他声名远扬，甚至于一向沉着冷静的评论家们也免不了对他的好运心怀妒嫉。

雨果创作的《悲惨世界》和《巴黎圣母院》在英国及欧洲其他国家最为知名，它们类似于传奇剧，具有趣味性的场景使人留连忘返，确实值得一读，至于他写的传奇剧则蕴含了思想和热情，具有说服力和感召力。对于那些有价值，但模糊的、无法言传的东西，他善于利用生动的场景来描写，而且他也会描写有趣的场景来取悦读者，这一点和狄更斯有点相像。雨果在《悲惨世界》中汇集了五六篇小说，甚至更多的材料来描写冉阿让的一生，在这里能看到小说所能包容的一切，它的含义不是"悲哀"、"贫苦"、"悲惨"，也并非"不幸"，而是所有的加在一起，甚至还不够。他的真正用意是用这个词概括隐藏于安乐和特权背后的生活的真实面目，能够为法语的一个词赋予这些复杂的含义，恐怕就只有雨果一个人。斯文朋对《悲惨世界》的赞誉是"迄今为止创作或构思的最伟大的诗化戏剧性的小说"，史蒂芬森则认为他的浪漫主义散文"能为任何作家带来声誉，但它仅仅是雨果天才的一部分而已”。诚然，雨果的技巧或能力毋庸置疑，他还具备诗歌与歌剧领域的才能，他是一个作成文学效用的大艺术家。

大仲马

亚历山大·仲马(1806年——1870年)可谓是巨匠手笔，他栩栩如生地描写了历史上的武侠传奇，不管是虚构还是写实，他都写得活灵活现。如果他不具备这种超凡的艺术手段，他的作品免不了要沦为市井小说，或许大众会喜欢，但无法在文学史上占据现在这种不可动摇的地位，就连那些苛刻的读者也不会青睐他，因为单调的情节和冒险的主题无法满足他们。但是，仲马能够取胜并非仅仅依靠独特的构思和结构，他塑造的人物有模有样、站得起、立得住，是源于生活又高于生活的人，他也许是100年来最受读者欢迎的作家之一，就连司各特也无法匹敌。他周围聚集了一群合作伙伴，因此常常有人指摘他开着一个小说加工厂，不过他确实是一个发动机工厂的主管。他创作了为数众多的浪漫故事，令人吃惊的是杰作的比例很大，至少《三剑客》和《曼特克里斯托伯爵》是英国青少年的必读作品，法国读者就更不用说了，几乎没有哪个时代的人不熟悉它们。细致优美的《克莱文斯的奥立浦》和其他作品完全可以跻身于一流小说的队伍。脾气急躁的仲马注重商业利益，他不喜欢在思考上花费过多的时间，顶多是凭借自己惊世的聪明才智做一些即兴发挥，不过，急风暴雨过后洋溢的是浓郁的生命乐趣。他的创作目的并不是训导，而是娱乐，有许多署他名字的作品都是雇人写的，可以说，他在文学创作中也掺入了工厂制度和量的出产，但是最好的、有代表性的仍是他自己的作品。他成功的部分原因是受到了司各特酷爱历史传奇的影响，另一部分则是他能够从周围世界和遥远的岁月中找寻到浪漫的素材，同时自身也具备创造力和叙述能力。

乔治·桑(1804年——1874年)则是用自己的内心世界体会她作热爱的祖国及其人们，用女性特有的爱感悟到浪漫色彩。她是法国小说家中最

乔治·桑

伟大的女人,也可以说是法国女人中最伟大的小说家。不管她的小说如何安排场景,如何布局结构,贯彻其中的主题思想始终不变,那就是关于人生的权利与义务,还有爱的自由。她真诚坦率,人们时常将她和英国女作家乔治·爱略特做比较,其实她们两人并不相似,如果非要找出二者的共同之处,那就是热爱普通人,仇视人间的残酷,而且都具备条理清晰地阐述自己思想的能力。在乔治·桑的小说中,最出色的往往取材于乡村生活,比如《小法泰特》和《孤儿弗朗沙》等等,因为那里有着迷人的田园诗,她则称之为"牧歌"。

法国小说家、戏剧家小仲马(1824 年——1895 年)是著名作家大仲马的私生子。当他长到 7 岁时,大仲马才承认他的身份,但仍然不承认其母的妻子身份。由于小仲马是一名私生子,因此他的童年和少年时代都饱受了讥讽之苦,而且他成年后深切感受到法国还有很多类似于他们母子的被侮辱者、被迫害者,这些后果都是当时社会的淫靡之风造成的,于是他下定决心,希望能够通过文学来改变社会道德。他说:"任何文学,如果不将完善道德、理想作为目的,那么它们都是病态、不健全的文学。"这些思想是他进行文学创作的基本指导,而贯穿于作品中心内容的始终是探讨资产阶级的社会道德问题。

小仲马于 1848 年发表了小说《茶花女》,这部作品使他一举成名。《茶花女》兼具浪漫主义和现实主义色彩,它是法国戏剧从浪漫主义转变成现实主义之间的优秀作品,它讲述了一个出身贫寒,不幸堕入娼门,最后无法自拔的妓女的恋爱悲剧,并揭露了资产阶级道德的伪善和罪恶。小仲马后来又创作了 20 余部作品,其中的现实主义倾向越来越鲜明,他多半以妇女、婚姻、家庭问题作为题材,比如在社会淫靡之风毒害下沦落的女

小仲马

性；夫妻之间的相互欺骗和不忠诚；处于金钱权势破坏下的爱情与婚姻等等，这些作品都真实地反映了资产阶级的腐朽道德。比较成功的有《半上流社会》、《金钱问题》、《私生子》、《放荡的父亲》、《欧勃雷夫人的见解》、《阿尔丰斯先生》及《福朗西雍》等，它们都发表于1855年至1887年之间。小仲马的剧作具有严谨的结构，通俗流畅的语言，浓厚的现实生活气息，真切动人的自然情感，他也是法国现实主义戏剧的开路先锋。

《茶花女》插图

法国的军事和政治势力在拿破仑时期开始急速地膨胀起来，与此相对应的就是法国文学水平也开始迅速提高，同时引进了其他国家的思想和著作，评判这种趋势的最好例子就是圣柏蒲（1804年——1869年）。圣柏蒲的声誉主要集中在法国国内，他是当时的著名批评家，尽管有时他会针对那些浪漫主义的小说家和诗人，但大部分情况下他和法国文坛巨匠们就是朋友。圣柏蒲知识丰富，他的看法是，不仅要考虑作品本身，而且应该论证作者的人品和所有相关事情，而且他在评判作品的优劣方面试图用普通的标准代替纯粹的法国标准。他崇拜技巧，偏重形式而忽略了内容，因此导致了他过于推崇那些无法给人留下深刻印象的作者，对于那些虽然不整齐、但具有实在风格且很完善的文学作品，他的评价实在太低了。圣柏蒲是个讲究精确而有趣的批评家，阿诺德和其他英国批评家明显地受到了他的影响，甚至所有的欧洲文学批评家都受益非浅。他的伟大贡献在于为法国及世界清楚地介绍了法国文学。人们对圣柏蒲的一般评价是，他目光犀利独到，极具智慧的批评总是直截了当。自他出现以后，所有识字的法国人都了解了法国文学，至于那些有心进入法国文学殿堂的外国人，他们只能从圣柏蒲那里借钥匙，否则别无他法。

当时法国精神的显著特点应该是崇尚理性和批评，埃内斯特·瑞依和滕（1828年——1893年）身上就明显地体现了这种特征。《耶稣的一生》是一部兼具怀疑与虔诚的作品，它也是瑞依的鼎力之作，如同其他和宗教问题有关的书，它不可避免地引起了无休止的争议。基督徒的态度是不喜欢，

异教徒则很偏爱，因为对作者本人有感情，另外，瑞依否认了自己对文学的兴趣，于是问题变得更加复杂。瑞依坚持自己是个历史学家，是探询真理的人，不存在文学问题，但是，不管从优美的叙述来看，还是从理智的历史分析来看，《耶稣的一生》都堪称一部艺术作品，它以富有色彩的语言一丝不苟地改编了《新约》。瑞依亲临故事中的场景——叙利亚，并在那里创作出了大部分的《耶稣的一生》，虽然他立志成为一个历史学家、哲学家、批评家及研究东方的学者，但最后变成了文学艺术家。

19 世纪后半叶，所有的思想领域都被所谓的“科学精神”占据了，“科学”以及它所代表的思想和方法被普遍使用，几乎到了走火入魔的地步，所有的日常生活都出现了与之相关的科学，甚至是色情行业。这场运动反击了浪漫主义的不受约束的思维方式，而发起这场运动的就是滕。他充分扩展了圣柏蒲的说法，直到那些普通作者自动接受改变的环境，如同被绳索牵动的傀儡一样。他认为，对于那些天才政治家或者诗人，我们只要清楚他的种族来源，成长的时代环境，社会活动的范围以及处理事情的能力，就可以找到一个合理、令人信服的理由来说明他为何会取得非凡的成就。在一般情况下，滕的批评很有力度，并让人佩服，但他过于看中生活环境的重要性，如果按照这种方法，文学批评侧重的就是考证个人历史问题，几乎和人物传记没有两样。最后批评家们发现，滕的论文中始终穿插的真挚热情常常超越他自立的原则界限，他已经超出了自己所知的范围，这种办法并不是完美无缺的。英国读者认为他的价值无法估量，后世的所有研究成果也无法取代他的《英国文学史》，法国人则认为英国文学极其辉煌，因为翻译的《英国文学史》十分出色。另外，滕总认为自己是历史学家和理论家，并非一个文学家，这一点和瑞依一模一样。

滕是个悲观主义者，追随巴尔扎克的小说家——福楼拜、莫泊桑和左拉也同样如此，但他们并非是受了滕的感染，而是当时的风尚所致，因为 1870 年爆发了令人灰心丧气的战争。

福楼拜（1822 年——1881 年）在远处用敏锐、冷漠、轻蔑的目光打量着人生，他的口吻充满了讽刺，且毫无风趣，因此即便是在本国，他的作品也无法流行。但是，如果有人对艺术手法感兴趣，那么他不难发现，福楼拜将艺术推到了巅峰。有时候，他为了找到恰如其分的词，一页纸的内容也会花费一星期的时间，他的语言因而准确有力，宛如浑然天成。他的著作《包法利夫人》描写了一个生活在乡村小镇、哀婉柔弱的女性，她对于单调无聊、残忍低劣的生活已经习以为常了。虽然故事本身没有超乎寻常的动人

福楼拜

之处，但福楼拜凭借忠实的人物描写和精致、恰到好处的文体使它进入了一流小说的行列。《情感教育》则是一部描绘青年希望破灭的悲剧。

眼界甚广的福楼拜荡平了过去现在、现实梦想之间的界限，巧妙地融合了浪漫主义与现实主义。他从过去的历史中捕捉到灵感创作了《萨朗波》，同时保持了真实、准确的风格。他认为，天才之举就是能将悲壮融于单调，讽刺融于平静，热情融于平凡，现在融于过去，而且这种融合不会产生矛盾，能够化解烦恼人生。嘲笑讽刺成了晚年福楼拜的精神枷锁，他在没有完稿的《布沃德和佩查特》中描写了乡村的小人物，以此来影射愚蠢的人类，这个憎恨平凡事物的贵族最终认为人类都是凡夫俗子。福楼拜在浪漫主义中揉进了理智，从现实生活中发现了细微的美妙之处，从而创造了真实但不呆板的风格。他认为语言的朴实、准确、清晰和所具有的道德伦理正是它的典雅之处，这个经验只有文学巨匠才能领悟，它已经成为一份遗产留给了后世的现实主义文学。

福楼拜、巴尔扎克、培尔、爱弥尔·左拉(1840 年— 1896 年)和福楼拜的朋友盖·德·莫泊桑(1850 年——1893 年)都是所谓“自然学派”的先锋，这个学派认为文学并非一种艺术，而是一种科学。他们都是这个运动的领袖。

莫泊桑是一名独具禀赋的短篇小说家，他的作品中只有故事、人物和情节，除此之外没有任何修饰。虽然他和大仲马同样关注生存问题，但大仲马看重的是纷繁的过去和搏斗的场景；莫泊桑则喜欢将场景安排在妓院和街头，通过行为表现生存问题，不让人物受到作家的影响。他的著作《羊脂球》最早显示了他的天才，他细心观察人间百态，如实写出这些故事，不管是愉快的还是难过的，他喜欢描写的并非发生在客厅的、矫揉造作的言谈举止，而是实实在在的生活，并力图直截了当地引起读者的共鸣。他的语言强劲有力、措辞严谨。或许对于那些意志薄弱的年轻人来说，莫泊桑的小说确实不适合，因此他的部分作品在法国受到了指责，但是整体而言，他的伦理观念是严肃而健全的。托尔斯泰曾经关于这一点做出过评论：“莫泊桑是仅次于雨果的当代优秀作家，我十分喜欢他，将他列于同代人之上。”另外，莫泊桑不仅是个最优秀的短篇小说家，还是个充满耐力的长篇小说家，他的杰作《一生》、《死一般刚强》几乎无可指摘，完全显示了法国文学的优点，他的魅力就在于清晰的思想和简炼的语言。

左拉取得特殊艺术效果的方法是将众多繁琐的材料组织成篇，他是最多产的自然主义作家，如果从那些朴素材料的可塑性来看，他的小说是伟大的。他收集了生活的所有面目，我们可以一览无遗。左拉缺乏法国人特有的感召力和雅兴，批评界对他也颇有微辞，左拉为数众多的作品中几乎找不出问鼎之作，我们迫不得已时只能选出《娜拉》和《崩溃》，他的多数作品已被译成英文，其中也包括这两部，由于它们以内容取胜而非文体风格，所以译作大致上保持了原作的风貌。他的《小酒店》可以说是反对酗酒的宣传书。左拉的人品高尚、胸怀坦荡，由于他在德莱福得事件中表现出了勇猛精神，人们都将他视为心目中的英雄。

阿那托尔·法兰西曾经在左拉坟前致悼词，或许他极有资格用祖国的名字命名。他和左拉截然不同，他在著作中用最完整的法语讲述了自己的祖国和所处时代，笔锋所及之处充满了锐利雄健，非常善于在小说中巧妙地表达自己的思想。他的思想新颖独特，乖僻中流露出理想与良好的传

莫泊桑

左拉

统。他的讽刺力作《潘京岛》可以让斯威夫特露出笑容，同时让伏尔泰折服；以自然主义文体创作了统称为《现代历史》的4部小说，书中表现出一种希望；《波拉特的罪孽》则泪水欢笑掺半的浪漫传奇。他学识渊博，但没有学究气，并能灵活运用它们，他的思想具有开创性，崇尚简洁纯朴的文体。他的性格是，虽然憎恨虚伪和欺骗，但没有流于轻率和暴躁，他待人诚恳而热情，就和朋友左拉一样。

司汤达创作的《红与黑》、《巴黎修道院》的优点在于细致地分析了人物，他的声誉始终有增无减。如果说以前只有巴尔扎克一个人关注他，那么后世的法国作家则几乎都不欣赏他，里米·唐葛尔蒙——近代著名批评家——则直截了当地称其为"试金石"。

普罗斯尔·梅里美(1803年——1870年)的《克隆巴》极具诗情画意，如同他的其他作品，《卡门》则获得了更加不朽的地位，因为它在后世成了辉煌歌剧的素材。梅里美也是一位受到多数读者喜爱的小说家。

杜德的创作风格属于自然主义派，福楼拜和德·龚古尔等非常赏识他那种极具诱惑力的文体，同时他也具有拉伯雷式的幽默，如果说他的《达拉丝的达达》是文学史上最优秀的幽默小说之一，这是当之无愧的。他十分关注人物的命运，而且文笔诙谐，温文典雅的成名作《大福罗蒙特和小列恩楼》毫无感伤之情。

龚古尔兄弟的作品《日记》比他们的小说更有价值，它不仅忠实地反映了作者的思想观念和品格，同时也反映了19世纪的法国文学。在这两位自然主义文学家眼里，生活与其说是小说素材，倒不如说是绘画的颜料。德·龚古尔最初向挑战法国国立学士院，于是用自己的遗产创立了"文学院"，结果现在已经变成了理所当然的文化组织，法国文学界之所以有强大的动力来维护自由、培养果敢，就是因为始终得到了他对文学事业的鼓励。

梅里美

坎斯芒极大地受到了龚古尔的影响，他怪僻、刚强，非常有个性，他的作家生涯以自然主义的《婚姻生活》开始，以神秘主义的《教堂》终结。他的作品给翻译工作带来了很大的麻烦，因为色彩极其浓郁，翻译的两三部作品都不尽人意。他是作家和文学爱好者的宠儿，注定会获得更多的声誉，就在未来的法国及其他国家。

马塞尔·普鲁斯特

波尔·洛蒂曾经做过海军士官，在他眼里，大海及异国他乡具有某种特殊的吸引力。他见多识广，并将自己的经历和感触以艺术的手法真实地呈现于小说和回忆录中，他在南海参加了《绿蒂的婚礼》，在日本和《菊子夫人》相识，在布雷登海岸与北海又结交了《埃斯兰的渔夫》，他敏感的性格在叙述、描写这些事情当中慢慢地凸现出来。洛蒂是个印象主义者，他认为，世界上并不存在是非善恶这些道德观念，世界仅仅是感觉的化身。他逝世于 1923 年。保尔·布尔耶和他相比之下则恪守伦理，应该是个严肃的社会探索者。他创作的《徒弟》和《契定地》堪称一流作品，书中深刻挖掘了人物的内心世界。

《追忆似水年华》插图

如果说布尔耶们剖析时代的态度过于苛刻，那么他们的[illegible]无疑有些趋于保守。一批乐观向上但并非幼稚的青年作家出现在大战之前，罗曼·罗兰就是其中的主要人物。由于《约翰·克利斯朵夫》中的主人公是一名在法国生活过的法国音乐家，因此它可以说是一部国际型小说，篇幅不长的原著及英译本始终备受读者欢迎。罗曼·罗兰希望能拥抱世界，但在 1914 年拥抱的却是死亡的使者。尽管他想尽力在《在混战之中》中，超越其时代，但是很遗憾，当时的人们并没有肯定它，因为它类似于提倡人道主义的文章。

马塞尔·普鲁斯特提炼了悠悠

往事中的素材，并在《追忆似水年华》中敏锐慎密地研究了近代社会，它不仅使半个世纪以来的心理分析小说达到了顶峰，还预测了现代小说的发展方向。他的逝世宣告了一个时代的完结。

法国文学批评一直在世界文学中占据着无可争议的地位。它始于拜罗和里米·哥尔蒙，直到现在，它依然可以说是最高意义上的文学批评，如果从其本身以及对其他文学形式的影响来看，它的价值已经无法估量，怎么说都不过分。至今依然流行着巨匠圣柏蒲、瑞依、滕等人的观点，这些人之后是学者布伦特尔与法基，还有著名的印象主义批评家阿那托尔·法兰西，在研究法国文学和引进外国文学方面，他们作出的贡献无比卓著。

二、19世纪的法国诗歌

见证而且歌唱正直和邪恶，这样的人统领着当今的歌界。（斯温伯恩《维克多·雨果》）

前面论述17世纪英伦抒情诗人时就曾经说过：无法用清楚明确的界线划分出诗歌的流派和形式。因此对于19世纪前后的法兰西诗歌，只能大致看出呈现了三种群体：浪漫派、歌德派及象征派。

法兰西的浪漫派诗歌运动竟然如此雷同于英吉利，但二者之间又呈现出十分明显的差别。浪漫派诗歌的形式和内容最终脱离了承继的道路，纵横驰骋于历史和灵魂的深处，还有无边无际的时空；歌德派反对浪漫派的放荡不羁，反对个人世界的哀伤，反对桀骜不驯的自我中心主义，他们追求的目标非常精致，就是客观的、非个人的，不具备美丽大理石塑像般的冰冷，但具有它的纯洁、清晰与坚实。他们甚至认为莎士比亚和但丁也属于“粗俗”的新古典主义；象征派则主张诗歌纯粹是为了抒写个人写，主张歌唱自我的必要性，他们认为诗人不可能抒写自身以外的真实，象征派的代表人物里米·哥尔蒙曾说，每个人写文章的需要和有所作为的惟一理由就是为了显示个体的人格。

安德烈·舍内尔像

不过，法兰西诗歌的浪漫主义运动能清楚地找到源头，它就是令人钦佩的青年诗人安德烈·舍内尔，他32岁时就死在刑台上。他柔美的诗歌来源于希腊文和拉丁文，这些灵感使他受到了浪漫主义者的崇拜，值得一提的还有贝伦耶，他是当时著名的民间诗人，也应该称之为"民谣诗人"或"俗谣诗人"。他的诗歌民谣有着完全独立、强劲有力的风格，不论是语言还是情感，都显得十分灿烂多姿、单纯诚实，巧妙而富于变化，韵律也不失歌唱性，是同类诗歌中的精品。他曾经创作过一首关于拿破仑的诗"从前有伊佛多的王！……"，如此铿锵激昂的民谣再也不会出现了。

拉马丁应该是浪漫主义诗人中最早、最伟大的诗人，他的《冥想》发自内心、清新而纯粹，真实而自然，有一种类似于感伤的柔和的悲哀，由于《冥想》具有这些精神特质，因此成为法兰西文学的代表作之一，后世的所有作品都无法超越它。17世纪之后，法兰西已经消失了这种旋律。乔厄等人创作的绚烂诗歌曾经一度遮盖了他的纤巧色彩，但后代的诗人和批评家对他的评价越来越高，他的代表诗作《湖》可以证明这一点：

湖啊，别离经年，
来到她昔日留下身影的湖畔，
看啊，我孤独地坐在这岩石上，
你知道，这正是她昔日坐的地方。
那时，流水也在这石罅中汩汩流淌，
当时，流水也溅落在这石岩上。
那漂浮的泡沫啊，也这样的落在沙滩上，
落在她的纤足踏过的沙滩上。

拉马丁

德·芬易也对诗歌形式进行了革新，他最早的诗集《古代及近代的诗》就表现出了独创性，不管是取材，还是故事的形式。随着年龄的增长，他也逐渐变得成熟起来，诗歌风格越来越深邃而清晰，在一定程度上影响了法兰西诗歌的发展。

当时的法兰西诗人之王非维克多·雨果莫属，几乎无人能及他的丰富和多样化，而且他保持这个实际地位将近50年。尽管国王路易·菲力禁止《国王的欢乐》公演，但50年，潮水般的喝彩声包围了它，而且，当雨果的这些戏剧经过了一个世纪之后，如今法兰西的戏院几乎每个星期都会上演《欧也妮》或《利伊布拉斯》这类喜剧。雨果戏剧的结构多半都很简单，仅仅是一些人物传奇剧，但故事情节极富动感和活力，尤其是语言，总是不乏诗的意境和修辞美。

他的散文总是充满了热情的辞句和活力四射的描写，堪称"散文罗曼史"，这些浪漫精神几乎可以等同于获得了永恒的生命。在他的戏剧和"散文罗曼史"之间还包括了为数众多的短诗，其实，许多短诗的篇幅并不短，短诗同样充溢着个性和激情，不论是赞美婴儿，还是诅咒国王，他都能信

手拈来抒情诗的句式。很多英吉利诗人对他无比崇敬，因此他的大部分诗被译成英语广泛流传。下面这首诗是他的代表作：

孩儿歌唱，母亲躺在床上
奄奄一息，
快要死亡，
幽灵已降临她的秀眉之上；
死神在她之上的云中翱翔；
我听见垂死者的咽气声，
又听见孩子的歌唱。
五岁的孩子，靠近那个窗，
他的嘻笑声汇成可爱的音响。
母亲不停地咳着，
伴着那可怜可爱的孩子的歌唱。
母亲长眠于僧院的石下。
孩儿复又歌唱——
悲哀是一颗果实，神没有让她
生于细弱的无力承载她的嫩枝上。

这首诗非常感伤，或多或少地流露了雨果的某种信仰——对于神的善和生命的胜利——这种信仰坚持在深刻的苦难之上。雨果的所有作品都体现了这种伟大的怜悯心，其中也包括充满舞台气氛的戏剧。全世界的人们也正是因为这一点而普遍尊敬他的人品和诗品，即便是那些反对他的艺术或诗歌的政治论与阶级论者。

疑惑与希望无法弯曲，
惟有这样才能见到挺直到底的
最高的大地的头。

如果从诗歌的雄劲方面来看，诗人阿尔弗雷德·德·缪塞（1810年——1857年）比不上雨果，不贞的乔治·桑就是他的夫人。那些关于批评的睿智就是他的显著特点，它不仅左右了他的不受约束的心性，同时也使他在浪漫诗剧与古典诗剧激烈的战争之间找到和谐，并融合了这两类戏剧。他的上演作品，尤其是《任性的玛丽亚》在法兰西剧场上至今保持着生命力，至于《少女梦到了什么》、《不玩恋爱》和《谚语剧》等几部精妙的喜剧诗剧，则属于法兰西剧院早有定论的部分保留剧目。他的作品使用了极富个性的抒情方式，是融会了古典法兰西诗歌艺术手法的产物。《致拉马丁的书信》无疑是优美的，他在作品中概括了自身和时代的悲哀及希望。从这首《悲》中就可以窥见其悲哀的音色：

力量与生命都已消失，
失去了朋友，失去了欢乐，
昔日养育着崇仰我的柔弱的星的信心，
现在也没有了。
以前，我把真理当作朋友，
那时我不知道她那善变的风采，
迷蒙的云从我们的眼里退去时，
唉，苦涩的真理呀！
真理的力量是永恒的，
无意地错过她的人们，
虚掷着他们短促的光阴。
神说话了，听见的人，
必须回答，生命赐予我的最好礼物，就是
使我的心轻松地流泪。

谬塞

尽管此时有很多伟大人物出现于法兰西，但人们依然对这三位诗人无法忘怀，他们就是布里士、巴比亚和吉兹德·特·尼瓦尔。布里士来自于布里特，他的故乡为他的诗歌提供了材料来源，因此他的作品内容和形式总是具有泥土般的清新朴实，不断散发着尘世的烟火气，他还用三韵句的形式翻译了但丁的《神曲》；巴比亚是舍内尔的学生，他擅长以强有力的讽刺，并猛烈地抨击时弊；特·尼瓦尔则细致灵活，他的诗不仅具有前人优雅的形式，同时也有充足的浪漫色彩，他的很多散文和故事也同样出色，他翻译了《浮士德》，将歌德带到法兰西读者面前。

在法兰西诗歌中，迪亚斐尔·哥蒂亚的代表作《珐琅》和《浮雕》有着完善的形式美，令人羡慕不已，他似乎驾着一叶孤舟，灵活地在浪漫主义诗歌朦胧的海面上追波逐浪。《艺术》一诗是所有诗人的福音，其中充分体现了他的诗歌理论和实践，它简直可以媲美一首悦耳的法兰西音乐，以下是几节摘录：

万物归于尘，
除了巧妙的美。
胸像的长寿，
胜过城堡。
农夫的脚步常常会
犁开古老的土地，

揭示出
凯撒是何种神祇。
神也不免一死，
然不死而又强于青铜的，
唯有那玉上的歌。
雕刻呀，琢磨呀，
直至你的幻梦
把微笑
刻在顽石上。

哥蒂亚的《艺术》表现了他的创作审美取向，他有一句名言“为艺术而艺术”，这些都明确地表明了他的艺术思想和追求。哥蒂亚属于哥特派诗人，因此他的艺术理想也很好地反映出了哥特派群体的思想。哥蒂亚的散文经过磨炼之后变得十分精美，就和他的诗一样，著名的《摩品姑娘》以及洋溢着浪漫气息的《青年的法兰西》——不出名但备受欢迎——都是无可挑剔的美文。

在这些诗人之中，利柯·特·利尔无疑是最深奥的，他藐视浪漫主义，蔑视所有的生命愉悦，除了为艺术而客观的真理献身之外。他是个勇气十足的厌世主义者，认为艺术是这个非理想世界中独一无二的容身之处，他的观点和叔本华相同，这个具有浓厚叔本华思想的阴郁灵魂充满了使他自己极端苦恼的思想：

就像在遥远的密林中，
水神，在流水下面睡去，
从渎神者的手中，从眼中遁去。
起来躲了，
精灵之光
多美啊！

学者特·利尔出色地翻译了荷马、伊赛宁和贺拉斯等的作品。他是个著名的古典文学研究者，或许哥特派诗人多半都是热爱古代文化的人，同时，他也从前人身上获得了数不清的灵感。特·利尔之后，爱利迪亚成为了最名符其实的哥特派诗人。他的短诗集在法兰西语中是令人叹为观止的，或者说在莎士比亚之后所有国家的语言中，尤其是《特洛菲》。爱利迪亚曾经深入地研究过人类历史，目的是为了挖掘创作题材和灵感，因此他的诗歌总是充满了厚重的历史感，戈培尔说他的诗是“短诗写成的各世纪的传说”，他们同是哥特派的诗友。尽管他的很多短诗被翻译得很优美，但译者没有充分体现那些极其丰富生动的内容和艳丽迷人的诗意幻象，这些都是用极富张力的形式营造出来的。

年轻的查理·波德莱尔与哥蒂亚、缪塞属于同时代人，但他不属于任何派别，他单枪匹马地走着自己那条暗无天日、不可思议的路，他的风格和哥蒂亚的轻巧、精致、鲜明形成了强烈的对比。他的诗作多半使用第一人称，将自己的灵魂坦然呈现，尽管他的诗带有哥特派的理想，但不能清楚地将他归于哪一派，因为他卓而不凡。他创作的《恶之花》中包含了部分邪恶的思想，但“恶”仅仅是泥土不可缺少的成分，花才是永存的东西。波德莱尔和诗人特·利尔一样幻想着死亡，并对死亡存着一种大理石般美丽的想像“美得像宝石的梦一般。”他曾说过，波尔的思想存在于心，并非一种游离的形式。他十分精细地翻译了波尔的著作，如果有人想翻译波德莱尔的诗作《散文诗》，必须具备和他同等的天才，最后，阿塔尔·赛门兹——英吉利的天才诗人——出色地完成了这个任务，《散文诗》有了最完美的译本。

有一位极其怪异的作家，他有着动荡不安的生活和思想，并具有卓越的创造力，他最早的诗集是《恶汉的歌》，并因为诗中大胆的抒写受到了监禁，罪名是“蹂躏公众道德”，他就是黎赛本。不过，他没有就此停笔，法兰西逐渐熟悉了他，人们也迅速地认识到他的诗歌本质——诚实。他后来的作品也日渐高明，是法兰西剧坛公认的古典派，尽管戏曲和小说依然激烈、绝不屈服，但总能深切洞察人类思想和灵魂。

象征主义诗人保尔·魏尔伦在诗中尽情表达了自己的爱憎、希望和绝望，几乎忘记了语言的存在及法兰西古典诗的语言规则，他所到达的这种境界使他健在时就声名卓著了——法兰西及近代欧罗巴的著名诗人。魏尔伦的诗中非常独特，有一种无拘无束的旋律感，他在《诗学》中阐述了自己独特的创作原则：不存在聪明、技巧和修辞，惟一的原则就是永恒存在的音乐，它超于

波德莱尔

一切。魏尔伦完全按照自己的诗歌原则进行创作，他是艺术的主人，是一个与众不同的艺术家。他的风格一开始是哥特派，后来变成象征主义，最终脱离了所有流派，开创了自己的创作道路。他的作品舍弃了修辞，拥有一套自创的单纯而微妙的诗歌用语，他蔑视那些仅具有文字的东西，绝不在诗中加入自己都没有意会的语言，他的诗歌具有奇妙、感人的谐调和小曲，这一点让同时代的诗人望尘莫及。在读者看来，他的作品有一种直抒胸臆的吸引力，富有情绪的力度美，似乎有些类似海涅和雪莱，但魏尔伦是独特的，和他们迥然不同。

说到魏尔伦，那么有一个人就不能不提及，他就是奇妙的少年诗人兰波。20年前，魏尔伦被他的诗歌所吸引，于是两人结伴开始了浪荡生涯。有一次他们喝醉了，魏尔伦出于某种恶意枪击了兰波，幸好没有致命，魏尔伦因此坐了两年牢。他在狱中从异教徒变成了天主教徒，当他出狱时带着一卷宗教诗，在法兰西文学中，它堪称最优美的宗教诗，魏尔伦从此也放弃了文学，独自浪迹于世界各地。虽然魏尔伦的诗没有涵盖一个时代，但兰波鼓舞了一个崛起的诗歌年代，不知是否受到了他的影响，此后的法兰西诗坛群英云集，并开创了一段辉煌。

这些诗人中与众不同的有好几个。一个是法兰德斯人威尔哈伦，他集中体现了传统的法兰西及德意志诗歌，诗中具有的强烈力度美、男性色调和北方的雄浑气魄使法兰西语显得局促不堪、难以应付，其实，法兰西语能够容纳炽热的情感。威尔哈伦认为，生活充满了美，同时也掺杂了不幸。他的诗调最终发生了变化，诗集《朝向未来》及其跋文就明确地体现了这一点，他将诗集称之为“世界年轻人萌发新希望之前必做的梦”。

另一个是来自于比利时的诗人梅特林克，他完全不同于不求闻达但充满英雄豪气的同胞，诗风精炼、单薄、灵巧而充满幻想，甚至可以说是奢华。他的代表作是《青鸟》，并以自然和文学的论文著称于世。他塑造的爱情人物平板而缺乏生气，就像壁纸一样，反而是鸡犬、蜜蜂、花草和孩子们显得更生动可爱。

当威尔哈伦的眼光还停留在野生森林时，得·里内德·里内尔却逐渐形成了一种贵族化的风格。他发明的诗歌形式大概来源于贺拉斯，叫做“抒情短诗”，他的诗传承了天然的古典血缘，到处弥漫着都市的明朗气息，在现有的法兰西诗人中，他的诗最典雅、最具哲学形式美、也最具有贵族化风格。同时，他也随时体现出自己洞察过近代人的内心思想。

比尔·路易不仅创作了具备深厚古典修养和典雅气质的作品，还有欢快诙谐的作品，甚至不乏恶作剧式的作品。他谎称《波里底斯的歌》译自希腊，如果从音韵和内容来看倒颇为相似，就连一些年轻的批评家也不能分辨真假，但另一些批评家则以真诚严肃的态度开始考察他的“希腊诗韵”。路易最后被划归为颓废派，不过像他如此美丽的颓废派应该能对人们产生诱惑力。

保尔·福尔的诗多半都雄壮有力，具有强烈的抗争力。福尔的作品颇丰，取材于普通法兰西人的生活，还有《法兰西民谣集》。虽然他的诗句非常接近于散文，但如果大声朗读，就会感觉到它们都是不折不扣的诗，涌现的诗歌幻象层出不穷。尽管一些和战争有关的诗充斥着激愤，但依然传神地表现了哀婉不已的忧伤和落寞的心情。

诗人萨曼的作品在内容上已经接近病态，虽然他纤柔、黯淡苍白、缺乏雄性气质，但他是个不可多得的艺术家，那些柔弱的悲哀“清纯美妙，火焰般地耀眼”，是他希望能够体现的，他在自己的诗作《卫吉尔》中实现了理想。

虽然诗人法兰西斯·詹姆偏离了法兰西诗歌的主流，但他受到了编辑和读者的喜爱。他根据地方传说创作了很多优美的故事，所描写的农夫或山民似乎距离诗和尘世的真实更近。《生的胜利》是他创作的一首诗歌标题，非常适合作为这个章节的结束语，甚至适合所有关于诗的讨论。

THE STORY OF THE LITERATURE

第14章

19世纪的德国文学

在我们看来，歌德不仅具备特殊的才能和天赋的想像，而且对人间的生活极富经验、充满同情；这些不仅仅是一种文学的装饰，还使他在许多方面成为“人生的教师”及其时代的典范。（卡莱尔）

一、德国文学的古典时代

似乎每个作家都代表了所处时代的精神和世界观，但歌德没有代表什么，他仅仅是使生活成为艺术的结晶。

前面已经说过，文学总是代代相传的，其中包括了它的思想内容和艺术风格，每个“时代”都无法和前后的时代划清界限，它仅仅是方便论述的一个词而已，因此，19 世纪的思想应该追溯到 18 世纪。

持续 30 年的战争总算于 1648 年结束了。德国文学在饱受战乱之苦后仅剩的东西只有民谣。在 30 年战争和 7 年战争之中，有两位值得一提的人——克利斯托夫·冯·格列漠美尔斯霍和鲍鲁斯·吉尔哈特。前者的小说《单纯中的单纯》取材于恶棍传说，讲述了 30 年战争中的悲惨历程，至今仍有可读性；后者是路德之后德国最著名的赞美诗作家，经由约翰·卫斯里等人的翻译，他的很多赞美诗广泛流传于英语国家。

弗里德里希·高特里卜·克罗普斯托克（1724 年——1803 年）是古典时代早期的代表人物，模仿弥尔顿的《失乐园》创作的长诗《救世主》感情充沛，突破了高特舍特建立的文学教条，一时间，人们非常喜爱它，但它只有宗教内容而缺乏弥尔顿的革命精神，当 20 章全部完成时，人们欢迎的态度也变成冷淡了。克罗普斯托克的最大成就是抒情诗，形式是颂歌体，诗中歌颂了自然、祖国、友情和爱情，极大地影响了后世某些狂飚突进时期的青年诗人。

约翰·赫德（1744 年——1803 年）是德国文坛巨匠们出现之前的先驱者。他具有德国人的热情、勤勉和彻底，他创作了大量解释世界文学的作品，以及关于语言源流、希伯莱诗歌精神、历史哲学的书，还翻译了各种外国资料。他认为，诗学的重点并非它的形式，而是精神，也可以说是它所传达的真实情景。他不是诗人，也没有创作出值得纪念的作品，仅仅发表了一些文选和文学批评，但他开辟了民谣、俗谣及歌谣的发展道路，甚至让

莱辛

后来出现的学科，例如比较神话学、比较语言学和民俗学等找到了源头，同时他也培养了一个时代的文学精神。

德国剧作家莱辛（1729 年——1781 年）同时也是思想家和批评家。莱辛创作的《拉奥孔，论绘画和诗的界限》是著名的美学论文，研究绘画或者诗歌的批评家都知道这一点。他为了表现诗歌和绘画反映现实的不同之处，于是用不同的方法处理古代造型艺术和诗歌中的同一个故事——蛇缠绕特洛伊祭司拉奥孔父子 3 人，直到死亡。他将诗歌、绘画分清界限是为了强调诗应该具有独特的作用，即表现人的个性和情感。

汉堡于 1767 年修建了民族剧院，莱辛便开始为剧院的演出撰写评论，最后他结集出版了这些评论，叫做《汉堡剧评》，这本书是德国戏剧理论的重要文献。

《爱弥丽亚·夏绿蒂》插图

莱辛很早就开始进行戏剧创作，《萨拉·萨姆逊》、《明娜·封·巴尔赫姆》、《爱弥丽亚·夏绿蒂》都是其著名的戏剧著作，另外还有诗体剧《智者纳旦》。当时的德国短剧都依据了宗教和古文学，就像其他欧洲各国一样，但莱辛用英国方法首次创作了一流的民族剧本，而不是法国流行的所谓“古文学规律”。

莱辛为了反对宗教偏见和德国正统教会，于是创作了故事《智者纳旦》。故事的背景是十字军东征时的耶路撒冷，伊斯兰教的苏丹抓获了一个信仰基督教的神庙骑士。纳旦是一名犹太富商，有一天他家中着火了，骑士救出了他的养女莱霞，两人之间产生了爱情，但他们有着各自不同的信仰，所以不能结合。这时苏丹国内的财政紧张，只好求助于纳旦，在他们谈话之中，苏丹向纳旦提出一个问题：究竟基督教、伊斯兰教和犹太教谁是正统的宗教，纳旦则讲述了三个戒指的故事，目的是说明各宗教应保持宽容的态度，而不应相互仇视。最后终于水落石出，莱霞和骑士不仅是苏丹的侄辈，而且是兄妹关系。书中戒指的故事来源于薄迦丘的《十日谈》——给了三个儿子每人一枚戒指，一个真的二个假的，但法官告诉他们，只要付出努力，每个戒指都会发挥出力量。莱辛以此反对了狭隘的正统教，并表明其他宗教也具有价值，不仅宣扬了启蒙运动的忍让精神，同时显示了作者高贵、宽容和明理的性格。另外，他还写过优美的散文体诗歌和寓言，以及和哲学、神学有关的评论。

二、歌德和席勒

现在呢，让我看看那些被公认的杰出的德国诗人和散文作家的作品吧。凭着怎样的思想和怎样的热情，他们义无返顾地追随着光的信念！（歌德）

1749年，歌德出生于莱茵河上法兰克福的一个地方富裕家庭，从小接受了很好的教育，而且萨克斯淮马公爵很早就成了他的保护人。歌德21岁时首次发表了诗歌，24岁出版了一部剧本，25岁时出版了《少年维特的烦恼》，这本非常流行的书讲述了一个关于烦恼的、虚构的悲剧，故事情节激烈而病态，但作者的高明之处在于，在夸张的外表后同时给人一种和平、健全的感觉。

《少年维特的烦恼》一书面世之后，歌德从事的多半是悲剧创作，这些作品不太适合表演，更适合诵读。1790年，著名的《浮士德》出版了第一部，这篇戏剧诗取得的成就超出了他所有作品，直到他临终前，也就是1832年，他才完成了占很大比例的第二部《浮士德》。在这期间他写了很多诗歌、小说、回忆录和关于艺术、科学的论文，同时从事政治和文学批评，席勒是其合作伙伴。毫无疑问，歌德是伟大的，德国文学中无人可以匹敌他的抒情诗；他的小说和神话以深奥及其表现出的力量著称于世；创作的短剧作品具有高尚、恢弘的思想和体裁；在编写欢乐的句子、音乐、自然情绪方面，他也是个高手。除了文学方面的成就，他还为科学考察做出了重要的贡献。

歌 德

歌德的名作《浮士德》来源于一个学者卖身于魔鬼的民间故事，他刻画这个英雄来表现自己的经验及德国的民族精神，尽管搜索自己的经验并不容易，但歌德取得了成功，《浮士德》的第一部更像自传。浮士德在研究上花费了多年时间，但没有得到真正满意的结果，最后他心情沮丧、准备自杀。不过，复活节的钟声重新唤醒了潜伏的信心，复活节那天，他外出散步时遇到了一只迷路的卷毛狗，于是将它带回来放进房间，然后开始翻译第四福音。忽然这只狗咆哮起来并摇身一变，成了一个游荡的学者梅菲斯特，他说了很多稀奇古怪的话，希望能够做浮士德的仆人，他声称能给予浮士德满足和欢乐，并能延长这些欢乐时光，代价是得到浮士德的灵魂。浮士德认为，他不会为那些无价值的东西希望延长生命，同时他心甘情愿为那些有价值的事物放弃自己的灵魂，于是答应了这个条件。后来梅菲斯特将浮士德带进酒店并介绍马格丽特和他认识，结果浮士德获得了马格丽特的垂青，不过，当她的兄弟被杀之后，她又杀死了自己的孩子，于是马格丽特将被斩首，因为梅菲斯特和浮士德结伴而行，所以她拒绝了浮士德的救助。第一部以马格丽特的死亡作为结束，因此浮士德对梅菲斯特给予的肉体欢乐感到不满意。

在第二部中，特洛伊的海伦因为浮士德的满足而复活，但她不能永远地生存下去。由于浮士德帮助宫廷解决了财政困难和新版图的问题，于是他得到声名和一块土地，浮士德计划将荒废的土地变成快乐勤奋者的家园，但一对老夫妇的小礼拜堂和他的土地产生了冲突，梅菲斯特为了减轻浮士德的罪恶，希望帮他办这件事，但浮士德没有同意。最后梅菲斯特为了计划顺利进行而杀死了这对老夫妇及来访的一名客人，浮士德没有揭露梅菲斯特的行为，因为他很快乐计划的障碍已经被清除了，当他开始实行计划时突然倒地死亡了，他和梅菲斯特签订的合同上规定了要丧失自己的灵魂。但是魔鬼最终没有得到浮士德的灵魂，因为浮士德的快乐源泉是为别人考虑，梅菲斯特想将他毁灭，但反而救了他。第二部中的浮士德变成了寻求光明、力量的人的精神，因此它具备

《浮士德》插图

了更普遍、更理想的意义。

歌德是一个艺术家，因此他将一幅残忍的、令人厌恶的恶魔画面改变成一个温文尔雅的现代诡辩派，同时他也是一个思想家，因为浮士德的哲学思想深邃而乐观，罪恶属于智慧上的乖戾，并非物质力量或肉体，第二部《浮士德》描绘了现代社会，每一处重要地方都有注明。由于歌德深刻洞察了现代世界，理智是他信仰的基础，而非情感，所以他当之无愧地被称为“现代人的先锋”。

席勒

1759年11月10日，德国诗人兼剧作家席勒(1759年——1805年)出生于内卡河畔的马尔巴赫，他的父亲约翰·卡斯帕尔具有刚强的意志，并诚实勤奋、笃信宗教，他是一名部队中的外科医生，母亲是个面包师的女儿，善良而虔诚。席勒出生时，他的父亲正随军四处征战，于是母亲将他抚养成人，他的姐姐克里斯托菲娜比他年长两岁。1766年，他们举家迁移到公爵的行宫路德维希堡。年幼的席勒接受了牧师默泽尔的启蒙指导，接着进入拉丁语学校，并取得了优异的成绩。童年的席勒喜欢看歌剧，喜欢演戏，并模仿牧师讲道。他原本想学习神学，但公爵于1773年初将13岁的席勒送进了自己创办的军事学校，完全不顾席勒及其家庭的意愿。这所军事学校制度严格，实行的是专制教育，诗人舒巴特将其称为“奴隶养成所”。不过，这里的教师有些思想很进步，阿贝尔就极大地影响了席勒。除了哲学之外，席勒还从他那里学习了文学方面的知识，并进一步接触了学校禁止的狂飚文学运动。席勒最欣赏克罗普斯托克的《救世主》及莎士比亚的《奥赛罗》，他还知道了歌德的《少年维特之烦恼》、剧作家莱泽维茨和克林格、古希腊作家普卢塔克以及法国启蒙思想家卢梭等人的作品。从1776年开始，他在杂志上发表了《赠劳拉》和《夜晚》——这些都是他的抒情诗习作，还有几部剧本，不过都已遗失了。军事学校铁一般的纪律激发了他的革命思想，他渴望自由，为了反对专制，他秘密地创作了反抗暴君的剧本《强盗》。1780年底席勒毕业了，他被安排在一个步兵旅当军医，每月薪水微薄，入不敷出，不禁觉得大为失望。

1781年，席勒将完成的《强盗》送到曼海姆——公爵的领地之外——出版，并于次年公演，演出时观众情绪激扬，狂飚突进运动原本已经停息，此时又掀起了一轮新高潮。席勒声称,剧中的主人公卡尔是"通过自己的心灵,学习莎士比亚的风格塑造的",由于弟弟弗兰茨的挑拨离间,于是家庭容不下卡尔,他只得做了强盗。作者用非常强烈的色彩赞颂了正直豪迈的哥哥,在揭露了阴险凶残的弟弟时,也揭露了当时腐朽黑暗的政治与宗教。恩格斯说它是"对于一个敢向全社会公开宣战的胸襟豁达的青年的赞美"、"暴君见了定要焚毁的书"。还有一些人评论席勒:"如果我们期待出现一个德国的莎士比亚,那么就是他。"这时,公爵禁止席勒再写"喜剧和这些东西",但席勒已经着手创作第二部剧本《斐爱斯柯在热那亚的谋叛》,同时出版了自己选编的《1782 年诗歌选》,其中多半是他创作的。

1782 年 9 月 2 日夜晚,公爵举行了盛大的狂欢宴会,席勒便借机偕友人逃出了斯图加特,目的是反抗公爵的暴政。当他到达曼海姆后,身无分文,生活非常艰苦,需要依靠友人的接济,但他始终对自己的文艺使命和人类的光明前景充满信心。他在曼海姆附近的一家小客店困居了 7 个星期,完成了第三部剧本《路易丝·密勒林》,也就是后来的《阴谋与爱情》。同年 12 月他的同学沃尔措根的母亲邀请席勒到迈宁根附近的鲍尔巴赫庄园居住,席勒接受这个邀请,当时已有出版商同意出版《斐爱斯柯》,因此他的生活变得比较安定。席勒计划在鲍尔巴赫创作出另一部剧本《唐·卡洛斯》,因此常常到迈宁根图书馆借书,从而认识了馆员赖因瓦尔德,这个人后来成了他的姐夫。1783 年 7 月,席勒返回曼海姆,剧院经理达尔培和他签订了协议,作为剧院诗人他必须一年交 3 部剧本。

1784 年 1 月,《斐爱斯柯》上演了。它将 16 世纪中叶意大利西岸的热那亚共和国作为故事背景,情节则是贵族发动的一次叛变执政公爵的故事。贵族首领斐爱斯柯伯爵野心勃勃,是个阴谋家,他企图夺取政权之后实行专制独裁,但他的好友梵利那发现了他的企图,梵利那对共和制度忠心耿耿,于是在斐爱斯柯即将成事时将他推入水中。尽管故事结局经过了 3 次修改,但演出情况仍不理想。不过,4 月份上演的《阴谋与爱情》恢复了《强盗》上演时的盛况。这是一部市民悲剧,故事讲述了某邦宰相的儿子斐迪南和乐师的女儿路易丝相爱了,但宰相和秘书设计企图破坏两人的爱情,结果斐迪南中计了,他和路易丝一起喝下毒药。最后,宰相和秘书互相推诿,秘书则揭发出宰相害死前任的恶行,两个歹徒同时暴露了凶残面目。这部剧本如实反映了当时德国统治阶级的糜烂生活、腐朽政治、污秽的宫廷以及空虚的心灵,它是席勒青年时代创作的最成功的剧本。恩格斯说"它的主要价值在于,它是德国第一部有政治倾向的戏剧"。《阴谋与爱情》的成功为处于困境的席勒带来了精神上的极大鼓舞。

1784 年 12 月,卡尔普夫人介绍席勒认识了来访的魏玛公爵卡尔·奥古斯特,席勒则在达姆施塔特的宫廷中为他们朗诵了《唐·卡洛斯》的第一幕,公爵因此赠与他"魏玛顾问"的称号。席勒对卡尔普夫人的感激渐渐转变成爱恋,但这份感情是没有希望的,于是他在诗歌《热情的奔放》和《断念》中表达了这些感受。1785 年,席勒于曼海姆创办了刊物《莱茵塔莉亚》,并在上面发表了部分《唐·卡洛斯》的初稿,但是他贫病交加,只好于同年 4 月接受了克·克尔纳等 4 人的邀请,前往莱比锡。克·克尔纳文学修养和科学修养都很高,解放战争中的著名诗人特·克尔纳是他的儿子,他给予席勒很多的物质及精神帮助,是他毕生的忠实好友。席勒在莱比锡附近的村庄住了几个月,深深体会到温暖的友情,于是他产生了创作《欢乐颂》的想法——这是他的成名诗。同年秋天,他们迁往德累斯顿,席勒完成了《唐·卡洛斯》——它是席勒青年时代创作的最后一部剧本,并写出中篇小说《失去荣誉的犯罪者》和部分《视鬼者》。

《唐·卡洛斯》讲述的故事发生在 16 世纪的西班牙宫廷。因为国王抢走了王子卡洛斯的未婚妻伊丽莎白,于是卡洛斯怀恨在心。当时,尼德兰的人民正处于西班牙的暴政压迫之中,因此王后及其好友波沙劝他放弃个人爱情,前往尼德兰拯救人民,但国王拒绝了。波沙此时已经取得了国王的宠信,他正设计使不再猜忌王后和王子,但是王子毫不知情,他采取的行动即将毁灭自己和王后。波沙来不及阻止,为了挽救好友,他只得牺牲自己。当他对王子说清原委之后,即刻被国王派遣的人杀死,王子正想按计划诀别王后,接着逃离国境,但是最后依然落入国王和宗教法庭的手中。在 5 年的创作过程中,这部戏剧的形式和内容都发生了改变,散文变成韵文,宫廷爱情悲剧变成政治悲剧,这些变化能够说明,席勒的世界观、对将来的想像也发生了改变。从此,席勒的文艺阶段从狂飚突进时期进入了古典时期。

1787 年 7 月,卡尔普夫人又邀请席勒前往魏玛,席勒此时正觉得德累斯顿的思想界太贫乏,向往诗人云集的文艺中心,于是答应了。经过卡尔普夫人的介绍,席勒拜访了前辈诗人维兰德和赫尔德。维兰德对他的《唐·卡洛斯》颇有微辞,但十分赞赏他朗诵的《尼德兰独立史》,因此提出约稿的要求,希望他为刊物《德意志信使》提供稿件;赫尔德并不熟悉席勒的作品,但看了《唐·卡洛斯》之后说"才华横溢,它有许多优美的地方"。这时,席勒觉得自己需要学习,于是毅然决然地放下写作,开始研究历史和康德哲学,学习的时间是 1788 年至 1795 年。1787 年 11 月,席勒看望了迈宁根的姐姐和赖因瓦尔德,顺便拜访了沃尔措根夫人,通过她的介绍,席勒又结识了伦格费尔德夫人及其两个女儿——卡罗莉娜和夏洛特。后来，夏洛特成了席勒的妻子。当歌德于1788年从意大利回国后，她们就安排两位大诗人见了面。这时，席勒研究古代文学、阅读荷马史诗、翻译欧里庇得斯的作品，并写出了《希腊的神祇》、《美的宗教》和《艺术家》等诗歌。而且，他已经完成了《尼德兰独立史》，开始在《德意志信使》上发表部分文章，文章格调气势磅礴，史学见解非常精辟。同一时间《论唐·卡洛斯书信》也发表了。1789年3月，歌德介绍他担任耶拿大学的历史教授，首次演讲的主题是《什么是世界史？为什么研究世界史？》，结果受到大学生们的热烈欢迎。1790年2月，他和夏洛特结婚。

1792年出版著作《30年战争史》，席勒在其中着重描写了华伦斯坦和古斯塔夫·阿道夫。同年他获得了法国国民会议颁发的荣誉公民证书，与会的还有克罗普斯托克、华盛顿等人。

1793年9月，席勒去路德维希堡看望父母时认识了出版商科塔。他们计划出版文艺刊物《季节女神》，接着又出版了《文艺年鉴》。席勒通过《季节女神》和威廉·洪堡交往甚密，他一生中的3个好友就是歌德、科塔和洪堡。席勒与歌德认为，当时的文艺界需要痛下针砭，因此常常在《文艺年鉴》上发表简洁精悍的警语诗《赠辞》，结果导致了反对者的抨击，两人改变方法，接着写叙事诗，1795年因此被称作“叙事诗年”。席勒创作的叙事诗语言生动、格调优美，比如《潜水者》、《波吕克拉特的指环》、《手套》、《伊毕库斯的鹤》和《去铁匠铺的路上》，还有后来写的《人质》、《斗龙记》等等，这些叙事诗具有戏剧性的紧张情节，颂扬了信义、勇敢等高尚德行，深受广大群众的喜爱，除了戏剧之外，这是他取得的最大文学成就。

歌德和席勒在一起

1799年，席勒完成了三部曲的剧本《华伦斯坦》。第一部是《华伦斯坦的军营》，第二部是《皮柯洛米尼父子》，第三部是《华伦斯坦之死》，这部戏剧取材于30年

战争史，是席勒创作的历史剧当中最宏伟的，它忠实地反映了客观史实，并对战争带来的罪恶提出控诉，同时表达了德国人民的愿望，也就是建立一个和平统一的国家。这部剧演出时获得了空前的盛况，因此席勒决心将更多的精力奉献给舞台。1799 年 12 月，席勒举家迁往魏玛，他在那里翻译并改写了莎士比亚的《麦克白》、拉辛的《菲德拉》、皮卡尔的两部喜剧——《寄生虫》和《侄子当叔父》等等，还有意大利作家戈齐的《杜朗多》，以此抒发自己他对中国被压迫妇女的同情，同时他还为剧院排演歌德的《埃格蒙特》、莱辛的《智者纳旦》等。

1801 年，席勒完成《玛丽亚·斯图亚特》，这部剧本描写了 16 世纪的英吉利女王和苏格兰女王之间的矛盾冲突。由于国内发生叛乱，于是苏格兰女王来到英吉利避难，英吉利女工伊丽莎白没有接待她，更没有给予帮助，反而出于某些政治目的拘禁了苏格兰女王，接着将她编排到谋杀女王的案件中，最后判了死刑。席勒在书中批判伊丽莎白滥用权力的暴政，揭露她的伪善面目，并为玛丽亚洗刷冤屈。伊丽莎白代表的是新教和进步力量，这种力量使英吉利繁荣昌盛，但席勒反而支持代表旧教的玛丽亚。他没有掺入历史背景，仅仅描写了 3 天的遭遇，也就是玛丽亚被判死刑到执行之间。这部戏剧之所以能够吸引观众，是因为它情节紧张、充满悬念，还有一些扣人心悬的场面。

同年，席勒还创作了著名的诗歌《一个新世纪的开始》和剧本《奥尔良的姑娘》，后者讲述的是法国女英雄贞德在英法百年战争中的事迹，为了完成法国人民的解放事业，席勒让她具备了神力，因为此时的拿破仑侵略军已经对德国构成了威胁。它高度结合了戏剧艺术和现实社会，被誉为德国解放战争的前奏曲，并积极影响了 1813 年至 1815 年的解放战争。1802 年 11 月，席勒被魏玛公爵封为贵族。

1803 年，席勒模仿希腊悲剧创作了《墨西拿的新娘》，故事背景是 10 世纪的西西里岛的墨西拿，它正处于诺曼人的统治之下，情节则是不相识的兄妹产生了爱情，同时产生了兄弟仇杀。席勒不仅将古希腊神话、基督教和土人的迷信观点交织在一起，还将希腊悲剧的命运思想及合唱队搬上了舞台。

席勒于同年完成自己最后一部剧作《威廉·退尔》，这是一部呕心沥血的作品。1307 年冬天，瑞士人民结盟推翻了奥皇的统治，席勒依据这个史实，并巧妙结合了瑞士民间英雄退尔的传说，塑造出一个反抗异族封建统治、进行解放斗争的典型人物。席勒激发他动笔的时代背景是，此时的拿破仑已经占领了瑞士，而且他的侵略战争早在 1796 年就殃及了席勒的故乡，席勒的父母姐妹一直生活在法国驻军的势力下，1801 年德国与法国签订的条约又使莱茵河左岸的所有土地失陷。于是热爱祖国和自由的席勒重新回到了至关重要的时代问题。1804 年 3 月，这部剧本在魏玛和莱比锡上演了，结果大受欢迎，并被称之为具有高度现实意义的爱国剧本，有力地唤醒了人民的民族意识和反抗侵略的思想。各地剧院也于 1848 年前后纷纷上演了《威廉・退尔》。

魏玛民族剧院前席勒和歌德铜像

1804 年的席勒贫病交加，但他依然开始创作新剧本《德梅特里乌斯》，作品描述了俄国于 17 世纪初争夺王位的真实历史，但仅仅完成了两幕，席勒就因为新病旧病交攻于 1805 年 5 月 9 日不治而亡了。1827 年，遗体迁葬于魏玛陵墓，歌德逝世后也安葬在这里，人们称之为"歌德席勒合葬墓"。

THE STORY OF THE LITERATURE

第15章

19世纪的斯拉夫文学

小说——文学中最微弱最无足轻重的形式——只能是二者必居其一:要么是无聊的蠢话,要么是响彻帝国的指导性话语;在我们之间,故事就这样形成了。(陀思妥耶夫斯基)

一、斯拉夫文学的源流

斯拉夫这个民族分布广泛，而且十分复杂，其中包括的著名民族有俄罗斯、波兰、布加尼亚，还有西伯，它又分为格罗斯、斯洛文尼亚和捷克。提出太阳中心说的哥白尼就是一个斯拉夫天文学家，还有宗教改革的先驱西斯卡爵士，虽然这个民族出现了很多对知识产生巨大影响、难以一一列举的人，但斯拉夫人曾经一度过着非常原始的生活，并处于外国的统治下，很晚才获得独立。该民族只有一个分支出现过举世闻名的文学，就是俄罗斯人。

俄罗斯的语言属于印欧语系，但说俄语的人并非全部是斯拉夫人，因为地域广阔的俄罗斯存在其他一些特殊民族及时常漫游的游牧民族，此外还有突然侵入或不断侵入的外族人。随着各种激烈战争或自然迁移而混杂的亚欧民族慢慢散布到这个广阔的地方，有时是汹涌地进入，这个地方就是现在的俄罗斯。

俄罗斯起始于交通要道上从事商业的地区。在英国威廉征服者出现之前，或者说查理大帝出现之前，基辅、斯摩棱斯克和诺佛格罗德都是最繁华、发达的商业中心，它们和亚洲、南欧各地及北部的商人互通贸易，后来基辅变成了一个俄罗斯初期的重要城市。基辅的文学是语言中最古老的，它也是一种英雄故事“bilim”的体裁，这些故事混合了上古资料，并非来源于斯拉夫的东西，还有为了适应新环境而重新讲述的古老故事。它们具有神秘、传奇的气息，比如英雄都是巨人，有些出身于非人类，具有不可思议的神力，比如窝瓦·维斯拉维斯的父亲是条毒蛇，它不仅能变化成各种禽兽，还能做出稀奇古怪的事情，在现存的记录中，维斯拉维斯似乎是一个远古神明，他曾做过的事情就和历史和诗歌中讲述的很多英雄事迹一样。基辅王子佛拉德米尔的故事也很受欢迎。

最早记录下来的俄罗斯文学经过了几个世纪的口传和无形的变迁，其主要价值在于，它具有一种强烈的东方色彩以及族长制，保存的社会精神比西欧南欧更原始。不过，尽管它非常有趣，但并未发展到最高峰。

由于斯拉夫后来和东罗马帝国的接触十分密切，因此部分斯拉夫人得到了罗马的字母和宗教，俄罗斯的教会和字母则源于拜占庭，因为俄罗斯早期就接触了伊斯兰教信仰。据说涅斯忒曾经写过一部《基辅编年史》，他或多或少地带着传奇色彩，但是这本书实际上是教会编的，其中包含着早期的英雄，还有基辅王子及其随从的故事，由此可见，教会极大地影响了初期的俄罗斯文学。

俄罗斯早期最重要的文学有《基辅编年史》及其支派、伊哥尔的入侵过程、其他的编年史以及宗教故事。当俄罗斯迁都于莫斯科之后，又经历了鞑靼人的入侵，令人恐慌的专权的伊凡王朝，接着它也产生了一种抵制外货的情绪和强烈的民族精神，于是罗曼诺夫人崛起了，表现就是从前的外部影响由拜占庭变成了德国和北欧。彼得大帝继位后就强迫他的子民学习欧洲文化；叶卡捷琳娜大帝则充满智慧，她不仅从事著作，还鼓励了艺术和文学，但这个时期并未出现有价值的文学。俄罗斯直到 19 世纪之后才出现完善的作品和令欧洲其他国家赞不绝口的著作家，可以说，它的文学不过繁荣了一个世纪而已。

首先创作出完整作品的人是卡拉姆星（1766 年——1826 年），他接受的是俄罗斯文化，曾经游历过德国、英国、法国和瑞士，他在《俄罗斯旅行家书札集》中描述了自己的经历。不过他最著名的作品是《俄罗斯历史》，其中详细记载并解释了该国的发展历程，此外，他还有一些具有说明性和批评性的文章。

二、19世纪的俄罗斯文学

作品闪耀着人性光辉，浪漫和现实紧密结合。当时作家的生活充满了激情和危险。

那些不懂俄罗斯语的西方读者认为，俄罗斯文学等同于19世纪及现代的俄罗斯小说，他们之所以产生模糊肤浅的印象，是因为不了解俄罗斯诗歌和其他的文学形式，不过小说比其他的文学形式更容易跨越人们的国界，而且俄罗斯小说已经凌驾于故事之上，它同时对俄罗斯和整个欧洲产生了影响。俄罗斯小说精彩丰富的程度足以让我们忽视文学的其他形式。

当俄罗斯文学还未进入"小说的辉煌时代"之前，他们更多地借鉴了欧洲的文学形式；当这种借鉴还未结出独特的果实之前，俄罗斯人的创作灵感不是来源于自己的歌谣和故事，反而是源于法兰西、意大利及英吉利文学。尽管俄罗斯的小说缤纷多彩，但近代文学的奠基者反而是普希金和莱蒙托夫，这两名诗人生活的年代是19世纪初期，也就是浪漫主义时代，当时的俄罗斯作家受到了拜伦的深刻影响，就像多数欧洲青年作家一样。

普希金

普希金的文学天赋极高，虽然他是一个伟大的故事作家、诗剧作家和抒情诗人，但他首先是一个极具影响力的剧作家，而且，俄罗斯的作曲家们源源不断地从他的剧作中搜寻创作题材和灵感。不朽的歌剧名作《叶甫盖尼·奥涅金》、《波利斯·哥陀诺夫》、《罗萨尔加》、《别克夫人》等等

《叶甫盖尼·奥涅金》插图

莱蒙托夫

都是根据他的故事、诗歌改编而成的。普希金创造了一种清晰、极富表现力的简单文体,对于后来的俄罗斯文学门类来说,受到的影响无法估量。

米雪尔·伊利维斯·莱蒙托夫(1814年——1841年)不仅是个异乎寻常的天才幻想家,还是一个偏激的浪漫主义作者,他的生涯充满了争吵和暴乱,最后挑起他人提出决斗要求,莱蒙托夫终于死于决斗之中。他最著名的作品是诗歌《魔鬼》,讲述的故事是一个精灵被贬入凡尘,他爱上了一个人间女郎,最后这个女郎因为所犯的罪恶丢掉了性命,但是她的灵魂升入了天堂,精灵却继续承受人间的磨难。他的主要小说《当代英雄》以高加索作为故事背景,讲述了一个浪漫骑士的生活和思想,展示了俄罗斯当时的文化生活现状,并昭示出当时的一种特殊生存状态——俄罗斯的文学栋梁普希金和莱蒙托夫都死于决斗。这部作品被翻译成多种语言流传于世界各地。诗人莱蒙托夫和普希金一样也具有拜伦式的风格,他的作品同时还具有雪莱的韵味。莱蒙托夫非常善于描写俄罗斯民族深藏于灵魂的某种神秘精神。后来的文学作品中也时常见到它的痕迹,由此可见,它所产生的影响比任何外国小说都要巨大。

俄罗斯小说巨匠尼古拉·果戈理(1809年——1852年)没有采用浪漫主义手法,他开始描写现实人生题材。小说《死魂灵》惟妙惟肖地刻画了俄罗斯社会的众生相,他在作品中对平民满怀着诙谐的同情,对阴险、欺诈、伪善之人的态度则是讽刺与蔑视。但是翻译的英文中已经没有诙谐和幽默的韵味,崇高的人道主义光辉则随时出现。

果戈理不仅具备细致的洞察力和冷静的幽默，还擅长调理富有戏剧冲突的题材，故事《塔拉斯·布尔巴》中极其明显地表现了这一点，书中讲述了哥萨克士兵和波兰人之间的战争。果戈理使小说和浪漫主义分离，并结合了人生和现实生活，后来同属这个流派的作家们公认他是现实主义的创始人。值得尊敬的俄罗斯学者克鲁泡特金则认为，作家们继承了果戈理的传统，而不是普希金的传统。不论是当时的文学还是现在的，果戈理的努力都产生了深远而巨大的影响。

果戈理

当果戈理提出要结合小说和现实人生之后，屠格涅夫（1818 年—1883 年）率先取得了成功。他和陀思妥耶夫斯基、托尔斯泰并称为俄罗斯小说的 3 个巨人。他的早期重要作品是描述悲惨农奴生活的《猎人日记》，极大地推动了农奴的解放运动。在《父与子》中刻画了处于时代新旧更替过程中的具有科学民主思想的青年，他和旧式的贵族家庭展开了激烈的斗争。屠格涅夫认为“虚无主义”就是新思想，而在当时，这个词语是政府用来污蔑所有自由思想的，而且，他在数年前由于抨击官场而被沙皇政府判处短期监禁和流放。可以说，在沙皇政府统治下的作家过着充满激情和危险的生活。其实，屠格涅夫不是一个社会宣传家，而是一个颇具法兰西形式美、挚爱美与生活的艺术家，由于他在巴黎生活了很长一段时间，因此他的大部分小说具有法兰西式的结构，陀思妥耶夫斯基和托尔斯泰认为，他已经变得法国化或者即将变得法国化。事实上他经常返回俄罗斯挖掘新的写作题材和灵感。他在《前夜》和《春潮》中淋漓尽致地刻画了年轻俄罗斯姑娘内心世界的凄美，深切地体会到沙皇时期人们百无聊赖、残忍的生活，并对这种生活产生了刻骨铭心的悲哀。屠格涅夫创作的故事浅显易懂，而且分析透彻，是了解俄罗斯人思想的最直截了当的途径。那一段流放生涯使他更热爱俄罗斯语言，不管他受到多么深刻的法兰西影

屠格涅夫

响，都无法阻碍他成为一个具有俄罗斯风格的艺术家，也不妨碍他成为一个实实在在的俄罗斯人。由于他晚年生活在国外，因此其声誉比其他俄罗斯作家更大。他逝世之前，他的同胞们对他的评价是不冷不热，不激进也不守旧，是一个中性人，并非一个血性人，现代人则认为他属于维多利亚时代的中期。屠格涅夫的小说总是显得圆满而有分寸，艺术手法十分动人。

相比起来，陀思妥耶夫斯基的小说则像从内心喷涌而出的一样，充满热烈的激情，无拘无束。年轻的陀思妥耶夫斯基曾经参加过一些和革命有关的演讲活动，惨遭逮捕后被流放到西伯利亚，在那里呆了 4 年。从《死屋手记》中可以看出，这段悲惨的生活已经深入了他的灵魂。可以说，他的一生充满悲哀，也正是由于自身凄惨的经历和容易感伤的性格使他深切地同情那些“被损害和被侮辱的人”。他最著名的代表作《罪与罚》使人震撼，故事讲述的是穷学生拉斯柯尔尼科夫将放高利贷的老太婆杀死了，但促使他杀人的动机并非普通的复仇、嫉妒和抢劫财物，而是不满意现实生活以及过度的自我意识。最后他向自己的爱人沙妮娅忏悔，这个可怜的街头少女规劝他以有形的方式赎罪，于是他选择了自首，当他被流放到西伯利亚时，沙妮娅也追随着他，她之所以献身是因为他选择了赎罪的方式。

陀思妥耶夫斯基创作的所有小说都流露出对人生的沉重的悲哀，他在最后一部长篇小说《卡拉马佐夫兄弟》中暴露了每个人的弱点，生活中充斥的腐败、无聊和罪恶也显现无疑。另外，陀思妥耶夫斯基作为作家的天赋似乎仅仅缺少了幽默诙谐，他的小说主人公，尤其是女性形象更为极端，她们都无比真实、悲伤，而且极具悲剧意味。

陀思妥耶夫斯基的小说《穷人》有很多地方类似于狄更斯，其实他几乎没有见过狄更斯的作品。他总是潜意识地认为，俄罗斯的文学和人民距离欧洲已经很远了。当英美国家知晓屠格涅夫和托尔斯泰之前，陀思妥耶夫斯基的作品还没有引起关注，因为书中强烈的民族主义意识被国境阻隔了，但是人道主义精神终于跨越了国界这个障碍，征服了所有国度的有识之士。现在，人们已经公认他是 19 世纪的伟大巨匠之一了。

陀思妥耶夫斯基

托尔斯泰则努力用艺术来追求真

善美这个崇高的目标，同时尽力用其否定邪恶势力，他在这方面表现了空前的创造力，并成为独一无二的不朽的艺术家，当他于1910年逝世时，已经是全世界最卓著、最伟大的文学家了。

托尔斯泰的家庭是世袭的贵族和军人，他年轻时参加了克里米亚战争，这些经历都成为作品中有关战争的素材，他认为战争的定义就是，人们凭借单纯和盲目的勇气去进行恐怖而毫无利益的争斗，当时的托尔斯泰并不是一个和平主义者和社会宣传家。他描写了战争的真实面目，正是这些作品奠定了他的文学生涯，而且埋头写作也给他带来了巨大声誉。他自己认为，那些作品中的主人公形象十分真实，没有假模假样的伤感和夸大其词的光辉。当他因为创作获得了巨大声誉后，便到乡村农庄消磨时光、体验生活，为伟大的《战争与和平》和《安娜·卡列尼娜》积累素材并进行构思，同时他还努力改善农奴的状况，为乡村孩子提供教育。

《战争与和平》为我们展现了一幅拿破仑战争时期的历史画卷，与其说它是一部小说，倒不如说是俄罗斯社会及生活的叙事诗。它的容量几乎等同于普通小说的几倍，而且具有极其开阔的视野和背景，社会各阶层的形形色色的人在其中活动着，每个人都那么栩栩如生。托尔斯泰充分发挥了自己擅长刻画性格和描绘场景的天赋，不论是战争全景，还是一个普通的莫斯科家庭，无不生动形象。他在创作中遵循着自己的创作原则：任其自由发展，决不强行结束故事，而且他认为自己能够透彻准确地观察事物。这个创作原则体现了他的心性，而并非“自然主义”的理论。

列夫·托尔斯泰

尽管《安娜·卡列尼娜》的视野不如《战争与和平》那么广阔，但它的描写更集中、更感人，整个故事情节跟随主人公的性格自然向前发展。安娜抛弃了严肃正直，几乎可以列为“标本”的丈夫，选择了英俊但伪善的情人，当她的恋人产生厌倦之后便抛弃了她，而这时她开始渴望曾经舍弃的生活，但无法回头，最终只能选择自杀。安娜的性格举动像流动的瀑布一般将她送到了命运的尽头。

故事线索主要是安娜和情人的炽热爱情，另外还有一条平行线索——列文和吉提平淡的家庭生活，它的作用仅仅是为了反衬中心悲剧而已。但是，托尔斯泰通过描写列文与生存之谜抗争，在宗教的神秘气氛中发现平和的力量，反映了自己的心灵，并通过他讲述并解说了自己对宗教、政治和艺术的见解。屠格涅夫曾轻极高地评价了托尔斯泰——"在现代欧洲文学中，托尔斯泰是无人与之相比的"，但是他认为在小说加入与故事背离的宗教说教是不可原谅的。

晚年托尔斯泰创作了《艺术是什么》，他在书中几乎将所有的优秀小说全部称为"垃圾"，其中也包括他自己的作品。他 70 岁时再次回到小说创作中，他为了给某个受迫害的基督教宗派筹款，于是创作了《复活》，蔑视钱财的托尔斯泰愿意为他人挣钱。尽管《复活》充满了道德说教，但书中描写的场景及刻画的人物性格依然非常有魅力，看来在不知不觉间，深藏心底的艺术精灵又复活了。托尔斯泰同时还不断地抨击政府和教会的罪恶行径，这些人害怕他的影响，于是将他赶出教会，并查抄他的住处和书籍，结果反而增加了他的影响力。托尔斯泰的宗教思想将他自然引到无政府主义状态，如果他贫苦无依，早已遭受监禁或放逐，但他是当时的文学之王，具有极大的影响力，政府投鼠忌器，不敢制裁他，但大肆迫害那些追随他的人，这一切让托尔斯泰悲痛万分，或许他逝世于 1914 年之前应该算非常幸运了。他的主要作品都被阿尔玛·摩德翻译成英文了，阿尔玛·摩德写的两卷《托尔斯泰传》也十分有趣，受到了读者的欢迎。

曾经做过乡村医生的契诃夫是短篇小说家和戏曲作家，欧洲俄罗斯

《安娜·卡列尼娜》

文学的批评家们认为“伟大文学先辈们的袍服，至少有温暖的一角搭在了契诃夫的肩上”。虽然托尔斯泰认为他缺乏哲学思想，但很喜爱契诃夫本人和他的故事、戏曲。

契诃夫的艺术手法单纯而自然，就如同他所描绘的身边愉悦的生活和诙谐的故事，他在《可爱的人》中轻松、没有恶意地讽刺了女性自身具有的温文尔雅。他的戏剧之所以绝妙，就在于将人物凄凉的环境和文字的悲哀诙谐统一起来，这种灵气是文学作品中非常罕见的。由于他的短篇小说的长处在于简洁而单纯的形式，因此有些批评者认为他等同于莫泊桑，其实这种观点并不正确，他们仅有的共同点就是他们都创作了非常优美的小说。

《复活》插图

在近代俄罗斯的文学中，高尔基占据的重要地位有些让人无法理解。因为同情农奴而被流放西伯利亚的贵族作家很有几个，比如屠格涅夫和托尔斯泰就是农奴的朋友，高尔基和他们的不同之处在于，他是一直和农奴、工人生活在一起的作家，他所塑造的小说主人公或自传性著作的主人公都类似于他自己——尽管生活在黑暗中，但依然要勇气十足地奔向光明。抗争的思想和行为在高尔基的作品中无所不在，他创作的《母亲》十分感人，不太容易找出与之相提并论的书。

《钦差大臣》中的两个女人，契诃夫自画。

安德列夫则和高尔基恰恰形成了对照，他是个文化怀疑论者，不挑战命运，也不尝试着解释命运具有的魔力，

高尔基

充满了幻灭和困惑。小说《七个被绞死的人》的风格极其激越；戏剧《人的一生》和《背皮夹的他》的风格则有些类似那些厌世的象征主义作家，情绪过度悲哀，而《人的一生》比较起来更为阴郁，据说在彼得格勒演出时导致了好几个学生自杀。

刚刚过世的以及几位现存的俄罗斯作家也是世界文学的一部分。柯普林的小说技巧显得很成熟，比如短篇小说和长篇小说《决斗》，其轻松愉快的风格可以和契诃夫并处。另外，柯罗连科的《森林絮语》也不应该被忘记。

俄罗斯的文学、音乐、戏剧以及舞蹈艺术已经征服了全世界，但实际上，它的年龄只有一个世纪，他们在很多方面模仿了西欧文学。比如，最早、最具才华的作家之一普希金和同时代人模仿了拜伦及英国、法国、德国的代表人物；接下来的作家摹仿了左拉的自然学派；屠格涅夫模仿的是法国风尚；托尔斯泰则接受了很多国外影响，晚年尤其受到纳斯钦的社会主义学说的影响；马克思、尼采和部分非俄罗斯人提倡的阶级论在很大范围内产生了影响，其中也包括多数著名作家。可见，大部分俄罗斯文学吸收了国外的东西，但是它也有自己的特性，并非是外国模型的反射，它最显著的特点在于一种特殊的、现实多于说明的态度，或许神秘主义趋于放肆，知识和生活经验也无法产生明确的思想，因此这种态度就是俄罗斯文学的主要特色。

THE STORY OF THE LITERATURE

第16章

文艺复兴以后的意大利文学

使我们痛苦淡化的你，永久地活下去吧，啊，可爱而神圣的艺术，我们不幸的人们的慰藉。（莱奥帕尔迪）

塔索在意大利文学黄金时期是最后一名伟大天才，从此直到19世纪所有欧洲的文学再次焕发光彩，意大利文学始终处于低潮。意大利在17世纪和18世纪的200年中，不断发生内战，曾经繁华昌盛的城邦变得千疮百孔，最后出现国破家亡、衰弱不堪的状况。作家们处于这样的背景，作品数量少得可怜，甚至那些模仿彼特拉克及文艺复兴时期巨匠的作家也不过如此。

这段时期也出现过几个重要人物，文艺复兴接近尾声时出现了一些有才华的作家。古欧里尼的《忠实的牧人》体现的是埃卡第埃式的技巧，曾在欧洲各个宫廷流传，其适合的范围仅仅是浓妆艳抹、锦衣玉食的闲适文学。另一个比较突出的是塔索，他的讽刺喜剧《被窃的提桶》依然能让人们展露笑颜，但用现代眼光来看，已经稍嫌过时了，另外，意大利近代著名诗人卡杜契受到了塔索的巨大影响。不过总的来说，他们的才华并未散发耀眼的光芒，从塔索至阿尔非亚里之间的两个世纪中，光彩炫目的诗篇始终没有出现在阳光明媚的意大利半岛上。

意大利文艺复兴晚期的散文取得了不错的成绩，其中包括布鲁诺、伽利略和康帕内拉等哲学家，但这些伟大思想家的著作和普通文学作品相比，表达的是更专业的哲学思想。长期起来，布鲁诺始终遭受教会当局的

布鲁诺

迫害，他的思想也不受重视，但他在最近50年间获得了“哲学巨人”的盛誉。当他遇害之后的几个世纪，德国哲学家费希内尔将他的思想进行了更完美的阐述。

同时是科学家和文学家的伽利略是一个非比寻常的天才，人们都知道他是近代的天文学创始人，就像哥白尼一样，但很多读者或许不知道他还是意大利的一名散文巨匠，甚至包括意大利人在内。人们于最近40年之间才开始搜集整理他的论文和书信，而且仅限于意大利语，伽利略创作的那些故事意味着他是杰出的人物，是出现在意大利思想界的继古希腊、罗马巨匠之后的又一个巨人。

意大利的戏剧和音乐很早就结合了，而且戏剧的影响甚至比不上音乐，三个世纪中的人或许都能哼唱歌剧，但很少有人知道歌词的作者，在近代意大利历史上独领风骚的天才并非军事政治家加里波的，也不是诗人和小说家，而是在歌剧领域流芳千古的大作曲家威尔迪，即便是后来以气势恢宏著称的瓦格纳也没有超过他的水平。

可见，崇尚古典的近代意大利直接继承了古希腊和罗马的文化遗产，但他们也不是一味地盲从和生搬硬套。18世纪兴起、19世纪前期达到顶峰的浪漫主义运动同样席卷了意大利。

直到近代，人们依然没有承认文学天才卡萨洛夫的价值。他用意大利文创作了属于法语文学的《回忆录》，虽然他原本不是文学家，但这篇散文非常优美。卡萨洛夫在无意中领悟并具备了神奇的叙事艺术，但这个天才艺术家依然懵懂不知，就像英国的日记体作家皮普斯一样，他的声名现在与日俱增。

虽然意大利人一向具有喜剧精神，但意大利戏剧在17和18世纪变得有点僵化做作。威尼斯人哥尔多尼具有的天赋能够重建喜剧风格，他塑造的人物多半是威尼斯人，不过也可以说是意大利人，甚至普遍的人类。他的戏剧刻画了丰富、真实、可笑的人性，在法国颇富盛名，但英国翻译家似乎不太重视他，只能看到他写的《回想录》。

阿尔非里亚开创了戏剧新纪元，因此他是18世纪意大利戏剧中极其重要的一流剧作家。他的剧作多半是古典题材，来源于希腊传说和古代历史，文风新鲜雄劲，极大地影响了意大利文学。虽然阿尔非里亚的戏剧没有跨出本国国境，但他作为重要剧作家、散文家和诗人的声誉完好无损。

如果将19世纪意大利的著名抒情诗人雷欧帕迪称作“意大利的拜伦”，大致上没有问题，虽然雷欧帕迪缺乏英国诗人拜伦的雄劲有力，作品数量上也自愧不如，但他的作品更细致完整。英语无法完美地转译他的魅力，英国学者比克斯特斯曾经写过一本关于雷欧帕迪的书，但这本按照“原作韵律”写出的英国诗作和诗人本身的距离非常遥远。

尽管帕里尼对古典历史情有独钟，但他丝毫不缺乏独立和创新精神，他勇气十足地写了清新活泼的无韵诗，《日》中所具备的讽刺极其尖锐，可以说，他在18世纪意大利作家中取得了最辉煌的成就，雷欧帕迪将这位前辈诗人称作“近代意大利的维吉尔”。蒙田和帕里尼稍逊一筹，但他同样才华出众，他的意义在于阐明了文学和现实之间的关系。蒙田翻译的意大利译本《伊利亚特》不仅为他赢得了巨大赞誉，而且至今是世界公认的著作。

福斯科罗将我们带进了19世纪，他在新世纪到来之前的两年中发表了作品《雅各·奥底斯》，这本书全面反映了处于奥地利和同谋拿破仑双重压迫之下的意大利遭受的苦难经历，于是他被誉为“意大利的歌德”，虽然他写作的范围比歌德狭窄。他的诗歌题材范围狭窄但十分优美，《墓地之诗》就是一首凄楚优美的抒情诗，在英国生活多年的福斯科罗获得了英国批评界的广泛好评，另外他还翻译了斯泰恩的作品《感伤的旅行》。

19世纪中叶的意大利诗人杜契同时也是评论家，他用独树一帜的眼光编纂了古代意大利诗人的作品。他创作的诗歌简洁、严谨、深奥，非常难于翻译，但这丝毫无损它的重要价值，他具有完整的形式和深刻的意义，从这些方面来看，能够超越他的近代意大利诗人几乎没有。

雷欧帕迪

尽管有才华的近代意大利小说家为数不少，但一流的天才依然很罕见，最卓越的人才应该首推西西里人威尔格，远近闻名的小说《卡踧来利那·露斯契卡那》就是他的代表作，后来，马斯卡奇尼根据这部小说的基础创作了一部风靡一时的歌剧。不过，和那些浪漫故事相比，威尔格作品的伟大之处在于记录了西西里及意大利南方社会生活、精神方面的发展历程。

浪漫主义精神小说的代表人物则是曼苏尼，他的《订婚者》可以称为一流的小说，欧洲各国语言都翻译出版了它。小说具有含蓄、温雅的风格，曼苏尼花费多年心血才磨练出这种风格，虽然并非每一个意大利人都认为它是杰作，但它的确妙趣横生——至今依然如此，而且它在改变当时意大利散文日益空泛浮躁的风气中起到了有益的作用，这一点毫无疑问。多才多艺的曼苏尼创作的最早剧作《卡尔马格诺利那伯爵》似乎脱离了传统的戏剧文学，具有小说化的倾向，吸引了哲人歌德的注意力，因为他对美的事物极其敏感。另外，曼苏尼还是一名颇具才华的抒情诗人，意大利语地区的人都知晓他特意为拿破仑之死创作的诗，而且威尔迪为了纪念曼苏尼，专门创作了优美的《弥撒曲》，可见艺术具有相通性，人类的情感也存在永恒。

能讨论的现代意大利作家并不多，除了丹依雷乌。他不仅是诗人、小说家、剧作家、政治家，还是一名飞行员，他旺盛的精力和多才多艺令人瞠目结舌，即便是文艺复兴时期的伟人也不能与之媲美。他具有的江湖浪子及雄辩家的气质倾倒了意大利人，甚至还震颤了整个欧洲。丹依雷乌凭借《死的胜利》与《火》成为文学殿堂中的不朽人物，另外他还创作了雄辩冗长的抒情诗，言辞华丽、情节紧张、富有生活气息的戏剧作品，比如他创作的《弗朗西斯卡·得·里米亚》中的女主人公是杜绥，它也是各时期舞台中难得的煽情作品。

尽管每个时代的趣味和文学流派并非一成不变，但意大利从整体上看依然是崇尚浪漫主义的古典之子，因为它忠实地承继了古希腊及罗马的文学遗产。

THE STORY OF THE LITERATURE

第17章

近代西班牙文学

这里是温暖的南国，欧罗巴像被虫蚀的树叶一样，把她的土地伸展到大海之上，把她相等的爱，一一铺洒，从在回忆中呻吟不已的地中海，到无人穿越的潮起潮落的袒开胸怀的西班牙。（乔治·艾略特）

西班牙文学经过了17世纪这个黄金时代之后，逐渐失去独创性，并走向衰败，就像意大利文学一样。为什么一个国家思想和艺术的衰落总是和政治、经济的衰落形影相随呢？当瑞典与俄罗斯发生了东欧战争时，西班牙几乎同时爆发了王位之争，于是英国、法国、荷兰，还有奥地利、普鲁士和西班牙纷纷卷入战争的漩涡。17世纪末期爆发的法国大革命牵扯了全欧洲的多数国家，除了英国、法国的文学因为其他原因继续保持着活力，德国的非普鲁士地区还有部分生气，其他国家几乎都没有认真建设文化，文学发展呈现着滑坡趋势。

欧洲大陆当时独占鳌头的国家是法国，西班牙则成为一个崇尚巴黎趣味的温顺而庸俗的臣服者，那个曾经产生过嘻笑怒骂、悲欢离合的流浪汉故事和自然优美的民谣的西班牙消失得无影无踪，即便是西班牙半岛在19世纪初尽力推翻拿破仑统治的时候，它的文化仍然和它的压迫者紧追不舍。

近代的西班牙剧作家埃启迦拉伊完全可以进入西方文学史，这个出乎意料的天才原本是个数学家，晚年才开始进行创作，很明显，他的特殊天才并非来自于他的家族，而且这种才华和19世纪的易卜生、萧伯纳等属于同一类。埃启迦拉伊的谐谑并不仅仅赶走了阴郁，他的著作《唐琼之子》和《大迎利埃托》有着明显的西班牙风格，同时深刻刻画了所有人类的共性，正是这些让他成了世界文学史上的重要人物。

塞万提斯的祖国西班牙怎么会出现文学消亡的事情呢？西班牙小说在19世纪中叶重振旗鼓，它此时是写实主义，并非传统意义上的浪漫主义，而且它在场景和性格描写等方面表现出了浓郁的地方色彩，或许这就是西班牙文学的真正价值，但另一方面也让它仅仅局限于本国地区，无法成为欧洲文学的一部分。阿拉贡是传统的流浪汉小说的开拓者，他的笔下也存在这种真实性，他的作品不拘泥于情节和形式，小说《三角帽》表现的是乡村生活，具有一种正直的戏谑。阿拉贡并非一个伟大的艺术家，但他不愧是真正的西班牙小说家。阿拉贡过后出现的是被称为开创近代写实主义的佩雷达，他擅长描绘农夫、水手及其生活环境，比如高山、大海。由于写实主义是西班牙文学的特点，所以佩雷达继承了这个传统，没有刻意讲述一些奇怪的故事，而是忠实于人物个性。

佩雷达和法利拉是同时代人，不过佩雷达的宗教信仰虔诚而保守，法利拉则持有神秘的怀疑主义。优雅的法利拉直到知天命之年才震撼了小说界，之前的他是一个著名诗人及散文家，后来他就专心致志地探索短篇小说的艺术，并频繁获得成功。他在代表作《佩比泰·舍美拉尔》中显现了自己的天才，故事以一个品位高雅的神秘僧侣作为主人公，他的理想一遇到现实——女人——就可怕地破灭了。当法利拉于本世纪末逝世时，他已经成了西班牙的文坛领袖。

埃启迦拉伊

优雅的艺术家巴尔台斯却总是遭人非议，因为他过多地接受了法国文学的影响，大部分西班牙作家的作品缺少法国式的准确和匀称，和他们相比，巴尔台斯的确和法国小说的关系更加密切。他创作的《泡沫和信仰》深刻细致地描绘了西班牙的近代生活，风格则具有精美的讽刺。

公平地说，天才女作家伊尔利亚·帕多·巴让可以称之为“西班牙的乔治·桑”，她对西班牙及其人民的热情丝毫不逊于那个法国姐妹。

她的作品《关于我国》就以西班牙西部作为背景，她敏锐地观察了一群不具备自身魅力的人物，然后用生动明确的地方知识描述出来。依靠这部小说和其他类似《母性》的作品，她占据了西班牙自然主义作家中的显著地位。

依然健在的优秀西班牙作家有比奥·巴洛耶，他始终坚守着作家的岗位，并不断进行探索，他的作品《小心人的市场》不仅描写了大都市，还描写了生活在其中的人们产生的各种矛盾、放纵及冒险。一般来说，各社会阶层之间的对立局面令人窒息，但巴洛耶对此尤其着迷，比如他会充分描绘并比较都市中的白昼和夜生活。

勃拉思科·伊本涅茨

还有一个著名作家就是勃拉思科·伊本涅茨，他反抗政府，在《默示录四骑士》中可以随时看到精巧的戏剧场景，对于处于战争之中的人们来说，或者因为战争而蒙受苦难的人们都具有极其强烈的冲击力，这部作品使他获得了国际声誉。已故的W·D·赫尔斯在其著作《勃拉思科·伊本涅茨论》中说："虽然伊本涅茨的艺术成就远在亨利·詹姆士之上，但其作品的流利与优美处于詹姆士之下。"

THE STORY OF THE LITERATURE

第18章

荷兰与法兰德斯文学

飞行吧，我的空想，到异心的人们那里去，到荷兰那沉睡于大海的怀抱，到大洋那连接着陆地的地方，那里正伫立着她那些耐心的孩子呢。（哥尔德斯密）

荷兰的文学并没有占据重要地位，因为在文艺复兴时期，只有意大利人取得了所有文学门类的杰出成绩，而荷兰人却将所有的精力和才华投入到文学之外的艺术门类上，比如绘画，只要那些旅行者参观过欧洲和美洲的美术馆，他们多半都会对荷兰绘画取得的杰出成就感到不可思议。

荷兰人中最伟大的应该是伊拉斯漠斯和斯宾诺莎。他们创作时都是使用拉丁语，并非荷兰语。伊拉斯漠斯喜爱古典文学，尤其是教会文学，他从教会文学中领悟了真理，如同当时的多数人。他是个标准的学者，擅长书信体，后来他将内容广泛庞杂的对话录编著成《对话书》。

伊拉斯漠斯

当伊拉斯漠斯逝世100年后，斯宾诺莎出生于亚摩斯德登，他不是异教徒，但也不信仰基督教和犹太教。他也是近代哲学的奠基者之一，就像培根、笛卡尔和布鲁诺一样，作为一个哲学家来说，斯宾诺莎严谨古板，拉丁文学者们认为他的拉丁文非常准确，但不够生动。他采用的是典型的哲学方式——首先设计好定理，经过有系统的推理论证之后再娓娓道来。斯宾诺莎在19世纪初之前始终默默无闻，最后莱辛、赫德、诺瓦利斯、歌德等哲学家、文学家将他重新挖掘出来，但他已经成为一个事实上的哲学伟人。

如同所有其他国家的文学，荷兰文学中有意思的题材也存在于传说、民谣和通俗罗曼史中。荷兰人在这方面贡献给世界的是行吟诗人维林创作的著名的《列那狐》，卡克斯敦已经将它翻译成了英文，曾经风靡一时的《列那狐》似乎只流传了一种荷兰译文，其实歌德创作的《列那狐传》也很富情趣。

诗人封德尔出生于16世纪末，他在17世纪的荷兰文坛非常活跃，可以说是荷兰最伟大的作家。封德尔创作的悲剧包含了戏剧的节奏和诗歌的优美，那些关于圣经人物的戏剧和莱辛的作品不相上下。他的著作《琉息斐》流露出一些弥尔顿的风格，但弥尔顿的作品是叙事风格的诗剧，《琉息斐》则融合了戏剧和诗歌，而且他们处理题材的手法完全不同。巴尔奴教授创作的《封德尔》清楚地介绍了他的政治、宗教背景。

荷兰文学从封德尔之后就开始走向衰微，18世纪的作品都沉闷不堪，直到18世纪末和19世纪初，劝世诗人皮尔泰迪克出现后，荷兰文学才慢慢复苏，因此皮尔泰迪克是19世纪的复兴先驱。那些具有明快风格的诗曾经风靡一时，但没有对其他国家产生什么影响，而且他讨厌新德意志的诗歌，并认为莎士比亚的作品需要更进一步的斟酌。

在现代文学中，最出众的作家是诗人路易·库佩拉斯，但是，与其说他是个诗人，不如说他是个小说家，四部系列小说《小灵魂集》的译文非常精辟出色，在英语国家中十分著名，正是因为他的小说被译成多种文字，荷兰文学才能重新进入欧洲文学的行列。不过他的诗歌也充溢着青春的激情和活力。

THE STORY OF THE LITERATURE

第19章

斯堪的纳维亚文学

斯叩尔！北方的国土啊！斯叩尔！(注,斯叩尔是挪威语,指敬酒时的欢呼声。)(朗费罗)

几年前,有一位英国批评家说,人口不足三百万的挪威对人类智慧的贡献已经超过了人口一亿多的美利坚合众国。我们应该承认,这种评论至少存在一半真理,因为斯堪的纳维亚人中已经出现了众多的天才,而且挪威艾斯兰支族的文学早已十分发达。

路易·荷尔培尔建立了近代的丹麦文学,他是个优秀的讽刺作家和幽默家,除了当时的斯威夫特和王尔德,其他的欧洲作家都无法与之媲美。在他创作喜剧之前,丹麦舞台只有法国和德国的戏剧上演,他的出现使丹麦产生了戏剧文学;他创作的谐谑故事《Peder Paars》是丹麦的首部文学经典,如今的丹麦人依然喜欢书中表现出的机智风趣。荷尔培尔让丹麦人学会了谐谑,他除了是个幽默家,还是个博学多才的人,他的作品具有简单明了的文笔、变化多端的题材以及严谨的风格,现在依然是丹麦作家学习的典范,而且他对丹麦之外的德国和斯堪的纳维亚诸国产生的影响同样长盛不衰,尽管已经过了两个世纪。莱辛也受过他的影响,这个近代德国戏剧之父无法否认这一点,因为他的《年轻的盖哈尔特》几乎完全模仿了荷尔培尔的《伊拉斯漠斯·蒙太拉斯》。由于美洲斯堪的纳维亚协会致力于将丰富多彩的本国文学介绍给英语国家的读者,因此他们翻译并出版了荷尔培尔的戏剧选集。

厄勒斯雷格(1779年——1850年)也是丹麦的伟大诗人之一,他生活的这个时期是一个重要的文学历史时期,因为文学的浪漫主义运动席卷了整个欧洲。厄勒斯雷格高举着丹麦浪漫主义的旗帜,不仅使自己的母语变得更加高雅,还用它创造了丹麦文学史上从未出现的悲剧。他从歌德和席勒那里找到了创作灵感,但他并没有模仿任何人的文体和内容,他以古典的、爱国的诗的精神将祖先留下的古老传说改编成浪漫的悲剧。30岁之前的厄勒斯雷格始终被公认为"丹麦的第一诗人",他的声名不仅存在于斯堪的纳维亚各国,还远播到了德意志。瑞典的优秀诗人兼主教滕内尔授予他"斯堪的纳维亚诗歌之王"的桂冠。只有诗人荷尔培尔能够产生和他同样巨大的影响。

安徒生和孩子们

因为厄勒斯雷格起到了推动作用,因此浪漫主义运动进行了一个世纪依然保持着活力。随后相继出现了格伦特威格等诗人,但他们并不显山露水,毕竟丹麦只是个小国,即便如此,仍然有一个人的姓名及作品达到了人尽皆知的地步,他就是安徒生。世界上有哪个国家的孩子没有看过他的童话?安徒生的童话有些来源于过去的传说,但更多的是他自己的创作,他的童话风格柔美诙谐,技巧高超但毫不做作,单纯质朴的作品反而有着特殊的韵味,著名的格林兄弟创作的《孩子和家庭的童话》也不如他的童话引人入胜。此外,安徒生还创作过诗歌等很多作品,但由于某部作品太出名,以至于人们将其他的作品忘记了,就像塞万提斯一样。

安徒生的作品插图

生于19世纪中叶的德兹哈曼也是一名浪漫主义诗人,但他出现的时间比浪漫主义晚一个时代。他原本是个喜欢描绘大海的画家，后来转入文学方面，用语言来描写大海，因此他主要以船和渔夫作为主人公。为了深入刻画大海及以海为生的人，他总是长时间生活在海上，因此他的作品总是显得十分真实生动，而且充满活力。他十分爱国，喜欢用雄壮的诗剧颂扬大众生活，由此变成了丹麦文坛的领袖。他逝世于20世纪。

尽管19世纪出现了好几个著名的散文作家，但詹姆士·雅各布森无疑是最伟大的一个。由于身体衰弱，他很早就去世了，他进行创作时就像福楼拜一样非常痛苦。他对措辞和音律花费了大量心血，于是产生了《玛丽·格拉布》和《那伊尔斯·林》，这两部小说是丹麦小说中最优美的。他还创作出了一部短篇小说集《Mogens》，也是第一篇故事的标题。尽管雅各布森的作品并不多，但他产生的巨大影响已经超出了丹麦国界，并为丹麦和挪威醉心于优美文体的作家立下了一个标准。他的作品被译成德文，部分被译成英文。

雅各布森逝世之后由小说家森陀尔夫暂时占据了丹麦文坛，他是个写实主义小说家，《小人物们》是其著名作品，他最擅长的是描绘都市中产阶级的生活；此外还有颇具才华的批评家、戏剧家、小说家爱德华·勃兰兑斯；自然主义小说家赫尔曼·彭创作的深刻、强有力的《近路》；稍后出现了伟大的小说家蓬托比坦，他的时代和精神方面部属于我们的同代人。1917年，他获得诺贝尔文学奖，英美两国的读者在此之前从未听过他的大名。他具有类似俄罗斯作家的表现力和同情心，他创作的最优秀的小说堪称一首叙事诗，它结构匀称，描绘了朴实单纯的人们。

上述这些诗人和小说家的导师都是一个人——阿尔格·勃兰兑斯，他是欧洲最渊博的天主教批评家，同时也是爱德华·勃兰兑斯的兄长，他并非地道的纳维亚人，而是一名犹太人。勃兰兑斯指引这些人达半个世纪之久，同时召唤一些优秀的作家，他学识广博，似乎读完了欧洲的所有书籍。他不仅研究过莎士比亚和易卜生，还研究过阿那托尔·法兰西。他的传世之作是六卷本的《十九世纪文学主潮》，它是一部批评哲学，非常完善地总结出了过去150年中的文学，现在，这部著作已被全部翻译成英文。丹麦人认为，他的作品风格独特、语言流畅、魅力十足，也许，欧洲最杰出的批评家就是勃兰兑斯。

挪威文学和丹麦文学如影相随、密不可分。19世纪初，二者脱离了政治关系，于是挪威发起了独立文学的运动。开创时代、易卜生时代和新运动时代是近代挪威文学的三个阶段。

诗人威尔格兰和惠尔哈文是开创时代的代表人物。精神饱满、热情洋溢的威尔格兰是个雄辩的革命主义者，他创立了挪威文学，不过他没让挪威文学建立一个完整的雏型。他的部分抒情诗非常优美，但由于疲劳过度，最后英年早逝了。惠尔哈文则属于保守主义，他在一些小册子中对威尔格兰的自我放纵进行了针锋相对、旗帜鲜明的攻击，他追求稳健明确，这些做法为挪威思想和文学带来了良好影响，因此他的权威地位至今不可撼动。惠尔哈文同时也是诗人，他创作的以古代挪威为背景的作品已被公认为挪威的传世之作。

本森、尤纳斯·李和克兰特等都是易卜生时代的代表人物。后两位都是一流的小说家，但尤纳斯·李更为杰出，他的作品魅力是冷静而深刻地观察了普通人的生活，并非依靠紧张刺激的情节取胜。早期作品《领航员和他的妻子》为他奠定了挪威小说史中的地位，他的小说不仅在挪威境内享有盛名，在国际上也是声名卓著，被翻译成英文的作品有《奴隶之一》、《海军副将的女儿》及《尼阿比》等。

在过去的150年当中，任何一个剧作家都无法和卓越的剧作家易卜生相提并论，在世界戏剧史上，他可以和伊士奇、莎士比亚、科纳尔等量齐观。易卜生的剧作分为两种，即浪漫抒情和写实，而且早期创作的多半是诗剧，后期则是散文体剧作。《玩偶之家》是他创作的首部写实剧，内容描绘了女主人公坚定不移地反抗了夫权制度；第二部是探讨不健康的遗传的《群魔》，同样引起了轰动，但因为存在某些生理学上的常识性错误，于是受到了猛烈的抨击，易卜生便写了《国民公敌》予以还击。有人往往认为他是个社会问题专家和对社会进行改革的宣传家，其实他仅仅是一个关注戏剧效果的剧作家，当社会提供了这样的材料之后，他就恰如其分地留意到了。他的《罗斯马庄》非常明显地体现了这一点，作品中的“问题”属于戏剧结构本身，描述的是懦弱男人和强悍女人产生的斗争，另外，《海德·加波勒》中的个人恩怨纠葛也同样明显地表现了这个因素。易卜生的后期戏剧缺少了青年时代的浪漫诗意，但那些极具智慧的象征主义手法使作品更加意味深长，《建筑师》和《起死回生》——他的最后一部剧作——很好地表现了这个特点。易卜生将毕生的精力都投入到诗歌、戏剧和剧场之中。威廉·亚彻尔已经翻译了他的所有作品。另外，剧作家萧伯纳还写了具有健康批评及辛辣意味的小册

易卜生

子，比如《易卜生主义的真髓》等等。

本森、尤纳斯·李和易卜生都很长寿，他们的精神光辉在逝世后依然领导了文坛很长一段时间，然后年轻的一代涌现出来了。迦尔波格是个农民的儿子，他一直用农民的方言创作小说，直到他用规范语写了《疲乏的人们》，才引起了人们的关注；纤细优美的浪漫小说家托马斯·克拉格的著作是《阿达·王尔德》；鲍威尔在挪威一直久负盛名，他结合了浪漫与讽刺，新近出版的英译本也大受欢迎；但最近独占鳌头的小说家是哈姆生，他写的40部小说中不乏杰作，最著名的是《饥饿》和《土地的成长》，他并非仅仅描写下层人民的生活，而是极其深刻地表现了人生的艰难，他的作品浑然天成，很少精雕细琢，所具有的艺术魅力是永久的。

历史悠久的瑞典文学也没有准确的起始时间，就如同丹麦文学和挪威文学，不过它的17世纪至少出现了一个大作家，就是“瑞典诗歌之父”斯特尔海尔姆。他感觉本国的语言极其混乱，就开始着手使之趋于纯净，他的创作方式多种多样；另一个是诗人罗生亨，他的很多诗歌都模仿了法国短诗的形式，让瑞典也感受到了文艺复兴的气息。瑞典的诗歌、散文在17至18世纪始终模仿英法两国，追求一种古典主义的理想和文学的形式美，但它没有出现如同两国作家的文学天才，瑞典也和其他国家一样结束于19世纪。

在瑞典从事文学研究的朗弗罗于1835年说：“瑞典有一个大诗人而且是惟一的大诗人，他就是滕内尔。”滕内尔是瑞典浪漫主义文学运动中的伟大诗人，他的做法和大多数浪漫主义诗人一样，就是在从前的故事传说中寻找丰富的题材，并从中获得创作灵感，著名的《弗里希阿甫传》让他成为全欧洲的知名人士。朗弗罗翻译了他的诗歌，其中具有音乐的美感。

19世纪初曾涌现了很多优秀的诗人和散文家，但其中知名度最高的是芬兰人腓特列加·布莱默。她的作品充满了忧伤的情调，但不是顾影自怜，《日常生活的素描》、《邻人》、《H家》、《会长的女儿》等深切地打动了同胞们的心，同时她还致力于宣传妇女解放的观念。玛丽·赫易特优美的翻译使她享誉所有的英文国家。

如果从出生地来看，首次出现在19世纪中叶的瑞典诗人也应该是芬兰人，他的大部分光阴都在芬兰度过，他的作品多半和芬兰生活有关。他原先在一所不太有名的芬兰大学中担任普通教员，最后一跃成为仅次于滕内尔的近代瑞典诗人。滕内尔逝世之后，他理所当然地接替了“瑞典桂冠诗人”的殊荣。他的作品已被翻译成英文。

瑞典散文直到这个世纪中叶依然缺乏活力和个性，如果和挪威、丹麦相比较，它总是盲目模仿他人，发展的状况也远远不及。不过，瑞典文学在这个世纪末期受到了法国写实主义的影响，还有代表挪威文学的易卜生的戏剧和代表丹麦文学批评界的勃兰兑斯也影响了它，因此它的文艺复兴时期到来了。在这场新文学运动中，怪才斯特林堡尤其引人注目，据说易卜生曾对着斯特林堡的肖像说："这个人会比我更杰出。"不过他们两人的人生观截然不同，易卜生著名戏剧中的女性尽管没有取得最终的解放，但她们具有真正独立的精神，并始终为解放付出自己的努力；斯特林堡则强烈反对妇女解放运动，《红房子》是他的著名长篇小说，其中描写了在贫困生活中挣扎的作家和美术家，让他们导致毁灭的总是女人。另外，我们已无法将他的短篇小说集《婚姻生活》当成纯粹的小说，因为书中细致描绘并抨击了女性及婚姻生活中存在的苦难。虽然斯特林堡的创作水平很不稳定，极其粗糙和完美的情况兼而有之。但他所有的小说都贯穿着写实的特征，也就是说他将观察到的事物真相毫无顾忌地写出来。

在瑞典女作家中出类拔萃的塞尔玛·拉格勒夫则和斯特林堡形成了鲜明的对照，她个性温婉，具备女性独特的深情。《哥斯泰·培尔林传》使她一举成名，但后来始终没有跨越这个高度。她创作的小说《尼尔斯骑鹅旅行记》讲述了一个瑞典少年极其冒险地骑在鹅背上穿越了自己的祖国，这部作品同时受到了孩子和成人的喜爱，塞尔玛也因此成为世界著名作家，瑞典人民尤其喜爱、尊敬她。塞尔玛还是瑞典文学院惟一的女院士，作品被翻译成多国文字。另外，女作家爱伦凯也占据了瑞典文坛的重要地位，不过，与其说她是一名艺术家，倒不如说她是批评家、哲学家更合适，因为她的重要著作《恋爱与结婚》和《儿童的世纪》都和性问题、教育问题有关。

THE STORY OF THE LITERATURE

第20章

美国文学

使孩子们忘却了游戏,使大人们忘却了火炉的,是小说。(锡德尼)

一、美国文学的源流

美国文学基本上继承了英国的东西，一些抵触英国的作家曾试图推翻这个观点，但他们无法建立自己的论点。因为美国科学界承认传播文化的主要途径就是英文，他们使用的也是英文，美国已经习惯的大部分语言就是古英语，美国保存的这些英语已经超过了英国，即便是南部的黑人，他们最常用的很多特殊字也不过是沿袭了 17 或者 18 世纪的英语。而且他们发现，只有乔叟和莎士比亚的作品存在比较多的非英语内容，狄更斯或萨克雷都没有出现更多的非英语的情况。

最早能够称之为美国文学作品的是描述约翰·史密斯船长等人发现新大陆的经历的作品。很快地，清教的纽英伦就成为美国文学的主要源流，即使他的作品并不十分优美，而且在叙述方面也不曾尝试让人喜欢，但他们的作品价值是无法估量的，因为它诚实记录了一个坚强民族所从事的坚强事业。同时，科敦·马特等牧师的文章表现出的坚毅果断早已出现在同胞的开拓精神中，尽管这些作品失之粗陋或怪诞。

二、美国的小说

美国已经取得了政治独立，但它的文化依然属于欧洲的一部分。美国最初在文学上取得的贡献和浪漫主义有关，美国作家表现出的创作风格是思想开放、构思巧妙、感情细腻。

浪漫主义文学的诗歌和散文在18世纪末、19世纪初取得了累累硕果。英国浪漫主义小说巨匠瓦尔特·司各特得到了广泛赞誉，他之后出现的是查理·狄更斯；法国的浪漫主义运动领袖是维克多·雨果和大仲马；德国最伟大的诗人兼批评家歌德对本国的感伤主义小说评价极高，歌德于1832年逝世之后，托马斯·卡莱尔将他郑重其事地介绍给了英国读者；意大利的曼苏尼以小说《订婚者》占据了世界文坛中的一把交椅。

此时的美国已经取得了政治独立，但它的文化依然属于欧洲的一部分，不仅语言是英语，绝大多数美国人也来自欧洲大陆。由于整个欧洲都被浪漫主义文学运动席卷了，所以美国最初在文学上取得的贡献也和浪漫主义有关，美国作家表现出的创作风格是思想开放、构思巧妙、感情细腻。

欧文

应该说，华盛顿·欧文是一位幽默的绅士，开创他文学生涯的是小说《纽约的历史》，这部作品极具讽刺意味，并假托一个荷兰殖民者的子孙——第特里希·尼克巴克所作。如今，这个名字已经和纽约紧密相联了，近代漫画家曾为美国最大的城市纽约描绘过具有代表性的形象，就是尼克巴克头戴三角帽的旧模样。当欧文被尊称为美国文学鼻祖时，他已经开始安度晚年了，或许当他看见尼克巴克保险公司、尼克巴克面包或者冰激凌时，会露出颇具意味的微笑。

欧文还让一名荷兰人变得不朽，他就是因为鬼的魔力昏睡30年的李甫·范·因克，其实，这个故事原型来源于德国，但欧文将故事中的鬼设计成亨特里克·沃特森及其船员，并安排纽约州的卡兹克尔山脉作为故事背景，让它完全变成美国本土的故事，如今这个小说已经家喻户晓了。

如果用一幅图画描绘美国小说发端时的情形，那么最形象的就是，欧文微笑着观看诙谐有趣的九柱戏。欧文出现之前的美国人也非常努力地写了一些作品，但它们的价值都不大，现在几乎完全默默无闻了。当欧文在自己的创作走向成熟时去了欧洲，并在那里旅居多年，他曾经在英国生活过，最出色的故事《勃莱思不列奇堂》中就有地道的英国场景，以至于人们会误认为它是英国人的作品。他也在西班牙生活过，西班牙给他留下的影响就是创作了《征服格林纳达》和《阿罕布拉》，书中充分描绘了多姿多彩、富于冒险的摩尔人及西班牙人的生活。后来欧文被任命为驻西班牙大使，或许也有这些小说的功劳。当他返回美国后便定居在西部。

欧文作为一名艺术家处处受人称赞，因为他待人亲切和蔼、举止优雅敏锐，塔可里对他的评价是"背着文学派遣到旧文学阵营中的开路先锋"。詹姆士·菲尼摩尔·库珀则和欧文形成了强烈的对比，其实他们属于同时代人，而且两人的声誉不相上下。

库珀的脾气非常暴躁，当他和朋友口角不和时，总是摆出盛气凌人的态度，毫无半点诙谐风趣。他的作品风格也粗犷豪放、桀骜不驯，但就是这个野性十足的作家紧紧抓住了一个世纪以来所有读者的心，他赫赫有名的声誉已经传播到欧洲，甚至亚洲，美国的学生就更不用说，难道有人没看过那些有趣的故事，比如《侦探》、《见闻札记》、《舵手》和《最后的莫西干族》之类？

库珀非常擅长讲故事，他具有的想像力出乎意料，能完全凭借想像描绘出陆地上和大海上的生活场景，因此那些故事总是显得紧张刺激。虽然库珀也出生于纽约州，但他出生时那里几乎是一片旷野，他父亲建造的城市周围生活着樵夫、猎人、印第安人以及白人开拓者。他经常观察他们，最后将了解的情况和积累的印象组织在一起加以虚构，他还做过一段时间的船员，因此对本国的水手和船舶非常熟悉，人们公认他是"一个世纪前美国海运业的权威"。

虽然库珀无比熟悉的船舶、驿站和马车如今都消失了，但他描绘的森林和欧文刻画的黑暗睡洞永远留在文学作品中。那些到美国旅游的欧洲孩子总是希望在纽约附近看见印第安人，这些想法不足为奇，就像到苏格兰旅游的美国孩子希望看到司各特塑造的土匪洛布雷一样。描写过极佳的海洋故事的约瑟夫·康拉德曾对库珀表示了最高的敬意，他说："库珀热爱大海，并以全部的理解眺望海——落日的颜色、星夜的和平宁静、风暴来临的景象、大海的寂寞、喧嚣海岸的静寂时分，还有和大海朝夕相处的渔民们的机敏。"

库珀和欧文能够从生活的冒险中及人们的生存处境发现一种奇特的故事性，两个年轻的作家——塔列尔·霍桑和埃德加·爱伦·坡则揭示了人们的内心世界和精神冒险。

霍桑毕业于巴托因大学，虽然他是新英格兰清教徒的后代，但他本人并非清教徒，不过他和他的祖先具有一些相似之处，就是喜欢探讨良心问题，尤其喜欢表现人的灵魂。他研究人物的性格冲突，并依靠这些东西构架自己的故事，当然，所有的小说艺术家都会这么做。他最著名的就是描写陆地上的故事，在他的作品中，一切都显得非常生动有趣，他的朋友爱默生说"他驾驭写作技巧的能力好像一名高超的骑手，他是奔驰在文学大地上的好骑手"。霍桑终其一生都在从事短篇小说的创作，并形成了自己的风格，有些短篇小说可以说是杰作，但美国读者在很长时间内没有给予他应得的好评，只有少数类似爱伦·坡这样的人欣赏他，他常常认为自己可能是美国文学史上微不足道的人。

霍桑

1850 年，霍桑 45 岁时出版了第一部长篇小说《红字》，这部至今闻名于世的小说为他赢得了巨大的声誉，但当时的出版商和作者本人都不敢相信它能大获成功。霍桑自认为这部缺乏光彩的小说不会吸引太多读者的注意力，出版商则印了五千册就将原版毁掉了，数日之后首版即告销售一空，出版商为了满足读者的需求，同时为了能够获取利润，只得重新排版。其实，与具说《红字》缺乏光彩，倒不如说它是满布乌云、神秘的月光。海斯代尔的忧伤故事不仅深深打动了霍桑，也打动了那些读者，他们写信给霍桑，将他当做可以倾听忏悔的神父，请他帮他们解除悲哀。在美国文学史上，霍桑是首位创作悲剧性故事的人，如今他仍然占据这个方面的重要位置。

《红字》插图

霍桑创作的第二部长篇小说是《七山之家》，故事描述了一名神秘古诗的作者，书中的神秘幽灵居住于一座古怪的住所，非常隐秘的板壁后藏着霉迹斑斑的书稿。这种题材非常普通，很多人都写过，但霍桑用它刻下了自己天才的记号，他刻画的神秘古宅至今屹立于文学殿堂之中。

霍桑在《大石脸》中将一座山设想成某种象征，他想像这座山对当地敏感的儿童产生了怎样的影响，他为这块石头赋予了诗意，并作为自己灵感的源泉。其实，这座山就在新罕布什尔州境内，它的侧面有一些岩石形成了一个巨大的半人面像，每一个来旅游的人都熟悉这处自然奇观——“老人山”，但霍桑让它有了自己的特性。霍桑创作这部小说之前，新英格兰并不是以“神仙境地”而著名，但此后，它就永远成为浪漫故事的出产地了。

欧文、库珀和霍桑都在生前见到了自己的作品流行于世，他们也因此风光一时、衣食无忧。但是，他们的同辈爱伦·坡则英年早逝，并在短暂的生命历程中始终与贫困搏斗，有一个小小的例子可以说明他穷苦的生活：爱伦·坡曾经在西点军校做过几个月的候补生，当16年后他的妻子去世时，能够盖在身上的东西只有这件军服。他一直在美国生活和写作，直到他逝世之后，人们才意识到他是美国最伟大的文学家，因为没有人能够像他那样，在欧洲文学史中占据着举足轻重的地位。1909年是他的百年诞辰，从纽约至莫斯科的所有著名作家都承认，他们的国家都没有出现爱伦·坡那样的天才，其中也包括他们自己。

爱伦·坡不仅创造了新的短篇小说文体，他还是个诗人和批评家，他取得的创作成就远远凌驾于浪漫作家之上。毫无疑问，他极具文学天赋，的确是一个通过不懈努力而获得成功的作家，不过，他为了保持自己的这份天赋，并在失望和困境中将它表现出来，他经过了苦苦的挣扎。

爱伦·坡于24岁时将短篇小说《瓶子中的芳特夫人》发表在巴尔摩州的一家报纸上，并得到了100美元稿酬。这篇小说有两个引人注意的地方，一是爱伦·坡在文章中体现了自己驾驭文风及写作手法的能力，二是这篇小说让他得到了惟一的报酬。爱伦·坡是个小心谨慎的职员，他维持贫寒生活的来源是通过办杂志和刻板的编辑事务，从来没有用自己最好的小说挣过钱，他的诗当然也不能，而且他也不愿为了挣钱而草草写作。文学史中记录了很多追求艺术理想而牺牲物质的作家，他们的一生总是处于艰难困苦之中，但是，像爱伦·坡这样获得巨大成功的作家应该是前所未有。他坚信自己具有才华，也相信自己的优秀作品会成为不朽之作，所以他从来不屑于哀叹贫困，或者因为时代忽略了自己的天才而牢骚满腹。

爱伦·坡

爱伦·坡擅长讲述的就是现在所说的心理问题，他对这个神秘世界和它在人们内心的反映非常感兴趣。他认为侦探小说完全不是罪犯是否落网或接受惩罚的问题，他发明了侦探小说，其中最优秀的作品是《失窃的信》和《莫格街谋杀案》，另外，他还根据真实案例创作了《玛丽·罗盖》，当他开始写作时，案情还没有真相大白，最后他根据推理写出的结局几乎和审判结果一模一样。爱伦·坡一向相信自己的推理能力，而且他向人们证明了阴谋总能被识破。

《莫格街谋杀案》插图

爱伦·坡极其聪颖，最优美的文字并非存在于那些极富创造性的故事中，而是存在于直接表现情绪和感觉的诗歌中，最典型的作品是《李奇亚》和《影》。如果他不能称为这类散文诗的开创者，那他就是一名后人难以项背的文字魔术师。他具有非常发达的纯粹理性的天赋，是文学史罕见的诗人和梦想家。诗人斯文宾——他是一名真正的魔术师——说，爱伦·坡是“一个常常磨砺自己的思想，从而打造出坚实圆熟的不朽之作的天才诗人”。爱伦·坡至少在两种意义上可以称为完全：他拥有多种才能；他总是用具体实物表现抽象思想。他的短篇小说足以让他盛名远播，即使没有这些小说，他依然是个卓越的诗人和批评家。

总而言之，和当时所有的美国作家或批评家相比，爱伦·坡的文学论文更具光彩和学识。他的文学思想极其出色地表述了1850年以前的美国文学思想，即使一直处于恶劣的环境，他依然保持了作品的精美。他在自己生活的时代是一个孤独者，没有一个同代人有勇气和能力追随其后。他创作的故事扑朔迷离，诗歌无比美妙，批评也同样高明，这一切都让欧洲的批评家们感到不可思议，他向世人证明了任何环境都可以造就伟大的灵魂。

《汤姆叔叔的小屋》插图

斯陀夫人是这个世纪前半期的重要作家，当然现在也值得一提。《汤姆叔叔的小屋》在当时造成的影响出乎她的意料之外。林肯将其称之为“挑起南北战争的小夫人”，就连托尔斯泰这个经常在小说中探讨道德问题的作家也认为这部小说是“真正的艺术品”。

美国文学经过南北战争之后开始逐渐走向成熟，这时最具代表性的重要作家是马克·吐温、赫尔斯和亨利·詹姆士。

马克·吐温出生于美国中西部的密苏里州，曾经在加利福尼亚州、纽约和康涅狄格都生活过很长时间，他在世界范围内游走，了解各个阶层的人及他们的生活情形。可能没有一个作家可以媲美他所具有的知识、思考的问题以及对美国生活多样化的理解。他用最恰当的方式写出了自己应该写的一切，是最独特、思想最深刻的美国作家，赫尔斯将其称之为“美国文坛的林肯”。

马克·吐温曾经在内华达和加利福尼亚担任过新闻记者，他似乎天生就具有通讯才能，当时，他的幽默小有名气，后来他的工作被安排到了欧洲，于是这些信件汇编成《海外的阿木林》，这是他最初的著作。他的眼光极其敏锐，总能洞彻所有事情，后来的《海外旅行》和《赤道游记》清清楚楚地体现了这一点。

马克·吐温似乎更喜欢创作小作品，而非大作品，他的小说杰作是《哈克贝里·芬》，它在所有的小说中可以说鹤立鸡群，即使是《汤姆·索耶》也无法与之相比，在美国文学中具有不可替代的价值。《哈克贝里·芬》不仅讲述了少年的故事，那些年轻的读者也喜欢它，尽管并不明白书中的深意所在，就如同《格列佛游记》一样，人们通过哈克单纯的眼睛看见了不同的文明，并对

马克·吐温

美国历史获得了叙事诗般的视野。马克·吐温的作品轻松欢快，有很多诙谐幽默之处，他能够敏锐地观察人物，虽然有时不免出现不平衡、操之过急的技巧。《败坏哈特里堡的人》和他逝世后发表的奇妙寓言《不可思议的陌生人》是他创作的最佳讽刺小说，马克·吐温具有的讽刺风格辛辣、哀怜而深沉，就像斯威夫特一样。从表面上看，《康涅狄格的央奇》似乎是闹剧，其实它不仅研究了民主主义，还猛烈抨击了人类的劣根性，马克·吐温在书中说“全人类都应该被处以绞刑”。

马克·吐温作为一个伟大作家，其具有的语言不可想像地丰富，他巧妙融合了愤怒和谐谑，从他多次发表的抗议论文中可以发现他生机勃发的一面。

马克·吐温的幽默到后期渐渐失去了生气，但是他依然是这个世纪的不朽作家，当他在《生活在密西西比河边》中不拘一格地直抒胸臆时，仍然表现出了文坛巨匠风范，另外，他还是一个代表民主主义的顶尖散文家。

布赖特·哈特是在加利福尼亚和马克·吐温有关联的作家，他为了满足东海岸读者的需求于是开发了西部生活题材。他描写的人物总是一度被文明生活所感化的赌博者和矿工，他灵活地运用了短篇小说的艺术技巧，并恰当地表现了浪漫情绪，因此他成功了。哈特是个多产作家，尽管人们已经忘记了他的大部分作品，但类似于《波坎夫拉特的流浪汉》的小说依然有一种历久弥新的感觉。还有一部两卷本的《压缩的小说》体现了他出色的讽刺才能，也可以说是间接的文学评论，人们应该会永远记住它。

威廉·迪恩·赫尔斯出现于哈特中年之后的时期，他是当时美国文坛的一号人物，这位严谨的牧师和马克·吐温是朋友。赫尔斯性格乐观、勤奋好学，会写非常优美的文章。他的作品十分细致，保持了自己一贯的独特风格。《近代的实例》描述了小人物的遭遇，在美国小说中可以算新鲜东西；《什拉斯·拉莫发的出世》则描写了普通实业家，或许是同类小说中最早的。《卡通人》是赫尔斯后期创作的小说，也是他最优秀的作品之一。

亨利·詹姆士是美国最出色的小说家，同时也是这个世纪的一位散文巨匠，可以说他并非一个地道的美国人，因为他除了出生于美国之外，最成熟的时期都是在欧洲度过的，他的思想见解也全部属于欧洲式。詹姆士深入研究了人类的性格，用一个专业而科学的术语来说，他是个心理学家。他的作品主要分为两个阶段，第一个阶段的代表作是《罗德利·沃特森》和《苔丝·米勒》，前者描写了意志薄弱的美国雕塑家，后者描写的是单纯无知的美国少女无法理解古代那些道德及不道德的生活。第二个阶段则猛烈抨击了霸权主义。由于他描写了很多在欧洲生活的美国人，因此他的小说也被定义为国际小说。

亨利·詹姆士

爱默生是当时思想界的领袖，他出生于一个清教教士家庭。他宣传的思想是自力更生、温文尔雅、清澈澄明的心境和自由主义的叛逆，而不是乐天主义的听天由命，他不仅宣传这些德行，并以身作则，让信仰能够留驻在人的内心，而不仅仅是形式上的祷告。

《苔丝·米勒》插图

爱默生的论文和演讲都带着说教的意味，但是他的传教方式和内容远远超过了教会那种单调唠叨的水平，他的说教自然、诚挚但又非常雄辩，用诗一样的语言说明了自己智慧思想，翻开他的任何一本书、任何一页都能听到那雄辩的声音，他在言语中经常使用比喻、犀利的讽刺和精彩的幽默。他的文章敏锐智慧、强劲有力，具有严谨的节奏，有些句子完全可以称为警句格言，比如《论文集》、《代表人物》、《生的行为》以及《社会与孤独》等等。他的思想缺乏系统性，完全可以先阅读后面的文章，就像首尾两端都可以串起的珍珠，爱默生用自己的思想贯穿了这些纯粹的珍珠。

爱默生

伟大的神明似乎对新英格兰的几个思

想家极其纵容，其中就有爱默生的朋友兼邻居梭罗。梭罗并没有对同时代人产生什么影响，但后世读者发现并逐渐公认了他的天才。由于梭罗的革命思想被新英格兰与日俱增的保守主义所压制，因此他被迫将目光投向户外生活，他选择在康科特附近的森林中孤寂地生活了两年，其主要著作《瓦尔登湖》就是记录了他自给自足的经历。他以此证明了自己能够脱离社会，然后享受自然并从中得到满足，这部作品之所以能够吸引读者，就在于梭罗的选择能够充分享受自由的生活，获得了极大的快乐。另外，梭罗是一个政权的反叛者，他在《美国人》中充分描绘了一个真实美国人的悲惨生活，在《当政人的肖像》中则突出表现了美国式的低俗和鲜廉寡耻。

斯迪芬·卡伦是最近过世作家中最具才华的，他的小说《勇敢的红徽章》讲述了南北战争，表现出作者处理庞大而真实的题材的气魄，小说技巧至今看来依然非常出色，但或许由于残酷的战争已成为过去，它的光彩已经大不如前了。伊迪斯·霍顿则是依然健在的小说家中最出众的，她聪慧无比，流露出淡淡的贵族气息，她的本质是极具同情心的贵族，她经常描写的场景是都市纽约以及富有纽约人的乡村别墅，她在《伊萨·弗罗姆》和《夏天》中所表现的才能和弗莱门夫人不相上下，故事是一个发生在新英格兰乡村的悲剧。

三、美国的文学批评史

对自己的孩子们的知识和想像，美国开始了有自己的主张。（爱默生）

19世纪，新英格兰的思想并未完全支配美国思想界，它的文化中心是波士顿及相邻的城市冈布里奇和康科特，另外，纽约和菲列得尔菲亚也具有浓厚的文学气氛，比如欧文与库珀都出生在纽约；爱伦·坡这个仿佛来自天国的饥饿天才在其文学生涯最鼎盛的时期也生活在纽约，他曾在自己的蜗居中写到，新英格兰政府压迫人民，所有正直的人都有责任反抗它；梭罗在论文《论市民的不服从之必要》中也表现了同样的革命激进主义思想，它最后成为其中的经典之作。有一次，梭罗曾尝试着进行消极抵抗——他拒绝纳税，结果被抓进监狱，后来朋友帮他纳税之后才被释放，虽然只关押了一天而已，从此他就不干这种事了。当他逝世之后，爱默生觉得他是个了不起的伟人，全世界都应该重新认识他。

爱伦·坡的一生短促而坎坷，其实，新闻记者的身份给他带来的声名更大，但人们所了解的真正才华仅仅占了一部分而已；爱默生以非正式牧师的身份走着光辉大道；梭罗多半都是独自生活，他赖以生存的手艺是制造铅笔，尽管他的散文时常关注民生问题，但他从不真正卷入纷争之中。只有两个新英格兰散文家——赫莫茨和罗尔——享受过愉悦的人间生活。

医生赫莫茨不仅是哈佛医学院的解剖学教授，还是一名能够在比康街建造私宅的波士顿贵族。尽管他知道怎样能写出轻松愉快的诗歌，但伟大的神明或许不希望他成为诗人，因此他后来成了散文家。优美的散文总是带着愉快舒展的风格，题材也各式各样、令人耳目一新，这方面的代表作是60多年前发表在《大西洋月刊》上的《早餐桌上的独裁者》，如今看来依然像刚发表时那样新鲜生动，赫莫茨因为它得以和蒙田、拉穆并列。罗

富兰克林

杰斐逊

林 肯

尔曾经非常幽默地说“赫莫茨身怀绝技，这种‘极好的名声的防腐剂’就是他的文风。”

哈佛大学文学教授罗尔不仅具有比诗歌更细腻的才能，还具有散文天赋，不过他并非玄学家，作为美国派驻英国的公使，他应该是当时极有名望的人，因此他的生活很舒适。他爱好广泛，出色的论文有《乔叟论》，还有非常幽默、美国化的《外国人的某种谦让》。罗尔很早就理解了伊利诺伊斯州的林肯，当民众开始怀疑这个不可思议的人时，当保守派政治家开始杞人忧天时，罗尔就绝顶聪明地判断出了林肯的价值。

美国有很多历史学家和创造历史的人，比如富兰克林、杰斐逊、林肯和韦伯斯特都是具有演讲、写作天赋的历史缔造者。

在文学史上，或许富兰克林的《自叙传》和部分随笔、信札的价值并不高，但它们风格统一地描述了一个诙谐正直的人。富兰克林曾经深入研究了爱迪生的《旁观者》，目的就是为了练习写作，最后他既学会了如何写文章，也保持着自己的个性。如果用现在的眼光来看，他应该是一个“概率学家”，因此他的文章还是具备某些特殊的文学价值。

杰斐逊的生活带着艺术家的气息，他所写的政府公告和书信都具有历史价值，他起草的《独立宣言》风格明晰雄辩，可以当做此类文章的典范。

林肯的个性十分敏感，但他理智、谨小慎微并喜欢思索，他在哥德斯堡的演说不过寥寥数语，但准确表现了瞬间的情绪，他不刻意雕琢、不夸大其词，时常用恰到好处的音律传递他的思想。因为他刻苦用功，所以很早就能写出精美的文章，并非像人们传说的是天赐的奇迹。林肯的文章不乏幽默，总是表现出真挚的热情，而且，他不仅将幽默当做文章中的调味品，还将它当做得心应手的有利武器，尤其当他遇到谋求官职的人和挑衅、找麻烦的人时，他为了拒绝和防范这些人，于是就逗他们发笑，从而达到保护自己的目的。可以说，林肯在世界所有政治家中具有最浓烈、最优美的文学气质。

韦伯斯特是一个公众人物，他依靠自己的文学才能，尤其是口才为生。按照现在的标准，他是那种已经被学校彻底舍弃的专职演讲教师，如今没有一个人可以继承他的事业，因为即便是最雄辩的国会议员，如果按照他的方式演讲，肯定会丢人现眼的。虽然现在已经不存在当时的很多问题，但他仍然有几篇充满活力的演说，比如可以入选美国儿童教科书的邦克冈的演说，他的文风语句繁琐而清晰有力。根据同时代人的记忆，韦伯斯特仪表堂堂、态度庄重，声音极富感染力，是一个能让人记忆深刻的演说家，他在那些演说家兼文学家的人中间具有牢不可破的地位。

帕科曼热衷于描写美国建立之前英法两国的争端和美国的西北部地区，他写的历史著作《拉萨拉》和《蒙特卡莫与华尔夫》中的知识非常渊博，不过一些严谨的历史学家会指责他是浪漫主义者，因为严格来说，他所处理的题材确实具有故事性。尽管他的书并非完全精彩，但始终具有吸引力，马克·吐温曾经列举过自己喜爱的书籍，他说“帕科曼的一千卷，我都会喜欢，如果他真写过那么多的话。”

四、美国的诗歌

我听见了亚美利加的歌唱，那多彩多姿的合唱。（惠特曼）

美国的所有文学形式中，只有诗歌的内容、色彩和形式最缺少活力，大部分作品可以说类似英国小诗人所写，虽然有诗人惠特曼，但很多读者并不认为他能代表美国文化，除此之外，还有几首用方言俚语写的诗歌，它们描述的是这个国度的风景。

虽然散文具有美国式的风格，但诗歌几乎只能采用英国的歌唱方式。腓利·夫勒诺诞生于美国革命时代，在美国诗人中，他应该是最早出现诗歌意识，并具有真挚情感的诗人。闻名于世的几首短诗都具有浪漫倾向，《野生的忍冬》和《印度人的墓地》表现的都是幽远的情绪，由于他之后并未出现伟大的抒情诗时代，因此他的作品可以载入史册。

当时声名卓著的诗人布莱安特原是纽约《晚邮报》的主笔，也是一位大名鼎鼎的新闻记者，他的创作生涯一开始就歌颂了死亡，以类似查泰顿的早熟写了十分优美的《死的幻影》，他此后的作品都如同最初的诗歌一样具有成熟的技巧，但他的思想始终很幼稚，大部分优美的作品都充满了类似《献给水鸟》的脉脉温情。

爱伦·坡可以说是美国最不可思议的诗人，他工作的事务所就在布莱安特的住宅附近。或许因为他忙于新闻记者的工作，因此他的诗歌只有薄薄的一卷，不过它们具有的独特形式不容忽视，其中最优秀的可能有十至十二篇，其中也包括《以色拉费》在内。这些作品莫测高深，多半令人费解，爱伦·坡从有限的题材中流露出了一个真正诗人应具备的灵性，他从不在诗中表达任何充满力度的结论。如果有人认为爱伦·坡在诗歌史上的地位无足轻重，那么就如同认为柯勒律治也是无足轻重的。波德莱尔和马拉美非常出色地翻译了他的作品，从英语诗中就可以领略《以色拉费》美妙异

常的结尾：

是的，天国属于你；
但是这凡世有苦涩也有甘甜。
我们的鲜花只是一朵，
你那最大快乐的幻影，
就是我们的太阳的光环。
假如我能住在
以色拉费地方，
与他的住所对换
也许他就不会将凡俗的调子，
唱得那么激昂，
那么，
一支更豪放的歌将会冲出喉咙。
伴着我的竖琴飞向天堂。

爱伦·坡诗集《乌拉虚卢》中的插图

爱伦·坡具有的天性、抱负就和诗人具有的一样，不过，诗人也常常能写出优美的散文，即使他不能成为一个出色的抒情诗人，他也绝对是优秀的散文家。当他屈尊去写短诗、小说和评论时，他完全可以充分发挥自己的天才。

随和、优雅、谦逊的朗费罗是美国桂冠诗人。他写的诗歌《西雅沃塔》、《赫斯伯拉斯号的遇难》、《马耶斯·斯坦迪升》、《保尔·勒威尔游记》等都是根据部分美国传说完成的，他还写过一些看不出时代及地域的歌谣和抒情诗，比如《生命颂》之类，《生活颂》十分质朴，没有任何奇妙的韵律和文风。另外，这个通俗的美国诗人不仅为乡村小报的“诗歌专栏”写了技巧讲究的《乡村铁店》，还翻译或改写了很多欧洲作品，他的最大贡献就是翻译了但丁的《神曲》，并以短诗的方式在书前郑重其事地做了解说。不过他的诗歌之中也有不折不扣的败笔，比如《穿销甲的残骸》和《鹤的绞首》。

朗费罗

瓦尔特·惠特曼被称为“优美的灰色诗人”，一些老人们因为年老而出名，这个

惠特曼

《草叶集》插图

大诗人也是到了公认的老手们的年纪才逐渐为人们所知，可以说，他的《草叶集》是美国发表的所有诗中最勇敢、最具青春活力和挑战性的。它奇妙地将未成熟的技巧与美融合在一起，每一句气势恢宏的句子都充满了一种坚定不移的力量。虽然他最差劲的诗句也不亚于拙劣的诗人，但由于《草叶集》是一本完整的诗集，全诗具有统一性与和谐性，因此这些句子也显得很有表现力。这部作品是诗人一生的心血。惠特曼不仅歌颂民主，他还将自己当成一个有趣的人加以赞扬，当然，他的确是个有趣的人。当时，惠特曼以高贵典雅的诗颂扬了林肯的事迹，当时光为林肯加了一个神圣的光环之后，历史也肯定了他的赞美。惠特曼的所有感觉都包含着异常美丽的瞬间，在美国诗歌之中，《当庭前的紫丁香盛开时》是当之无愧的最高水平的佳作。惠特曼站在诗歌的最高点，他如同大海一样广阔，如同太阳一样满怀热情，质朴的类似英国诗的风格就是他的魅力所在，这个纯真诗人是属于世界上的千百万人民。

1830 年 12 月 10 日，艾米莉·迪金森出生于萨诸塞州阿默斯特镇，祖上是当地望族，她是一个律师的女儿，他父亲一度担任过国会议员。由于她的家庭引以为豪的是保守的传统，所以她从小接受的就是正统的宗教教育，青年时代也过得宁静而单调，除了出去旅行过一次，几乎从来不出门。迪金森从 20 岁就开始写诗，早期作品多半已经散失。1858 年之后她就闭门不出，70 年代后几乎完全不出房门，文学史上将她叫做“阿默斯特的女尼”，研究者至今都不清楚她为什么会长期隐居。

迪金森在孤独中埋头创作，她留下的手稿有 1775 首，她生前发表的只有7首诗，还是朋友从她的来信中抄下来的。她的诗主要描述了高傲的孤独、宗教追求带来的失望以及死的安宁等等，心态十分复杂，她没有注明诗歌的创作日期，而且诗的风格和题材在隐居写作的30年中也没有出现明显的变化，因此编者为她的作品加入了年代。一些研究者认为，她在50年代末、60年代上半期总共写了800首诗，很多佳作也是出自这个阶段。她的诗歌多半采用了传统的格律形式——17世纪英国教会圣歌作者艾萨克·添茨的风格，同时她也作了不少变化，使形式更独特，比如用很多短破折号代替标点。19世纪维多利亚时期，诗具有一种甜腻圆滑的音调，但迪金森所进行的形式革新使她避免了这个缺陷，反而具有一种粗糙的美感，这是很多现代派诗人刻意追求的效果。另外，她的诗也没有浪漫主义的直抒胸臆或感慨哀怨，总是用具有特色的形象和比喻来表现多变的内心世界。

艾米莉·迪金森

1886年5月15日，迪金森逝世了，于是她的亲友选编了一些遗作于19世纪末出版了3集，但人们逐渐淡忘了。当美国现代诗开始兴盛时，她才受到热烈欢迎，因为她是现代诗的先驱，美国现代文学批评中的热门话题就是对她的研究。她的书信从1921年开始陆续收集、选编出版，其中有很多类似诗歌的谜一般的意味，这些也证明了她的生活范围极度狭窄。

美国诗坛自从惠特曼之后就开始慢慢走向衰落，有时候，美国诗人非常缺乏表现力，诗歌也没有表达出清晰的意思。不过，即使美国并非一个诗歌王国，它也依然不缺少优美的小调。